CHARLES A. BERNARD, S. I.

VIE MORALE ET CROISSANCE
DANS I

CHARLES A. BERNARD, S. I.

VIE MORALE ET CROISSANCE DANS LE CHRIST

UNIVERSITA' GREGORIANA EDITRICE
ROMA 1973

Cet ouvrage de Charles A. Bernard, S.I., intitulé *Vie morale et crois-sance dans le Christ*, est édité et imprimé avec l'approbation ecclésiasti-que aux Presses de l'Université Grégorienne à Rome en l'an 1973.

AVANT-PROPOS

Non moins que les questions doctrinales, les problèmes de théologie morale sont au centre des recherches actuelles. Les mutations profondes que nous observons dans la société et l'évolution des moeurs posent les questions de manière plus urgente et plus complexe. Pour faire bref, disons que l'ensemble des structures qui supportaient des systèmes de valeurs sont remises en question: structures familiales, sociales, psychologiques.

Et pourtant la théologie se doit de chercher comment, en ces nouvelles situations, l'Evangile peut se concrétiser. La loi d'amour universel demeure la valeur suprême et le Christ sauveur apporte toujours lumière et force. Par ailleurs, nombre de chrétiens ressentent le besoin de retourner aux sources évangéliques les plus pures: ainsi veulent-ils insérer la sève chrétienne dans le réalisme de la vie quotidienne.

Il appartient aux théologiens moralistes de déterminer de manière plus adaptée les exigences pratiques qui naissent de la Loi évangélique mise au contact de structures nouvelles. En une telle recherche, cependant, ceux qui ont vécu la vie chrétienne la plus intense et la plus authentique, n'ont-ils aucun message à nous apporter? L'étude qui suit essaie précisément de confronter la vie morale à l'expérience spirituelle. Or, celle-ci se caractérise clairement par sa dialectique: en fonction d'une évolution générale de la vie spirituelle, les accents de l'engagement éthique se déplacent. Sans doute était-il difficile de suivre cette dialectique. Et surtout, il convenait de tenir toujours présent le fait que les moments de la dialectique se succèdent, mais sans se rejeter totalement. On passe de la conversion à l'autonomie rationnelle puis à la communion; mais chacun de ces moments est intérieur à l'autre; seule, l'accentuation change.

La partie centrale de cette recherche s'efforce donc de décrire phénoménologiquement le chemin qui conduit à la

maturation puis à la plénitude de la vie éthique chrétienne.
Elle s'appuie sur l'idée d'un certain parallélisme entre le progrès
de la connaissance de Dieu et le développement éthique. De ce
point de vue encore, on peut parler de tension dialectique
entre la recherche spirituelle et l'engagement moral.

Au lecteur de juger si cette confrontation apporte quelque
lumière aux problèmes de théologie morale. L'opposition que
l'on tend constamment à mettre entre l'action rationnelle, surtout dans le domaine socio-politique, et l'esprit des béatitudes
ne se situe-t-elle pas sous un meilleur éclairage en considérant
la succession et l'enveloppement de ces deux moments de la
vie morale? La recherche de l'union au Christ pour le suivre
et l'imiter ne s'intègre-t-elle pas mieux dans l'effort éthique
quand on en analyse plus exactement les composantes spirituelles? Mais surtout il semble qu'une telle démarche restitue
à la vie chrétienne son élan primordial; cet élan spirituel tend
trop facilement à se perdre dans les terrains parfois peu
consistants des situations concrètes. Il est pourtant essentiel
qu'il se renouvelle: il est lui-même une exigence de l'Esprit-
Saint.

L'étude se situe directement dans la perspective de la foi
chrétienne. Et c'est pourquoi la morale décrite ici s'articule
essentiellement sur les vertus théologales et le mystère trinitaire. Nous en contemplons le déploiement et les attitudes
globales qui rejoignent les vertus de la morale classique. Mais,
en fait, la recherche s'inspire des essais philosophiques qui ont
mis l'accent sur la personne et son évolution temporelle. La
lecture de Scheler et de Jankelevitch, pour ne citer que ces
deux noms, a permis de donner à cette recherche un support
technique indispensable. On peut penser, en contre-partie, que
le processus spirituel, passage d'une extériorité légale à l'intériorité de l'Esprit, dans une adhésion toujours plus simple
aux valeurs, peut aider à comprendre le développement de
toute vie morale.

PREMIÈRE PARTIE

LA DECISION SPIRITUELLE

La vie morale, en invitant l'homme à prendre des décisions requises par une obligation l'éveille au sens de la responsabilité et l'achemine vers la maturité personnelle. Ne pas se dérober aux requêtes des situations concrètes, les assumer au contraire d'une manière toujours plus lucide et courageuse en fonction d'une valeur reconnue, telle est la voie que parcourt tout homme. Nul n'échappe aux nécessités des choix; leur valeur intrinsèque et l'intensité de l'engagement mesurent en fait la grandeur morale d'une personne.

Il en va normalement de même dans la vie spirituelle chrétienne puisque celle-ci se reconnaît obligée d'accomplir la Loi évangélique. Mais il faut noter une différence considérable: bien que la vie morale puisse aussi se proposer un idéal, on ne parlera communément de vie spirituelle que lorsque l'intensité de la conscience sera telle qu'elle se fixe un projet de vie qui comprend le plus souvent une tension vers la sainteté. Et il faut ajouter que, en fait, cette recherche de la sainteté s'accompagne d'une relation vécue au Christ. On entre dans la vie spirituelle véritable lorsqu'on se situe par rapport au Christ pour l'accomplissement de la volonté de sainteté que Dieu manifeste à l'égard de chacun d'entre nous.

Pour étudier les rapports entre vie morale et vie spirituelle, nous allons donc supposer cette décision intérieure. Nous en saisirons les traits essentiels en considérant d'abord sa forme chez ceux qui se sont déterminés par rapport au Christ historique; nous verrons comment leur détermination de suivre le Christ entraînait des choix qu'ils ont assumés. Nous préciserons ensuite les conditions particulières de la vie chrétienne actuelle en fonction de l'infinitude spirituelle qui s'y exprime dans l'accomplissement du devoir. Enfin, nous verrons se déployer les conséquences, pour l'éthique chrétienne, de cette option fondamentale.

CHAPITRE PREMIER

MESSAGE ET PERSONNE DU CHRIST

L'originalité du genre littéraire des évangiles ne consisterait-elle pas avant tout dans l'unité absolue du message et de son auteur? Si, en effet, à la limite, on peut soutenir que toute proposition de la Bonne Nouvelle n'est que l'écho amplifié de paroles de l'Ancien Testament ou du milieu spirituel où apparut Jésus, il n'en demeure pas moins que la personne de Jésus transfigure toute parole qu'il prononce. En vérité, ce qu'il fait est aussi significatif que ce qu'il dit: qu'il marche sur les eaux ou rende la vue à un aveugle, qu'il se ceigne d'un linge pour laver les pieds des apôtres ou passe la nuit en prière, ses gestes enseignent à l'égal du Sermon sur la montagne.

Une rédaction aussi abrupte que celle de l'Evangile de Marc, par exemple, a soin de fixer, dès ses premières lignes, le regard sur la personne de Jésus[1]. Jean-Baptiste paraît pour annoncer le Christ (Mc. 1, 7-8) que le Père lui-même déclare Fils bien-aimé (1, 10). Puis, dans le raccourci puissant de la tentation au désert, Marc situe Jésus entre l'Esprit qui le pousse et Satan qui le tente, en présence des bêtes mais servi par les Anges (1, 12-13). Plus remarquable encore le commencement du ministère: après l'annonce essentielle de la proximité du Royaume et de la nécessité de la conversion et de la foi, le Christ appelle souverainement des pêcheurs à le suivre; et, en rapportant son enseignement, Marc insiste en premier lieu sur l'autorité de sa personne et non sur le contenu de son

---

[1] Même si, avec certains manuscrits, on omet l'expression « Fils de Dieu » au premier verset: « Commencement de la Bonne Nouvelle, touchant Jésus-Christ, Fils de Dieu » (Mc. 1, 1). Dans le même sens, M. CORBIN: *Nature et signification de la Loi évangélique*, dans *Recherches de science religieuse* 57 (1969) 5-48, montre que le Sermon sur la montagne, loin d'être un pur exposé d'exigences morales accomplissant les préceptes de l'A.T., suppose l'événement du Christ et contient le principe de son imitation.

message: « et l'on était vivement frappé de son enseignement, car il les enseignait en homme qui a autorité, et non pas comme les scribes » (1, 22); les miracles viendront confirmer cette autorité, en même temps qu'ils susciteront le témoignage même du démon: « tu es le Saint de Dieu » (1, 23-28).

Du point de vue qui nous intéresse ici des relations entre la vie spirituelle et la vie morale, la coïncidence relevée entre le message et la personne de Jésus entraîne une conséquence capitale: une dissociation entre les deux aspects est impossible. S'il est normal de rapporter l'éthique chrétienne aux valeurs proclamées par la prédication de Jésus, il faut affirmer immédiatement qu'une telle éthique s'inscrit dans un contexte religieux et suppose une relation personnelle au Christ, bref que l'éthique s'articule étroitement à la vie spirituelle. Tel est le sens de l'essai de Schnackenburg sur *Le message moral du Nouveau Testament* [2]: « Pour prendre la véritable perspective sur le message moral de Jésus, il importe de savoir quelles idées l'on tient pour directrices dans l'ensemble de sa prédication: l'annonce du Dieu-Père, bon et miséricordieux, le ' salut de l'âme ', l'appel à l'Imitation ou la proclamation du Royaume de Dieu. L'esquisse ici présente situe les exigences morales de Jésus avant tout, mais non exclusivement, dans son message sur le Règne de Dieu ». Dans cette recherche, l'exégète part du point de vue de l'éthique chrétienne et il en souligne le substrat religieux. Nous voudrions pour notre part proposer une autre démarche: partir de la vie spirituelle pour rejoindre l'éthique.

Partir de la vie spirituelle signifie, en première approche, considérer l'existence globale du chrétien. Demeurons pour l'instant dans le cercle des disciples du Christ. Bien des préoccupations les sollicitaient. Ainsi en vinrent-ils rapidement aux prises avec les pharisiens pour des questions rituelles d'ablutions (Mt. 15, 2). Ou bien ils s'interrogeaient sur l'ampleur du précepte du pardon au prochain (Mt. 18, 21). D'autre part, ils recueillaient les directives de Jésus sur la correction fraternelle (Mt. 18, 15-17) ou sur la prière (Mt. 18, 19-20; Luc 11, 1-13). Ces mêmes hommes, enfin, affirmaient leur foi en la personne du Christ (Mt. 16, 13-20). Bref, leur existence se mouvait à la fois

---

[2] R. SCHNACKENBURG, *Le message moral du Nouveau Testament*, Le Puy, Ed. X. Mappus, 1963, ici p. 11.

sur le plan religieux et moral dans une perspective nouvelle de foi au Christ.

De tous ces éléments, le plus spectaculaire est sans aucun doute la relation au Christ. Pour nous en tenir au vocabulaire de Schnackenburg, il convient donc de mettre en relief l'idée si originale d'imitation du Christ ou, pour user d'une expression plus prégnante, celle de « sequela Christi ». Ainsi, lorsque Simon et André répondirent à l'appel de Jésus: « Venez à ma suite, et je ferai de vous des pêcheurs d'hommes » (Mc. 1, 17), ils acceptaient d'emblée tout le système des valeurs que la prédication du Christ allait déployer, mais ils s'engageaient à autre chose! Ils partageraient la vie de Jésus et deviendraient des « pêcheurs d'hommes ». Toute la concentration de forces requise par l'exercice d'une profession et l'insertion dans le milieu social, désormais s'orienterait vers une vie à la suite de Jésus, pour une activité dont l'image familière de la pêche ne pouvait que suggérer la nature véritable. Une existence nouvelle s'ouvrait à eux.

Apportons quelques précisions sur cette forme nouvelle d'existence que saint Marc résume ainsi: « et il en institua Douze pour être avec lui et pour les envoyer prêcher » (Mc. 3, 13).

« Etre avec lui » inclut le « être comme lui ». Pierre et les autres disciples se trouvaient déjà insérés dans un milieu familial et professionnel. En se mettant à la suite de Jésus qui, pour être aux affaires de son Père, avait quitté sa mère et ses frères (Mc. 3, 31), ils quittent aussi famille, maison, champs et filet: « Pierre se mit à lui dire: Eh bien! nous, nous avons tout quitté et nous t'avons suivi. Jésus déclare: En vérité, je vous le dis, nul n'aura quitté maison, frères, soeurs, mère, père, enfants ou champs à cause de moi et à cause de la Bonne Nouvelle, qu'il ne reçoive le centuple dès maintenant, au temps présent, en maisons, frères, soeurs, mères, enfants et champs, avec des persécutions, et, dans le temps à venir, la vie éternelle » (Mc. 10, 28-30). Dans ce renoncement radical qui, pour Pierre en particulier, avait concerné femme et filets, était contenu le principe d'un partage de la vie concrète de Jésus. Finalement, Pierre aussi porterait sa croix.

Quant à la mission de prédication, elle est décrite en saint Marc comme un appel à la repentance accompagné de la délivrance des démons et de guérisons (Mc. 6, 12). Il est clair cependant qu'aussi longtemps que Jésus accomplissait sa propre mission, celle des apôtres ne pouvait en être que le pâle reflet. Elle anticipait plutôt celle qui leur serait un jour confiée: « Allez par le monde entier, proclamez la Bonne Nouvelle à toute la création ... » (Mc. 16, 15). Alors encore, une certaine présence de Jésus leur sera accordée. « Pour eux, ils s'en allèrent prêcher en tout lieu, le Seigneur agissant avec eux et confirmant la Parole par les miracles qui l'accompagnaient » (Mc. 16, 20). Au temps de Jésus, toute l'originalité de la vie apostolique ne pouvait se manifester, mais les apôtres en faisaient l'apprentissage.

L'aspect objectif que nous venons de rappeler ne constitue pas pour les apôtres toute la nouveauté de leur existence. En fait, cette vie nouvelle leur fut proposée comme l'objet d'un choix personnel et d'une décision. Sur ce point, le schématisme théologique de Marc ne doit pas induire en erreur: Jésus appelle; l'homme répond; c'est vrai. Mais cela ne rend pas suffisamment compte de la situation psychologique créée par l'appel. De sa complexité, Jean en particulier témoigne clairement. Tournons-nous donc avec plus d'attention vers les récits évangéliques pour mieux comprendre comment les apôtres ont adhéré à la personne de Jésus.

Il convient tout d'abord de remarquer qu'au schéma simple: appel-réponse, peut s'opposer une réalisation progressive de l'adhésion personnelle. L'appel de Matthieu, d'emblée, entraîne la décision totale: « Etant sorti, Jésus vit, en passant, un homme assis au bureau de la douane; son nom était Matthieu. Il lui dit: ' suis-moi! '; et, se levant, il le suivit » (Mt. 9, 9); mais il n'en va pas de même pour Jean et André. Déjà préparés, par leur familiarité avec le Baptiste, à l'accueil de celui qui ouvrirait le Royaume, ils accompagnent une première fois Jésus: « ils allèrent donc et virent où il demeurait et ils restèrent auprès de lui ce jour-là » (Jn. 1, 39). Ce premier contact d'un jour contenait certes en germe le don personnel total; celui-ci, cependant, ne s'accomplit que plus tard. Après une pêche miraculeuse, en effet, la sainteté de Jésus se manifesta à Pierre et aux trois autres qui l'accompagnaient. Pierre « tombe aux genoux de Jésus, en disant: ' Eloigne-toi de moi, Seigneur, car je suis un pécheur! ' La stupeur en effet l'avait saisi [3],

---

[3] Le mot grec θάμϑος, comme ensuite l'expression: ' ne crains pas! ' connote un sens religieux d'épiphanie. Il signifie une crainte sacrée et

lui et tous ceux qui étaient avec lui, à cause du coup de filet
qu'ils venaient de faire; de même Jacques et Jean, fils de Zé-
bédée, les compagnons de Simon. Mais Jésus dit à Simon: ' Ne
crains pas! Désormais ce sont des hommes que tu prendras '.
Alors, ramenant leurs barques à terre et quittant tout, ils le
suivirent » (Lc. 5, 8-11). Le don total, concrétisé par l'abandon
de tous les biens, sera ratifié une dernière fois dans le choix
solennel fait par Jésus: « Or, en ces jours-là, il s'en alla dans
la montagne pour prier, et il passa toute la nuit à prier Dieu.
Puis, le jour venu, il appela ses disciples et il en choisit Douze,
auxquels il donna le nom d'apôtres » (Lc. 6, 12-13). La décision
était consommée.

§ 1 — La repentance

Pour aller directement à l'essentiel, nous venons de mettre
en relief l'aspect capital, pour la vie évangélique, de la relation au Christ; elle constitue la substance de la décision spirituelle. Mais elle se complète par d'autres décisions qui la
précèdent ou l'accompagnent. Ainsi, au début de son ministère
(Mc. 1, 15), Jésus reprend-il l'appel à la repentance lancé par
le Précurseur et, en développant sa prédication, proposera-t-il
des exigences plus précises. Ce sont ces deux aspects qu'il
convient maintenant d'analyser pour saisir avec plus d'ampleur
le contenu de la décision spirituelle.

L'impératif de la conversion s'appuie sur l'indicatif de la
présence du Royaume [4]. C'est parce que Dieu se tourne vers
l'homme dans l'événement tout nouveau de l'envoi de son Fils
qu'il convient de se tourner vers lui.

Telle est la démarche fondamentale à laquelle Jean, le
dernier des prophètes, invite le peuple juif et, à travers lui,
tout homme qui désire vivre selon Dieu. L'Evangile, de ce point
de vue, invite au retour à Dieu et à sa volonté bienveillante;

s'accompagne immédiatement du sentiment d'être-pécheur. Cf. BERTRAM,
art. θάμϑος T.W.N.T. III, 4.

[4] Cf. BEHM, art. μετανοέω dans T.W.N.T. IV, 996. Le mot μετανοία
signifie en même temps conversion vers Dieu et repentir des péchés;
attitude religieuse aussi bien que morale. Aucun mot français ne le traduit parfaitement. Le mot ancien « repentance » suggère une disposition
permanente comme doit être la μετανοία En vérité, le vocable grec ne
se comprend qu'en fonction du concept sémitique dont il se rapproche:
la racine *shubh* signifie: « se tourner »; il faut se tourner vers Dieu.

et le Christ lui-même ne peut que renvoyer au Père de qui
sa mission tire son autorité et sa signification dernière.

En quoi consiste, en effet, la repentance prêchée par Jean-
Baptiste? A un peuple en attente (Luc 3, 15), il enjoint de préparer le chemin du Seigneur et de pratiquer la justice. Or, il
est remarquable que tous les évangélistes relient la prédication
du Précurseur au livre de la Consolation du Second Isaïe:
« Une voix crie: ' Préparez dans le désert une route pour Jahvé.
Tracez droit dans la steppe un chemin pour notre Dieu » (Is.
40, 3). Le Seigneur va donc, comme au temps glorieux de
l'Exode, se mettre à la tête de son Peuple. Cette parole d'Isaïe,
qui s'accomplit dans le Christ (Luc 4, 16-22), contient l'invitation pressante à se redresser, à se tourner vers Dieu, à prendre
place dans la colonne des sauvés et à suivre le chemin qu'ouvre
Jahvé lui-même. Hors de cette voie, on ne peut que s'égarer.
La conversion nécessaire prend d'abord ce sens en quelque
sorte physique: en se tournant vers Dieu, on rectifie son chemin.

Le P. Paul Aubin, dans son étude sur la conversion [5], insiste beaucoup sur le fait que, contrairement à la démarche
philosophique, l'ἐπιστροφή chrétienne signifie un retour vers
Dieu, une attention à la Parole, et non un retour sur soi.
Fondamentalement, la démarche spirituelle chrétienne est une
conversion vers un Dieu transcendant, tout-puissant et bienveillant. Et s'il en est ainsi, c'est que Dieu, le premier, s'est
tourné vers l'homme: « la Bible est formelle: il y a un ἐπιστρέφειν de Dieu, du Dieu suprême, du Dieu unique; et, qui plus
est, cet ἐπιστρέφειν est vers sa créature. Pas d'ambiguïté possible: l'ἐπιστρέφειν de Dieu vers l'homme se présente comme
une question de vie ou de mort pour celui-ci » [6]. L'attitude
de repentance, s'exprimant par la μετανοία et l'ἐπιστροφή, ne
se comprend donc bien que dans un contexte d'Alliance. En
se tournant le premier vers l'homme, par une bienveillance
toute gratuite, Dieu l'invite à se tourner vers lui pour recevoir
la lumière de vie. La conversion est réciproque. Selon la parole
du prophète Zacharie, « Ainsi a parlé Jahvé des armées: Re-

---

[5] AUBIN, P., *Le problème de la « conversion »*, étude sur un terme
commun à l'hellénisme et au christianisme des trois premiers siècles.
Paris, Beauchesne 1963.
[6] *Ibid.* p. 192. On pourrait à juste titre rapprocher de la conversion
philosophique ancienne celle plus moderne de type psychologique. L'analyse du sujet n'est pas encore une démarche spirituelle.

venez à moi — oracle de Jahvé des armées — et je reviendrai à vous, a dit Jahvé des armées » (Zach. 1, 3).

Chaque fois que l'homme se retourne vers Dieu pour rectifier sa vie, il se convertit. La réponse à l'invitation de Dieu se fera d'autant plus pressante que la Parole aura retenti avec plus d'éclat. Ou par un événement extérieur, joyeux aussi bien que douloureux, ou par une sollicitation intérieure perçue avec plus d'urgence.

De ces événements extérieurs, aucun ne saurait dépasser la venue du Christ. En lui, Dieu profère sa parole définitive. Rien d'étonnant, dès lors, que la prédication de Jésus s'ouvre par la reprise de l'appel de Jean: « Repentez-vous, car le Royaume des Cieux est tout proche » (Mt. 4, 17; 3, 2). En vérité, le Royaume est déjà là; et le regard ne doit plus s'en détacher. L'appel se précisera donc: « Repentez-vous et croyez à la Bonne Nouvelle » (Mc. 1, 15). Puisque, désormais, Dieu s'est tant approché de l'humanité qu'il y a fondé son Royaume dans le Christ, toute conversion contiendra un acte de foi dans l'évangile annoncé par Jésus.

Ou mieux, comme le montre saint Jean, en se tournant vers Jésus, on engage sa foi non plus seulement sur sa parole de Fils, mais sur sa personne. Croire à la Bonne Nouvelle, qu'est-ce sinon croire que le Royaume est déjà présent dans le Christ? Pierre le dira: « Nous croyons, et nous savons que tu es le Saint de Dieu » (Jn. 6, 69). La foi des Douze, en opposition avec l'adhésion vacillante des nombreux disciples qui ne purent supporter les paroles trop raides du discours sur le pain de vie, s'est muée en connaissance de la personnalité de Jésus: celui-ci appartient à la sphère de la sainteté divine. Reconnaître le mystère de Jésus, devenir son véritable disciple (Jn. 8, 31), c'est au fond accomplir toute la conversion requise. On peut donc simplement conclure que le mouvement de repentance grâce auquel on se tourne vers Dieu, se résume dans l'adhésion de foi au Christ, si du moins l'on retient la perspective johannique de l'attachement personnel et inconditionné à Jésus.

Du point de vue psychologique encore, Jean précise qu'un désir profond soulevait les disciples tournés vers Jésus. Ainsi la doctrine ancienne de la recherche de la sagesse recevait-elle une nouvelle application. Lorsqu'au premier chapitre de l'Evangile, les disciples, obéissant à l'invitation du Précurseur, veulent s'attacher au Christ, celui-ci leur demande: « Que cherchez-

vous? » (Jn. 1, 38). A la question, Jean et André ne peuvent
donner de réponse précise, mais en se confiant à Jésus pour
ce jour-là, ils sentent confusément que le Christ comblera leur
attente. Une question toute semblable sera posée à Marie-
Madeleine éplorée: « Qui cherches-tu? » (Jn. 20, 15); elle cherche
Jésus comme le feront aussi les disciples: « vous me chercherez »
(Jn. 13, 33), leur dit Jésus, en annonçant son départ. Un désir
obscur de vie, de plénitude, de présence, pousse vers le Christ
comme autrefois déjà vers la possession de la sagesse: « Ecla-
tante et inaltérable est la Sagesse, elle se laisse volontiers
contempler par ceux qui l'aiment et elle se laisse trouver par
ceux qui la recherchent; elle prévient en se faisant connaître
ceux qui la désirent » (Sag. 6, 12-13). Une telle recherche serait-
elle infaillible si elle n'était en fait une réponse à une sollicitation de cette même Sagesse? Si ceux qui la recherchent ne
manquent pas de la trouver (cf. Prov. 8, 17), c'est que la
Sagesse s'est déjà mise en quête d'amis: « La sagesse n'ap-
pelle-t-elle pas? L'intelligence n'élève-t-elle pas la voix? Aux
points les plus élevés sur la route, à la croisée des chemins,
elle se dresse » (Prov. 8, 1-2). Toute conversion répond à un
désir spirituel dont le terme peut-être ne se manifeste pas clairement, mais se trouve suffisamment pressenti pour orienter
la recherche.

Il est important de remarquer que l'appel à la conversion
décrit dans l'Evangile s'adresse à des hommes préparés par
leur foi. Revient à Dieu celui qui a conscience de s'en être
détourné. « Ainsi a dit Jahvé, celui qui te rachète, le Saint
d'Israël: Je suis Jahvé ton Dieu qui t'instruit pour que tu en
tires profit et qui te guide sur la route où tu marches. Si tu
avais fait attention à mes ordres, ta paix serait comme un
fleuve et ta justice comme les vagues de la mer. Ta race serait
comme le sable et comme ses grains les rejetons de tes en-
trailles: son nom ne serait ni retranché, ni supprimé de devant
moi » (Is. 48, 17-19). En cédant à l'attrait des idoles, le peuple
adultère s'est détourné de Dieu. Et ce mouvement d'éloignement apparaît comme le prototype de tout refus de la volonté
de Dieu. On se convertit donc en rejetant tout péché et en se
replaçant sous la lumière de Dieu: « Ta parole est une lampe
pour mon pied, une lumière sur mon sentier » (ps. 119, 105).

Parce qu'elle est décrite moins fréquemment dans l'Ecriture, la conversion de celui qui n'appartient pas à l'Alliance

s'analyse plus difficilement. En fait, elle apparaît comme un commencement absolu: une vie nouvelle est inaugurée dans la décision de foi. Arraché à son pays et à ses coutumes, Abraham reçoit un nom nouveau, signe d'une existence nouvelle devant Dieu. La situation est-elle tellement différente pour les païens? « Rappelez-vous, leur écrit saint Paul, qu'en ce temps-là vous étiez sans Christ, exclus de la cité d'Israël, étrangers aux alliances de la Promesse, n'ayant ni espérance ni Dieu en ce monde » (Ep. 2, 12). Au temps précédant la rencontre avec le Christ, ils n'étaient que des étrangers et des hôtes (Ep. 2, 12); en accomplissant le pas décisif qui les fait entrer dans la maison de Dieu, ils trouvent le fondement d'une vie nouvelle « intégrés à la construction pour devenir une demeure de Dieu, dans l'Esprit » (Ep. 2, 22).

Pour les païens qui rencontrent le Christ, la nouveauté est totale. Certes, l'idée peut nous gêner de penser que ceux qui ne connaissent pas explicitement le Christ ne sont, spirituellement, rien! Nous n'entendons pas dire par là qu'un secret désir ne les pousse pas à la recherche d'un épanouissement intérieur et qu'ils ne s'efforcent pas de mener une vie morale! Saint Paul lui-même décrit leur recherche à tâtons de la divinité, proche de chacun de nous, en qui nous avons la vie, le mouvement et l'être (Act. 17, 27-28). Mais même si nous mettons entre parenthèses tous les dévoiements historiques du paganisme, il n'en demeure pas moins une différence de structure spirituelle entre « ce temps-là » séparé du Christ et le « maintenant » *in Christo-Jesu*[7]. « Maintenant » est le temps de l'événement de l'Incarnation provoquant à la décision. A partir du moment où quelqu'un accepte d'entrer dans l'aujourd'hui du Christ, tout l'entourage de sa décision spirituelle s'en trouve bouleversé: désormais, il échappe au vide de l'isolement pour appartenir au véritable Israël de Dieu; il participe aux alliances de la Promesse; il vit en espérance de la plénitude du Christ; bref, Dieu lui-même s'est révélé à lui. Il ne s'adonne plus à la recherche tâtonnante d'une fuyante divinité, que l'on tend facilement à confondre avec des états de conscience; mais Dieu fait sa demeure en lui; il parle; il intime sa volonté. Toute la vie spirituelle se métamorphose en fonction de cette relation

---

[7] Le καιρόν (en ce temps-là) désigne le temps de l'absence du Christ et s'oppose au νῦν, au maintenant du temps du salut.

continue au Dieu vivant et vrai, le Père de notre Seigneur Jésus-Christ.

§ 2 — Les choix

Une fois admise la décision globale d'orienter sa vie à l'exemple et selon la parole du Christ, des problèmes plus particuliers peuvent se poser qui invitent les disciples à des options diverses. Les principales sont proposées au c. 19 de saint Matthieu, plus complet sur ce point que les autres évangélistes.

Après une question concernent le divorce, sur la remarque des disciples que la législation nouvelle du mariage est bien exigeante, Jésus considère le cas du choix de la continence parfaite « en vue du Royaume des Cieux », (Mt. 19, 12). Le réalisme du style: « il y a des eunuques qui se sont eux-mêmes rendus tels en vue du Royaume des Cieux », suppose sans doute des reproches insultants des pharisiens envers certains disciples. Mais la péricope n'en comporte pas moins un enseignement majeur: par son libre choix, que renouvellera plus tard saint Paul (I Cor. 7, 7-8), certains disciples ont renoncé au mariage! Il ne s'agit, comme l'indiquent les paroles précédant le texte cité, ni d'une condition naturelle, ni d'une contrainte extérieure, mais d'une détermination prise en fonction du Royaume. Et lorsque notre Seigneur ajoute: « comprenne qui pourra », il suggère ce que saint Paul affirmera plus tard avec plus de clarté: accepter, à l'exemple de Jésus, de vivre dans la continence parfaite est un don de Dieu (I Cor. 7, 7).

Peut-être faudrait-il séparer de ce contexte des exigences de détachement, la péricope qui suit en saint Matthieu (19, 13-15) et qui recommande d'être comme des enfants pour accueillir le Royaume? Mais il est bien remarquable que la même séquence se trouve en Marc (Mc. 10, 13-16) et en Luc (18, 15-17); et ces deux derniers insistent davantage sur la disposition requise pour entrer dans le Royaume. Nous voici donc en présence d'une exigence de simplicité et d'humilité à laquelle n'était guère accordée la mentalité des disciples! Le choix pourtant s'impose, même si n'apparaissent pas clairement ses modes concrets de réalisation.

Avec le récit suivant du jeune homme riche, le contenu du renoncement ne souffre pas d'ambiguïté (Mt. 19, 16-22). Déjà les obligations légales sont acceptées et pratiquées. Une seule chose cependant manque à cet homme si bien disposé: vendre tous ses biens et suivre Jésus. S'agit-il ici d'une seule, ou de deux exigences? Une seule sans aucun doute, car on ne quitte tous ses biens que pour suivre Jésus. L'abandon des biens ne fait que manifester le contenu de la suivance du Christ. C'est ainsi que l'ont compris saint Pierre rappelant que les disciples ont tout quitté (Mt. 19, 27) et le Christ lui-même qui avait déjà précisé: « les renards ont des tanières et les oiseaux du ciel ont des nids; le Fils de l'homme, lui, n'a pas où reposer sa tête (Mt. 8, 20).

Finalement, le cadre général où s'inscrivent les divers renoncements au mariage, à la domination et à la richesse s'organise autour de la suivance du Christ: « Alors, prenant la parole, Pierre lui dit: Eh bien! nous, nous avons tout quitté et nous t'avons suivi » (Mt. 19, 27). Pour les disciples, suivre le Christ, c'est partager sa vie en en acceptant les modalités concrètes. Il était bien normal que les évangiles nous présentent ainsi la vie chrétienne; pour eux, le message se confond avec le messager. Cette grâce des commencements ne se reproduit plus jamais exactement; elle n'en demeure pas moins la norme privilégiée et la référence fondamentale.

Pour être complet, il conviendrait de remarquer que ces appels exigeants du Christ se situent, dans les évangiles synoptiques, entre la deuxième et la troisième annonces de la Passion (Mt. 18, 22-23 et 20, 17-19). Le mystère pascal qui découvre ici son caractère surtout négatif, illumine par conséquent l'idée de suivre le Christ. La personne du Christ renvoie au mystère de sa mission. Ainsi s'achève l'articulation du cadre évangélique dans lequel s'insère la décision spirituelle: message, personne, mission.

Si nous passons maintenant à l'aspect subjectif du choix, nous constatons qu'il se présente toujours comme une alternative: qui choisit, par là-même exclut. Les textes les plus clairs, en ce sens, se trouvent dans le discours parabolique sur le Royaume: « le Royaume des Cieux est semblable à un trésor qui était caché dans un champ et qu'un homme vient à trouver; il le recache, s'en va ravi de joie vendre tout ce qu'il possède, et achète ce champ » (Mt. 13, 44). La joie de cet homme contraste avec la tristesse du jeune homme riche; le sens de la valeur du Royaume lui permet d'accomplir le pas décisif:

vendre tout ce qu'il possède. Le découvreur heureux de la
perle précieuse (Mt. 13, 45) agira de même. Sans doute le
contenu du choix ne portera-t-il pas toujours sur la totalité!
Mais même alors la décision sera un *aut-aut*. Nul mieux que
saint Luc n'a insisté de manière aussi abrupte sur l'exclusivisme
du choix: « Jésus dit à un autre: Suis-moi. Celui-ci répondit:
Permets-moi de m'en aller d'abord enterrer mon père. Mais
il lui répliqua: Laisse les morts enterrer leurs morts; pour toi,
va-t'en publier le Royaume de Dieu. Un autre encore lui dit:
Je te suivrai, Seigneur, mais permets-moi d'abord de prendre
congé des miens. Mais Jésus lui répondit: Quiconque a mis la
main à la charrue et regarde en arrière est impropre au
Royaume de Dieu » (Luc, 9, 59-62). Là encore, ces exigences sont
énoncées dans un contexte de passion: le Christ monte vers
Jérusalem, « comme approchait le temps où il devait être
enlevé de ce monde » (Luc 9, 51).

Dans son étude sur la suivance du Christ [8], A. Schulz fait
remarquer que les disciples qui refusent les exigences de Jésus,
demeurent anonymes. Entre le Christ et ces auditeurs, le lien
interpersonnel ne s'est pas vraiment noué. La décision demeure
velléité. Si, habituellement cependant, la défaillance entache
celui que le Christ appelle, un cas se présente où l'anonymat
de l'appel signifie encore une distension du rapport personnel,
mais sans reproche de mauvaise volonté. En saint Marc, en
effet, nous lisons qu'après sa délivrance d'un esprit impur,
un gérasénien demande à Jésus de l'accepter en sa compagnie;
or, dit le texte, « il ne le lui accorda pas, mais il lui dit: Va chez
toi auprès des tiens et annonce-leur tout ce que le Seigneur a
fait pour toi dans sa miséricorde » (Mc. 5, 19). Ce gérasénien
généreux reçoit donc lui aussi une mission de proclamation
sans que celle-ci soit liée concrètement à un partage de la vie
du Christ.

Par contre, « les futurs messagers du Messie, que la primitive Eglise désigne comme les Douze et considère comme
les colonnes de la communauté (I Cor. 15, 5; Gal. 2, 9) sont
présentés comme des modèles éclatants dans la prédication
primitive » [9]. Ceux-là sont connus par leur nom et c'est en
s'inspirant de leur exemple que l'Eglise formera la notion

---

[8] SCHULZ Anselm, *Nachfolgen und nachahmen*. München, Kösel-Verlag,
1962, p. 102.
[9] SCHULZ, A., *Ibid.*

d'une vie « à la manière des apôtres », caractérisée par une imitation de la vie terrestre du Christ pauvre, chaste et humble.

On ne saurait s'étonner du privilège de ceux qui ont connu le Christ en sa vie terrestre. Il dérive essentiellement de la relation personnelle qui s'est établie entre Jésus et les Douze. Pour eux, la personnalité du messager conférait au message sa pleine signification. Hommes réalistes par tempérament autant que par leur formation sémitique, ils pouvaient répéter avec saint Jean: « Ce qui était dès le commencement, ce que nous avons entendu, ce que nous avons vu de nos yeux, ce que nous avons contemplé, ce que nos mains ont touché du Verbe de vie » (I Jn. 1, 1). Ils furent à cause de cela les seuls à enseigner le message avec autorité et à en transmettre la justification doctrinale.

Un grave problème pourtant commence à se poser avec saint Paul. Lui aussi se voudra un imitateur du Christ et en appellera de l'autorité apostolique! Mais il n'a pas connu le Christ selon la chair; il a reçu communication de l'Evangile par une révélation de Jésus-Christ dans l'état de ressuscité en gloire (Gal. 1, 12). Paul appartient au temps post-pascal. Pour lui, le messager se tient à une certaine distance du message en ce sens qu'il ne manifeste plus en sa chair la signification de l'évangile. Et pourtant, il est bien clair que cette distance ne peut entraîner une distorsion réelle entre la vie chrétienne post-pascale et la conduite terrestre de Jésus. Nous nous trouvons ici devant un postulat fondamental de la Révélation chrétienne: le Christ de l'Evangile est le même que le Christ ressuscité devenu principe de la vie dans l'Esprit.

La situation chrétienne est donc assez différente de la situation des disciples tout en s'accordant fondamentalement avec elle. Toutes deux se réfèrent au Christ comme Révélateur et modèle de vie morale; toutes deux se proposent de suivre le Christ.

Pour les disciples, ce partage de la vie du Christ avait un sens concret. Mais il faut bien remarquer que la vie du Christ elle-même ne prend toute sa signification que si on la considère comme une vie tout entière sous la mouvance de l'Esprit. Jésus agissait dans l'Esprit; et lorsque les disciples le suivaient pour l'imiter ils se mettaient eux aussi sous la mouvance de l'Esprit. Une fois Jésus monté au Ciel, les disciples continuèrent à vivre selon le genre de vie qu'ils avaient vu

réalisé dans leur maître; mais alors, ils avaient pleinement
conscience de vivre selon l'Esprit.

Pour Paul et pour nous, ce qui est premier c'est la vie
dans l'Esprit grâce à laquelle on rejoint le Christ évangélique.
La question que nous nous posons maintenant est celle-ci:
comment la vie dans l'Esprit, caractéristique de l'Eglise post-
pascale, rejoint-elle le message évangélique et peut-elle s'en
inspirer? Dans quelles conditions spirituelles pouvons-nous faire
de notre vie une imitation et un partage de la vie du Christ?
Pour répondre à ces questions, il nous faut d'abord essayer
de caractériser ce qu'est notre vie selon l'Esprit. Nous savons
bien par ailleurs que l'Esprit qui nous fait vivre est l'Esprit
du Christ: « Quand il viendra, lui, l'Esprit de vérité, il vous
conduira vers la vérité tout entière; car il ne parlera pas de
lui-même, mais tout ce qu'il entendra, il le dira et il vous
annoncera les choses à venir. Il me glorifiera, car c'est de
mon bien qu'il prendra pour vous en faire part. Tout ce qu'a
le Père est à moi. Voilà pourquoi j'ai dit: C'est de mon bien
qu'il prendra pour vous en faire part » (Jn. 16, 13-15).

CHAPITRE SECOND

LA CONDITION CHRETIENNE

Pour les disciples du Christ, l'attitude spirituelle fondamentale consistait à suivre le Christ, à le regarder agir, à l'entendre énoncer la Loi nouvelle, puis à l'imiter; ainsi ils par-
venaient à une vie dans l'Esprit. Après la Pentecôte, l'Esprit
leur rappelait toutes choses et les conduisait à la plénitude
du Christ.

Notre situation est différente. Même si nous connaissons
le message du Christ, il n'informe notre vie que dans la mesure
où il est perçu et accueilli dans l'Esprit. Et cette inspiration
chrétienne doit ensuite s'insérer dans la totalité des situations
dans lesquelles nous nous trouvons et dont les structures,
sociales et politiques, par exemple, semblent bien étrangères
à une vie dans l'Esprit. Et pourtant, bien que la vie dans
l'Esprit semble comme ensevelie dans la vie commune, elle
demeure une exigence de la conduite chrétienne.

Qu'il faille constamment se replacer sous l'influx vivifiant
de l'Esprit-Saint, le sens primitif du mot « spirituel » le montre
facilement. Est spirituel qui participe à l'Esprit [1], celui qui,
ayant accueilli l'Esprit, opère suivant ses motions: « L'Apôtre
appelle justement spirituels, parce que l'Esprit de Dieu habite
en eux, ceux qui possèdent les arrhes du Saint-Esprit, et qui
ne se rendent pas esclaves des convoitises de la chair, mais
qui se soumettent à l'Esprit et qui se conduisent en toute
chose selon la raison » [2]. A travers toute la tradition chrétienne,
subsistera ce sens de la nécessité du recours à l'Esprit. Aujourd'hui encore, cette nécessité apparaît tout aussi pressante.
Les motivations, certes, diffèrent d'une époque à l'autre! Les

---

[1] Cf. IRENÉE, *Adv. aer.* V, 6, 1 cité en HAUSHERR Ir., *Direction spirituelle en Orient autrefois.* Rome 1955, p. 42; sur l'évolution du sens du
mot, cf. Ch. A. BERNARD, *Spirituel-spiritualité* en *Christus* 16 (1969) 468-473.

[2] IRENÉE, *Adv. Haer.* V, 8, 2; cité en HAUSHERR Ir., *Ibid.* p. 42.

Anciens insistaient davantage sur le combat spirituel grâce auquel le chrétien résistait aux pesanteurs charnelles pour s'élever à la vie dans l'Esprit; nous sommes devenus trop sensibles aux incertitudes des situations historiques, soit personnelles, soit sociales, pour ne pas ressentir le besoin de recourir à l'Esprit-Saint qui nous permet, par l'adaptation continue de notre praxis, d'accomplir authentiquement la volonté du Père.

Si aujourd'hui l'on insiste tellement sur l'idée de charisme, et tout spécialement sur celui de prophétie, c'est sans aucun doute pour rappeler la nécessité de la motion de l'Esprit. La vie chrétienne est vie selon l'Esprit. A chaque instant, le chrétien, saisissant le sens spirituel de la situation, s'efforce de trouver la juste insertion de sa vie dans l'histoire. Son action se renouvelle sans cesse, non pas tellement en vertu d'une application logique des principes de la foi, mais plutôt par une inspiration qui lui permet d'interpréter les signes des temps. Il importe peu d'ailleurs que ce sens chrétien des situations soit le fruit d'une recherche personnelle ou commune! En ce cas, le moyen plus adapté sera la révision de vie [3]. L'essentiel est bien d'une part d'atteindre la vie chrétienne authentique dans l'engagement concret et d'autre part de remplir le rôle actif revenant à chacun dans la coopération au mystère du salut, qui est oeuvre de l'Esprit.

Une telle position est-elle si nouvelle? Oui, si l'on considère l'application privilégiée et constante de l'effort spirituel aux situations historiques en mutation. Par contre, le principe d'attention à l'Esprit remonte aux origines du christianisme; saint Paul, déjà nous recommande de nous laisser conduire par l'Esprit (Gal. 5, 16). Chez les Anciens, par exemple, l'esprit de prophétie consistait avant tout dans la capacité de scruter les coeurs [4]; le spirituel discernait la relation de chacun à l'Esprit de Dieu. Et l'on a vu se renouveler constamment la revendication de certains chrétiens qui, pour mieux se soumettre à l'Esprit, s'opposaient à la discipline commune. Délaissant ces déviations, il convient simplement d'accepter comme une exigence fondamentale de la vie chrétienne l'effort

---

[3] Cf. Cl. PERANI, *La revisione di vita strumento di evangelizzazione alla luce del Vaticano II*. Torino 1968.
[4] Cf. HAUSHERR I., *Direction spirituelle en Orient autrefois*, Roma, 1955, pp. 42-44.

persévérant pour rejoindre la réalité concrète [5]. L'Esprit de Dieu ne peut être étranger au cours du monde qu'il dirige vers sa fin, ni aux circonstances de la vie qu'il a lui-même disposées. Cela est si vrai que la doctrine traditionnelle fait état d'une assistance continue de l'Esprit au chrétien, exercée au moyen des dons.

§ 1 — L'INFINITUDE SPIRITUELLE

Parmi les divers aspects que la présence de l'Esprit confère à la vie chrétienne [6], il en est un qui s'est imposé habituellement à la conscience spirituelle et qui affecte profondément la vie éthique: nous pourrions l'appeler un aspect d'infinitude, voulant signifier par là que l'Esprit ouvre à la conscience des espaces non délimitables mais que l'expérience spirituelle explore d'une certaine manière. La vie éthique, dès lors, surtout si on en considère les normes objectives, se situe de façon nouvelle par rapport à la praxis spirituelle totale.

Une telle idée d'infinitude rejoindrait celle d'une moralité transcendantale [7]. Celle-ci s'appuie sur le sens de l'accomplissement surnaturel de la personne; et cet accomplissement ne saurait être adéquatement déterminé par des catégories objectives: grâce à sa relation constitutive à Dieu, il signifie une réalité transcendantale. Par ailleurs, elle se manifeste comme une expression de la vie théologale selon les principes d'une imitation du Christ. Essentiellement ouverte, la moralité transcendantale s'oppose à la moralité catégoriale qui détermine *hic et nunc* les structures de l'action. Ce qu'ajoute l'expérience de la présence de l'Esprit, c'est une certaine approche du fondement concret de cette moralité transcendantale. Il ne s'agit pas de prétendre, certes, que le transcendantal deviendra objet d'expérience objectivable — ce qui serait contradictoire — mais de souligner que la vie chrétienne comme expérience en fournit

---

[5] L'insistance de certains auteurs sur les charismes que, d'une manière assez contradictoire, ils considèrent comme des dons permanents, renouvelle la position des anciens « spirituels » s'opposant à l'assistance accordée par Dieu aux fonctions ministérielles.

[6] Dans *Le projet spirituel* nous avons insisté sur l'intériorité de l'Esprit à notre conscience. Cf. *Le projet spirituel* c. IV, pp. 143-166, Roma P.U.G. 1970.

[7] Cf. J. Fuchs, *Moraltheologie und Dogmatik* dans *Gregorianum* 50 (1969) 698-708.

une certaine perception: ainsi de la vocation, du discernement de la volonté de Dieu, de l'élan vers la vie éternelle, de la présence de Dieu comme principe et objet de l'activité théologale. Tout cela introduit à une conscience spirituelle plus ferme et contribue à approfondir la conscience morale personnelle.

Nombre d'images qui désignent l'Esprit suggèrent l'idée d'infinitude. On pourrait même dire que la difficulté ressentie par la primitive Eglise, d'identifier la puissance vivifiante et sanctificatrice de Dieu avec la troisième Personne divine témoigne de la force et de la validité des images originelles signifiant jaillissement, liberté, imprévisibilité: celles de l'eau féconde, du vent impétueux, des forces surnaturelles [8]. Même lorsque, avec saint Paul, ce thème se combinera avec celui de l'intériorité, demeurera l'impression de libre et puissante plénitude: L'Esprit, en effet, scrute tout, jusqu'aux profondeurs divines: « Qui donc chez les hommes connaît les secrets de l'homme sinon l'esprit de l'homme qui est en lui? De même, nul ne connaît les secrets de Dieu sinon l'Esprit de Dieu » (I Cor. 2, 10-11). Grâce à lui, le Christ « établi Fils de Dieu avec puissance selon l'Esprit de sainteté, par sa résurrection des morts » (Rom. 1, 4) deviendra à son tour « esprit vivifiant » (I Cor. 15, 45). Rien ne peut arrêter la puissance de l'Esprit; sous son action, les ossements dispersés de la vision d'Ezéchiel resurgissent: « Viens des quatre vents, Esprit! Souffle sur tous ces morts et qu'ils vivent! » (Ez. 37, 9). Brise légère ou vent violent, l'Esprit souffle où il veut pour communiquer la vie.

L'horizon de la vie.

Et tout d'abord, lui-même annonce la plénitude de vie.

Dans la *Première épître aux Corinthiens*, au moment où il dispute de la sagesse de la Croix, instrument de salut choisi par Dieu, Paul, en un puissant raccourci, passe soudain du mode de la Rédemption au contenu qui en manifeste la pleine signification: « Ce dont nous parlons au contraire, c'est d'une sagesse de Dieu, mystérieuse, celle qui est demeurée cachée, que dès avant les siècles Dieu a par avance destinée pour notre gloire, celle qu'aucun des princes de ce monde n'a con-

---

[8] Cf. J. GUILLET, *Thèmes bibliques*, Paris Aubier 1954, 208-255.

nue — s'ils l'avaient connue, ils n'auraient pas crucifié le
Seigneur de la Gloire — mais, comme il est écrit, nous an-
nonçons ce que l'oeil n'a pas vu, ce que l'oreille n'a pas entendu, ce qui n'est pas monté au coeur de l'homme, tout ce
que Dieu a préparé pour ceux qui l'aiment. Car c'est à nous
que Dieu l'a révélé par l'Esprit » (I Cor. 2, 7-10). La Croix contenait donc la Résurrection qui est notre vie éternelle. Le
Christ « est devenu pour nous, de par Dieu, sagesse, justice
et sanctification, rédemption » (I Cor. 1, 30).   .

On ne saurait exagérer l'importance de l'idée de vie éternelle dans la spiritualité chrétienne. Sa présence est constante
au long des siècles. Dès Origène, et pendant tout le Moyen-Age,
elle commandait l'interprétation spirituelle de l'Ecriture en
fondant le sens anagogique qui indique le mouvement vers
la vie éternelle. Ce sens attire à lui les autres, le doctrinal
et l'existentiel: « Les choses temporelles de l'Ancien Testament,
contemplées dans la lumière du Christ, doivent nous transpor-
ter jusqu'aux choses éternelles du Testament nouveau, à ces
' choses d'en-haut ' que le chrétien doit chercher et goûter
pour rejoindre dès maintenant le Christ ressuscité » [9]. Nourri
constamment de la méditation de l'Ecriture, l'esprit s'élevait
comme sans effort vers la vie bienheureuse.

La vie éternelle, à vrai dire, n'est pas « idée », mais réalité
participée. Si elle n'était qu'idée, elle entretiendrait sans doute
la contemplation spéculative, mais constituerait-elle la force qui
soutenait les martyrs et aide à effectuer les profonds renoncements de ceux qui se hâtent vers une vie nouvelle et qui,
autant qu'il est possible, l'anticipent dès maintenant? Ceux-ci
font leur la parole de saint Paul: « Pour moi, certes, la vie
c'est le Christ, et mourir représente un gain ... j'ai le désir
de m'en aller et d'être avec le Christ, ce qui serait, et de beaucoup, bien préférable » (Ph. 1, 21. 23). Il est possible que nos
temps si occupés à valoriser les efforts de l'humanité en travail
se sentent peu enclins à donner à la vie éternelle le poids de
réalité que lui reconnaît l'espérance chrétienne; il n'en demeure pas moins qu'en fait comme en droit, la conscience
d'anticiper une vie de plénitude, sans trêve et sans défaut,
dans la sainteté et l'amour, stabilise la vie spirituelle et en
soutient l'élan.

---

[9] De LUBAC, *Exégèse médiévale*, 4 vol. Paris Aubier 1959 ss, I, 628.

Déjà saint Paul faisait appel à la pensée de la vie éternelle pour supporter sans faiblir les tribulations du temps présent. Le texte que nous allons citer indiquerait même que la vie éternelle est anticipée dans l'expérience spirituelle: « C'est pourquoi nous ne faiblissons pas. Bien au contraire, encore que l'homme extérieur en nous s'en aille en ruines, l'homme intérieur se renouvelle de jour en jour. Oui, la légère tribulation d'un moment nous prépare, bien au delà de toute mesure, une masse éternelle de gloire. Aussi bien ne regardons-nous pas aux choses visibles, mais aux invisibles; les choses visibles en effet n'ont qu'un temps, les invisibles sont éternelles » (II Cor. 5, 16-18). Une telle pensée, facilement exploitée par les anciens prédicateurs, joua aussi, par exemple, un rôle important dans la première partie de la vie religieuse de sainte Thérèse de Lisieux. Meurtrie par la maladie de son père, cette jeune fille se soulève au-dessus de sa souffrance par l'évocation d'une compensation céleste. « Mais comment Dieu dira-t-il: ' Mon tour! ' si le nôtre n'est venu, si nous ne lui avons rien donné? Hélas! il lui en coûte de nous abreuver de tristesses, mais il sait que c'est l'unique moyen de nous préparer à ' le connaître comme il se connaît, à devenir des dieux nous-mêmes! ' Oh! quelle destinée! Que notre âme est grande! Elevons-nous au-dessus de ce qui passe, tenons-nous à distance de la terre; plus haut, l'air est pur! Jésus se cache mais on le devine » [10]. On voit mieux, par cette dernière phrase, que la pensée de la vie éternelle n'agit pas seulement sur un mode de persuasion intellectuelle mais exprime une présence efficace: l'attente est déjà contact. En ce sens, elle ne peut décevoir.

Les yeux fixés sur l'horizon de sa vie, l'*homo viator* marche avec plus d'assurance. Mais en même temps, il devient capable de porter un jugement plus vrai sur les choses qui l'entourent. Se projetant dans l'infinitude divine, il se détache. Et, selon la pensée de saint Jean de la Croix, « en se détachant des choses, l'esprit en acquiert une plus claire connaissance pour

---

[10] Ste Thérèse de Lisieux, *Lettres*, Office central de Lisieux 1948, p. 69. La sainte s'inspire d'une page de l'abbé C. Arminjon, *Fin du monde présent et mystères de la vie future*, Paris 1883. « Et le Dieu reconnaissant s'écrie: Maintenant mon tour ... Au don que les saints m'ont fait d'eux-mêmes, puis-je répondre autrement qu'en me donnant moi-même, sans restriction et sans mesure? » (p. 290).

bien entendre les vérités qui les concernent, tant naturellement que surnaturellement »[11].

Dans ses *Exercices spirituels*, saint Ignace fait appel à la rupture de jugement opérée par le passage à un au-delà du temps présent. Traitant du choix vital à accomplir selon la volonté de Dieu, il cherche à éliminer les intérêts propres qui empêchent l'amour de Dieu d'orienter le choix. Le saint fait tout d'abord prendre conscience des attachements désordonnés c'est-à-dire de la pression exercée par les désirs immédiats. Comment y résister? Le premier moyen sera de « considérer, comme si j'étais à l'article de la mort, l'attitude et la norme que je voudrais alors avoir gardée dans la conduite de l'élection actuelle »[12]. L'idée de la mort relativise immédiatement les biens présents et permet à l'esprit de les considérer avec plus d'objectivité, comme si, d'un autre point de vue, je raisonnais pour un autre[13]. Semblablement, l'idée du jugement rectifiera l'estime que j'en ai et ajustera les valeurs à une considération plus complète et partant plus exacte[14]. D'un côté comme de l'autre, les motions instinctuelles ou subconscientes verront leur intensité diminuer, ou plutôt, leur énergie se déployant dans un espace plus vaste, elles y abandonneront la violence de leur élan et s'intégreront mieux à la dynamique spirituelle totale.

Le Christ comme Sagesse.

Assez clairement perçue dans son terme qui est la vie éternelle, l'infinitude spirituelle marque aussi le chemin à parcourir. Ce chemin est le Christ. Qui le suit ne marche pas dans les ténèbres, mais possède la lumière divine de vie.

Or, considérer l'ensemble de la vie selon ses dimensions totales, s'efforcer d'acquérir une connaissance claire de la fin et des moyens, adapter aussi exactement que possible sa praxis à sa vision du monde, n'est-ce pas purement et simplement assumer une attitude de sagesse?[15] La philosophie, en son projet

---

[11] S. Jean de la Croix, *Montée du Carmel*, liv. 3, c. 20. DDB p. 366.
[12] S. Ignace, *Exercices spirituels*, n. 186, coll. Christus, DDB 1960.
[13] *Ibid.* n. 185.
[14] *Ibid* n. 187.
[15] Sur ce thème, cf. Holte Ragnar, *Béatitude et sagesse, Saint Augustin et le problème de la fin de l'homme dans la philosophie ancienne*, Paris 1962.

originel, se voulait sagesse. Et les anciens auteurs chrétiens, Justin, Clément et Augustin par exemple, n'ont pas craint de confronter la sagesse chrétienne à celle des philosophes. Considérant et utilisant la philosophie avec plus ou moins de sympathie, ils ont mis cependant en relief, Augustin surtout, l'irréductibilité de la voie chrétienne à une sagesse humaine; en ceci consiste précisément l'originalité chrétienne, que Dieu s'est incarné assumant l'intégralité de la condition humaine: « Le thème du rejet orgueilleux de l'Incarnation par les platoniciens revient continuellement dans les ouvrages d'Augustin. Il ne peut donc guère penser que la véritable et authentique philosophie soit représentée par des philosophes qui rejettent une doctrine chrétienne fondamentale qui, selon sa remarque explicite, constitue un des objets de la recherche philosophique [16].

Pour commune qu'elle fût, l'idée de sagesse rappelait aux chrétiens une notion beaucoup plus particulière et dont l'importance était considérable: la Sagesse existait en Dieu; elle jouait auprès de lui pendant que surgissaient les mondes; elle appelait les hommes à goûter de ses fruits (cf. Prov. 8). Et cette Sagesse était le Christ. Origène, précisément, revendiquera avec insistance l'appellation de Sagesse pour le Christ; pour lui, elle le dénomme antérieurement et mieux que le mot de Logos: « Derechef, le même est à la fois commencement et fin, mais notionnellement (κατὰ τὰς ἐπινοίας), il n'est par le même. Il est commencement, en effet, comme nous l'avons appris dans les Proverbes, en tant qu'il se trouve être Sagesse. Il est écrit d'ailleurs: ' Dieu m'a créé commencement de ses voies pour le diriger dans ses oeuvres ' (Prov. 8, 22). Mais en tant que Verbe, le Fils n'est pas commencement » [17].

Dans cette perspective, l'idée de Sagesse renvoie à celle de commencement, tandis que celle de Logos contient l'idée de médiation: soit la médiation créatrice, soit l'Incarnation grâce à laquelle le Verbe a habité parmi nous pour nous manifester le Père. Bien que cette formulation reflète une théologie trinitaire encore archaïque, elle ne s'appuie pas moins sur une perception spirituelle profonde: le Fils existe comme commencement. Le Dessein de salut, par conséquent, qui s'effectue

---

[16] HOLTE, *op. cit.*, p. 105.
[17] ORIGÈNE, *Com. in Jh.* I, 34; P.G. XIV, 84. Cité et traduit par BERTRAND, *Mystique de Jésus chez Origène*, Paris Aubier 1951, pp. 20-21.

dans le Christ, joint le commencement absolu au terme définitif. Il est tout entier enveloppé dans la prescience et la Providence de Dieu. Dans l'ordre éthique, cette vérité est capitale.
Elle signifie que tout l'ordre de la Création, comme aussi tout
le développement historique du monde et des personnes sin-
gulières doivent être considérés comme des concrétisations du
Dessein de salut. Tout se déroule sous le signe de l'unité contenue dans la Sagesse de Dieu. Et cela implique, du point de
vue du sujet spirituel, une conséquence importante: si tout
l'ordre de la Création s'insère dans le déroulement providentiel
de l'histoire, la vie spirituelle comprend la vie éthique comme
l'un de ses moments. De quelque côté, en effet, qu'on la considère, la vie éthique impose une structure à l'action et cette
structure dérive d'une constitution originelle, ou du moins, si
l'on tient compte de tous les développements dans l'ordre historique et social, d'une Sagesse constamment à l'oeuvre et
expression d'une volonté divine.

Or, l'unité de la vie spirituelle suppose comme norme
absolue l'accomplissement de la volonté d'amour de Dieu. Elle
ne saurait donc être atteinte hors de la rectitude morale —
quelque difficulté que l'on éprouve à en déterminer les règles
catégoriales — et, nécessairement, elle l'enclôt dans son projet.

La rectitude morale nécessaire requerra une lutte contre
le péché. Mais celui-ci, tout en demeurant concrètement con-
travention à une règle d'action reconnue bonne, manifeste au
véritable spirituel une malice intrinsèque et qui est d'être contraire à la Sagesse d'amour de Dieu. C'est ainsi que saint Ignace,
en proposant la méditation des péchés personnels, demande
au retraitant de « peser (ses) péchés. Voir la laideur et la perversité que contient, en soi, tout péché capital que je commets,
même s'il n'était pas défendu » [18]. Cette folie du péché apparaîtra mieux lorsque précisément je considérerai qui est Dieu
contre lequel j'ai péché en comparant « sa sagesse à mon ignorance » [19].

Mais le thème de la Sagesse déborde l'idée de lumière directrice de l'action. Il rejoint un autre domaine de la vie spirituelle désigné par les spirituels comme voie royale de la
Croix. Certes, il est possible que les auteurs médiévaux, celui

---

[18] S IGNACE, *Exercices spirituels* n. 57.
[19] *Ibid.* n. 59.

de l'*Imitation*, Ruusbroeck, Suso, plus tard Chardon [20], aient
été trop unilatéraux dans leur insistance sur les souffrances
de la vie! L'expérience nous montre, en tout cas, que les dangers ne sont pas moindres à vouloir choisir une voie large
d'où disparaîtraient abnégation, humilité, courage apostolique,
patience, vigilance et finalement tout scandale de la Croix. Quoi
qu'il en soit, puisque l'épreuve, un jour où l'autre, nous atteint,
il faut tout de même la situer dans la perspective chrétienne!
Or il est remarquable que le sens de la Croix exprime en fait
un aspect de la Sagesse. Le texte le plus médité à ce propos
fut sans doute le petit livre de Suso: « Livret de l'éternelle
sagesse » [21]. De cette longue méditation de la Passion, se dégagent la lumière de la Sagesse et la joie qu'elle apporte. Comment joie et douleur, ici, se conjuguent-elles? Tous les auteurs
affirment que seule l'expérience peut l'enseigner.

Suso a soin cependant de rattacher sa doctrine à celle de
saint Paul. Son langage affectif renvoie aux chapitres sur la
Sagesse de la Croix (I Cor. 1-2): « Seigneur, il est vraiment
caché à tous les coeurs, l'insondable bien que trouve en ta
passion l'homme qui lui donne temps et place. Ciel, à quel
point le chemin de ta passion est un sentier sûr dans la voie
de la vérité vers le plus haut faîte de toute perfection! Heureux
es-tu, noble lumière entre tous les astres célestes, Paul, d'avoir
été élevé si haut et conduit si profond dans le mystère caché
de la pure divinité » [22]. Ce langage quelque peu rhétorique, ne
fait que reprendre, en vérité, celui de saint Bernard: « Dans
l'aimable passion, je prends une pleine suppléance de mon peu
de mérite, en elle gît ma parfaite justice: la contempler, c'est
pour moi éternelle sagesse, plénitude de toute science, richesse
de tout salut, pleine suffisance de toute récompense. Elle me
presse dans le bonheur et me soutient dans l'adversité, elle
me tient entre la joie et la souffrance de ce monde, en vraie
égalité et me garde de tout mal en totale sécurité » [23]. Nous

---

[20] Auteur du XVIIe s., il écrivit un livre important *La Croix de Jésus*
réédité en 1937 à Paris, éd. du Cerf.

[21] SUSO H., *Livret de l'éternelle sagesse*, Paris Egloff 1944. Cette rédaction allemande fut reprise en latin sous un mode plus didactique dans
Horologium sapientiae, Turin Marietti, 1929.

[22] SUSO H., *Livret de l'éternelle sagesse*. Trad. Lavaud, c. 14, p 123.

[23] *Ibid.* Le texte de saint Bernard utilisé par Suso se trouve dans
le *Sermo 43 in Canticum*. Cette spiritualité de la sagesse de la Croix se
retrouve en grande partie dans la spiritualité du Coeur de Jésus.

suivons bien, là, un courant spirituel dont l'abondance ne s'est guère démentie.

Le paradoxe de la Croix, en effet, était trop accentué en saint Paul pour ne pas marquer toute la spiritualité. Insistons simplement sur la plénitude de ce paradoxe: celui qui s'est anéanti en prenant condition d'esclave et s'humilia en obéissant jusqu'à la mort et à la mort sur une croix est le même qui était de condition divine et que Dieu ensuite a exalté en lui donnant le Nom qui est au-dessus de tout nom (Cf. Ph. 2, 6-11). On ne saisit donc pas spirituellement le sens de la Passion si on n'y considère la personne divine du Christ et « comment la divinité se cache » [24]. Seule la présence du Fils en la forme du Serviteur permet de rendre compte de la sagesse qui s'exprime dans ces voies de Dieu et que nous révèle l'Esprit. L'infinitude de l'Esprit s'insère dans la peine scandaleuse de la passion et de la croix. Par là s'explique le désir d'un saint Jean de la Croix de « s'enfoncer dans l'épaisseur » de la Croix qui est le chemin de la vie, c'est-à-dire « dans les travaux et angoisses en tant qu'ils sont un moyen pour entrer en l'épaisseur de la délectable Sagesse de Dieu » [25].

Nulle part, peut-être, mieux que dans la sagesse de la Croix ne s'exprime le dépassement chrétien de l'attitude éthique en la vie spirituelle. Un élan nouveau, surgi de l'intérieur même de la praxis, conforme à la volonté de Dieu et pousse à la participation au mystère du Christ. Ce mystère, bien sûr, concerne l'ordre éthique en tant qu'il est réparation du péché, rétablissement dans la rectitude initiale et préparation à la vie bienheureuse; mais il atteint une profondeur vraiment divine. On y goûte la Sagesse de Dieu, sagesse qui atteint d'une extrémité à l'autre de la vie chrétienne, fondant le commencement et couronnant la fin.

En embrassant ainsi l'ensemble du déroulement de la vie chrétienne situé à l'intérieur d'une situation historique, l'idée de sagesse valorise pleinement celle de vocation [26]. La vocation personnelle, en effet, tout en supposant des structures qui fondent la vie éthique, signifie une singularité enveloppée dans l'universalité de l'histoire du salut: chacun prend sa place,

[24] Ignace de Loyola, *Exercices spirituels* n. 196.
[25] Jean de la Croix, *Cantique spirituel*, st. 36 dans *Oeuvres spirituelles* Paris DDB p. 894. 895.
[26] Cf. Ch. A. Bernard, *Le projet spirituel*, c. 3: Vocation, pp. 105-128.

reçoit sa mission et la remplit pour le bien de tous et son propre accomplissement. Mais pour cela, n'est-il pas indispensable que le singulier comme l'universel participent d'une même disposition de la Sagesse, principe et fin de toutes choses? C'est dire équivalemment que la vie éthique régie par les structures objectives et soumise à l'évolution des situations historiques se trouve polarisée par l'accomplissement de la vocation personnelle qui, en même temps, la suppose et la déborde. Or, la recherche et la réalisation de la vocation ressortissent éminemment à la vie spirituelle dont elles constituent le moment le plus intense.

A cet aspect objectif de l'idée de sagesse correspond une réalité spirituelle subjective que les auteurs ont rapportée aux dons du Saint-Esprit, et plus précisément au don de sagesse. On peut certes se livrer à une recherche formelle et déterminer, en fonction d'une vision d'ensemble de l'organisme spirituel, les aspects distinctifs des divers dons relatifs à la connaissance: science, intelligence et sagesse [27]. Mieux vaut cependant considérer l'ensemble de la connaissance spirituelle et la nommer sagesse. On dira alors que cette sagesse est avant tout connaissance savoureuse. En elle, nous ne connaissons pas autre chose que les données de la foi, mais nous les connaissons dans une double relation: d'une part avec l'unité du Dessein de Dieu procédant de l'amour du Père, d'autre part avec l'unité de notre propre vie, elle aussi effet de l'amour du Père. La perception de l'accord profond de notre situation personnelle avec le dynamisme de notre vie et de la vie du monde, produit cet ébranlement paisible et puissant caractéristique de la sagesse spirituelle [28].

§ 2 — LE DEVOIR À REMPLIR

En insistant d'abord sur l'infinité de la vie chrétienne, nous faisions droit à l'un de ses caractères essentiels, celui de découler d'un don premier de Dieu nous rendant participants de son Esprit. La vie éthique s'inscrit dans ce contexte,

---

[27] L'effort le plus remarquable en ce sens est celui de JEAN DE SAINT THOMAS, dans son commentaire de I. II. 69. Sa doctrine est traduite et présentée par R. MARITAIN, *Les dons du Saint-Esprit*. Cf. D. Sp. art. *Dons du Saint-Esprit* III, 1579-1640.

[28] Cf. Ch. A. BERNARD, *Vie spirituelle et connaissance théologique* dans *Gregorianum* 51 (1970) 225-244.

elle concerne l'homme sans doute, et ses tâches à remplir, mais l'homme dans sa relation vivante et permanente au Dieu qui le sauve en se révélant.

Cependant, soit du côté de Dieu, soit du côté de l'homme, un mouvement se dessine pour rejoindre l'existence concrète.

L'Incarnation du Verbe constitue le mouvement divin. Dans l'accomplissement de ce mystère, préparé par une intervention continue de Dieu dans l'histoire des hommes, la plénitude de l'Esprit repose sur l'humanité du Christ pour faire de son message la Loi nouvelle puis, après la glorification, se communiquer à l'Eglise et aux fidèles pour les vivifier. Alors se trouve sanctifiée la condition humaine, recréée en son fond le plus intime, transformée en son intégralité.

Du côté de l'homme, le mouvement vers la profondeur accompagne la maturation personnelle pour conférer son sens à l'activité éthique. Se constituant à partir d'une projection, dans la conscience, de l'autorité parentale, la conscience morale accentue décisivement son processus d'intériorisation lorsque la personnalité, pour s'affirmer, s'oppose au milieu parental et se pose dans une altérité toujours plus substantielle. En même temps l'adolescent expérimente en lui la dualité: ou par rapport aux pulsions corporelles, ou par rapport à une action objective; ni celle-ci, ni celles-là ne répondent docilement à son projet personnel. Le projet, cependant, ne peut rester idéal et la contradiction pratique doit être surmontée. Elle ne le sera authentiquement que par une descente de la liberté dans les conditionnements concrets. Tous doivent venir à la conscience pour y être pleinement intégrés: ceux du corps et des sens, ceux des relations sociales, ceux de la temporalité constitutive de l'existant. Or, si, dans un premier temps, la relation à Dieu appartient à la sphère idéale qui oriente le projet personnel, elle doit à son tour partir à la recherche de l'existence concrète pour la transformer sans doute, mais non sans s'y être insérée et, pour ainsi dire, ensevelie. La charité, répandue par l'Esprit, ne peut être que concrète: « La charité est longanime; la charité est serviable; elle n'est pas envieuse; la charité ne fanfaronne pas, ne se rengorge pas; elle ne fait rien d'inconvenant, ne cherche pas son intérêt, ne s'irrite pas, ne tient pas compte du mal » (I Cor. 13, 4-5).

Mais vouloir résoudre la contradiction entre l'idéal d'un accomplissement de soi par l'effectuation des valeurs et les résistances des pulsions inférieures, n'est-ce pas proprement accepter l'obligation morale? [29]. Une telle obligation est vécue sous un mode immédiatement personnel dans la tension radicale entre l'esprit et la chair. En la décrivant, saint Paul ne fait qu'exprimer l'expérience chrétienne. De plus, la charité ne joue pas seulement un rôle d'ordination intérieure, mais elle tend de soi à poursuivre l'oeuvre de réconciliation que, dans son amour, le Christ a accomplie. Elle ne se peut garder sous le boisseau, mais réchauffe et éclaire tous ceux de la maison. Elle s'attaque donc aux contradictions présentes dans l'humanité. L'éthique chrétienne est simultanément personnelle et communautaire. Notons enfin que le don de l'Esprit pousse à son paroxysme la contradiction commune, fondement de l'obligation: en tant précisément qu'il infuse une charité de soi totalisante et confère l'infinitude à l'élan de l'esprit.

Vécue tout au long du temps de l'Eglise, une telle doctrine trouve son expression privilégiée chez les auteurs qui insistent sur la valeur du devoir d'état [30] et notamment sur ceux qui ont à coeur de montrer que la vie spirituelle rejoint les situations concrètes de tout chrétien. Après les prédicateurs anciens, le plus important est sans nul doute saint François de Sales. Mieux vaut cependant nous arrêter à un auteur qui s'en inspire mais qui approfondit singulièrement les fondements d'une spiritualité du devoir: en présentant la doctrine du P. de Caussade qui nous est parvenue dans le petit recueil sur *L'Abandon à la Providence divine* [31], nous verrons mieux

---

[29] « Il n'y a qu'une expérience universelle, c'est celle qui retrouve à l'intérieur de tous les illogismes, de toutes les souffrances, de tous les débats, bref de toutes les contradictions ressenties par l'esprit, l'obligation morale, qui est l'invitation à résoudre la contradiction en finalité ». (LE SENNE, *Le Devoir*, Paris Alcan 1930, p. 322).

[30] Cf. J. TONNEAU, art. *Devoir* dans *D.Sp.* IV, 653-672 et R. CARPENTIER, art. *Devoir d'état, ibid.* 672-702. Alors que le premier use du terme devoir en une acception légaliste et minimisante, et refuse la « morale du devoir », le second donne à l'expression devoir d'état son sens le plus large et n'hésite pas à fonder sur lui une spiritualité authentique.

[31] J. P. de CAUSSADE, *L'Abandon à la Providence divine*, éd. du P. Olphe-Galliard, coll. Christus, textes, Paris DDB 1966. La perspective est très différente ici de la position kantienne. Pour le philosophe critique, Dieu est postulé comme un saint législateur pour donner à l'action concrète s'insérant dans le monde une valeur universelle l'accordant au devoir. Le point de départ est la conscience personnelle contrainte de poser une action dans le monde. Ici, par contre, la volonté du Dieu vivant atteint immédiatement les déterminations de l'histoire; elle leur est intérieure; en agissant, le chrétien cherche à s'y accorder; et il le peut, car

comment le chrétien peut rejoindre l'existence à partir de sa situation théologique et spirituelle.

Le principe radical pourrait s'énoncer ainsi: l'unique devoir est l'accomplissement de la volonté de Dieu sous quelque forme qu'elle se présente.

Pour comprendre ce principe, il faut percevoir Dieu comme vivante volonté sans cesse en action dans le monde et dont le vouloir éternel rejoint chaque moment de l'existence: « L'immense action qui dès le commencement des siècles jusqu'à la fin est toujours la même en soi, s'écoule sur tous les moments, et elle se donne dans son immensité et identité à l'âme simple qui l'adore, l'aime, et en jouit uniquement » [32]. Entre l'infinitude divine et la limitation quotidienne, un contact s'établit donc, par la médiation de toute activité grâce à laquelle on rejoint la volonté de Dieu. Du côté de l'homme, foi, espérance et charité, effectuent cette communication: « Le moment présent est toujours plein de trésors infinis, il contient plus que vous n'avez de capacité. La foi est la mesure, vous y trouverez autant que vous croyez; l'amour est aussi la mesure, plus votre coeur aime, plus il désire et plus il croit trouver, plus il trouve. La volonté de Dieu se présente à chaque instant comme une mer immense, que votre coeur ne peut épuiser; il n'en reçoit qu'autant qu'il s'étend par la foi, par la confiance, et par l'amour ... C'est dans cette volonté cachée dans tout ce qui vous arrive au moment présent qu'il faut puiser, et vous la trouverez toujours infiniment plus étendue que vos désirs » [33].

En termes modernes, mais qui sont déjà ceux du P. de Caussade, le moment présent est sacrement: « Sacrement du moment présent! Tu donnes Dieu sous des apparences aussi viles que l'étable, la crèche, le foin, la paille » [34]. De même que la foi reconnaît sous les apparences du pain et du vin la réalité du Corps du Christ, de même perçoit-elle le substantiel de la volonté de Dieu sous l'apparence sans cesse renouvelée du moment présent: « Ce qui était le meilleur au moment passé ne l'est plus, parce qu'il est destitué de la volonté divine qui

---

la volonté bienveillante de Dieu, qui produit la grâce, réside déjà à l'intérieur de la conscience.

[32] De CAUSSADE, *op. cit.*, c. 9, p. 105.

[33] *Ibid.*, p. 95.

[34] *Ibid.*, c. 1, p. 27.

s'écoule sous d'autres apparences pour faire le devoir du moment présent; et c'est ce devoir, quelque apparence qu'il ait,
qui est présentement ce qu'il y a de plus sanctifiant pour
l'âme » [35]. Rien de figé ici! Mais saisie d'une présence active
de Dieu dans les mutations mêmes de la vie.

Que le mot « devoir » ne soit pas à entendre en un sens
purement légaliste mais en celui plus général de l'accomplissement de la volonté de Dieu, nous le montre assez l'insistance
du P. de Caussade sur l'acceptation des événements, surtout
ceux qui sont douloureux: « Il ne s'agit pour eux (prêtres,
soldats, bourgeois etc. ...) que de remplir les simples devoirs
du christianisme et de leur état, d'embrasser avec soumission
les croix qui s'y trouvent attachées et de se soumettre à l'ordre
de la Providence pour tout ce qui se présente à faire et à
souffrir incessamment sans qu'ils le cherchent » [36]. En effet,
selon la terminologie classique reprise par saint François de
Sales, l'événement accompli est manifestation d'une volonté
de bon plaisir de Dieu; il est irréversible [37]. En ces événements,
on pourrait faire entrer toutes les données de fait qui conditionnent notre vie spirituelle: le milieu de vie et les limites
personnelles. Leur aspect positif ou négatif n'est pas seulement
constaté; il est reconnu et accepté comme médiation de la
volonté divine, concrétisation d'une obligation spirituelle générale.

Une telle obligation s'exerce dans la foi: « La vie de la
foi n'est qu'une poursuite continuelle de Dieu au travers de
tout ce qui le déguise, le détruit pour ainsi dire et l'anéantit [38].
Nous retrouvons ici l'idée de la réalité comme signe révélateur
de Dieu: « La parole de Dieu écrite est pleine de mystères,
sa parole exécutée dans les événements du monde ne l'est
pas moins » [39]; « tous les moments sont des révélations que
Dieu fait » [40]. L'obligation essaie de surmonter la contradiction
perçue entre les apparences de l'événement et la substance de
la volonté divine. Seule la foi peut opérer ce dépassement.
C'est pourquoi, en tant que le projet spirituel est recherche

---

[35] *Ibid.*, c. 7, p. 73.
[36] *Ibid.*, c. 1, p. 28.
[37] S. François de Sales, *Traité de l'amour de Dieu*, livre 9 dans *Oeuvres complètes*, Paris 1839, t. IV pp. 378-402.
[38] J. P. de Caussade, *op. cit.*, c. 9, p. 99.
[39] *Ibid.*
[40] *Ibid.*, p. 103.

de l'Absolu, il s'effectue nécessairement par la médiation d'une vie de foi retrouvant la volonté de Dieu déjà manifestée dans l'existence historique.

Du point de vue de la vie spirituelle, l'attitude universelle d'acceptation de la volonté de Dieu déjà réalisée accompagne l'obligation morale stricte qui consiste en la découverte et le choix d'une action qui accomplisse la volonté divine. Pour cela, le chrétien n'est pas livré totalement à lui-même, comme s'il devait tout découvrir en un perpétuel jaillissement de nouveauté; mais cette volonté lui est signifiée par les commandements, les conseils, les inspirations [41].

Quelles que soient les difficultés naissant de la détermination exacte du contenu des commandements — et celle-ci appartient aux moralistes sous la conduite du Magistère — il faut tenir fermement que les préceptes expriment une volonté de Dieu, qui est une volonté d'amour. Même la Loi mosaïque ne procédait pas d'une autre inspiration. Elle ne fut promulguée qu'au sein d'une Alliance et c'est en fonction de ce pacte d'amitié qu'elle doit être jugée: « Le commandement n'est jamais présenté (dans l'Ancien Testament) comme un moyen d'*acquérir* l'Alliance, mais comme la façon, indiquée par Yahvé lui-même, de *vivre en union avec Lui*. Le commandement est conséquence de la grâce, non sa cause. L'Alliance est une communion offerte gracieusement par Yahvé, nullement créée par l'observation des commandements. Vivre la loi ne signifie pas pure conformité extérieure avec une règle donnée; au contraire, la loi est la manière de vivre l'Alliance. Elle est l'expression de relations entre personnes. Et les bénédictions dont parle l'Ancien Testament, ne viennent pas couronner de l'extérieur les bonnes oeuvres. Elles consistent dans le fait d'avoir accepté l'union intime offerte par Yahvé » [42]. Rien n'est plus dommageable à la vie spirituelle que de considérer le commandement comme une contrainte extérieure. En fait, il est

---

[41] « Nous considérons quelquefois la volonté de Dien en elle-même ... D'autres fois nous considérons la volonté de Dieu en ses effets particuliers, comme dans les événements qui nous touchent et dans les occurrences qui nous arrivent; et finalement en la déclaration et manifestation de ses intentions » (S. François de Sales, *Traité de l'Amour de Dieu*, l. VIII, c. 3, p. 359).

[42] Hamel E., *Les dix Paroles*, coll. Essais pour notre temps, DDB. 1969, p. 19.

libérateur; il délivre de la puissance de péché en oeuvre dans le monde.

Ce qui vaut pour l'Ancien Testament, s'applique a fortiori à la Loi nouvelle qui est Loi d'amour. Non que la charité supporte toutes les distorsions dont on l'accable pour justifier des conduites parfois aberrantes [43]. Mais elle rend raison des préceptes contenus dans l'Evangile.

En premier lieu, elle rend compte des préceptes positifs qui ne sont que les multiples facettes de l'unique commandement de l'amour de Dieu et du prochain: ainsi faut-il prier avec confiance et humilité, s'abandonner à la Providence divine, se réconcilier avec le prochain, aimer ses ennemis, vêtir un frère qui est nu etc. ... De ces actions, le Christ lui-même fut le modèle. Et, s'il est certain que la simple exécution extérieure n'exprime pas inconditionnellement l'amour de Dieu et du prochain (I Cor. 13, 3) il n'en demeure pas moins que ces actes imitant l'action du Christ ont un rapport organique avec la volonté du Père.

Les préceptes négatifs ne sont pas, de leur côté, absents de l'Evangile. Bien loin de les supprimer, le Seigneur les a intériorisés et leur a donné un cachet plus exigeant encore. Il n'est que de lire sur ce point le Sermon sur la montagne pour se rendre compte que la loi suprême de charité doit être vécue en esprit et en vérité. Or les défenses de la loi marquent les limites en-deçà desquelles la charité devient inauthentique. Paul lui-même l'exprime clairement: « N'ayez de dettes envers personne, sinon celle de l'amour mutuel. Car celui qui aime autrui a de ce fait accompli la loi. En effet, le précepte: Tu ne commettras pas d'adultère, tu ne tueras pas, tu ne voleras pas, tu ne convoiteras pas, et tous les autres, se résument en cette formule: Tu aimeras le prochain comme toi-même. La charité ne fait point de tort au prochain. La charité est donc la loi dans sa plénitude » (Rom. 13, 8-10). Là encore, les préceptes négatifs s'articulent sur la charité qui constitue le fond de la révélation de la volonté du Père et par conséquent de la vie morale.

---

[43] Alors qu'on condamne vigoureusement, et avec raison, dans le domaine social, la « bonne intention » par laquelle se justifie tout paternalisme, on se couvre de cette même « bonne intention » pour justifier adultères et violations des engagements, ou encore l'euthanasie.

Encore que le joug du Seigneur soit doux et son fardeau léger, il serait bien irréaliste de ne pas voir que le commandement peut devenir onéreux. Or, du point de vue qui nous intéresse ici de l'engagement spirituel, il apparaît extrêmement dommageable d'énerver la rigueur de la loi objective. Certes, ne soyons pas pharisiens, et n'imposons pas aux autres des fardeaux arbitraires ou disproportionnés! Mais comprenons bien que la rigueur objective produit la droiture de conscience et la simplicité évangélique qui sont signes de la vérité: on accepte la volonté de Dieu au lieu de la tourner. Et l'expérience montre que par là passe le chemin de la liberté, dans le refus de céder aux convoitises, ou simplement à la paresse: « étroite est la porte et resserré le chemin qui mène à la Vie, et il en est peu qui le trouvent » (Mt. 7, 14). Celui, au contraire, qui se laisse aller au fil de ses convoitises en arrive bientôt, en vertu de leur dynamique propre, à être leur prisonnier, à devenir esclave du péché (Jn. 8, 34).

Le point décisif, pour qui veut intégrer l'obligation morale en sa vie spirituelle, est de faire de l'accomplissement des commandements un acte d'amour. Saint François de Sales y insiste à sa manière bonhomme et profonde: « Plusieurs observent les commandements comme on avale des médecines, plus crainte de mourir damnés que pour le plaisir de vivre au gré du Sauveur ... Au contraire le coeur amoureux aime les commandements; et plus ils sont de chose difficile, plus il les trouve doux et agréables, parce qu'il complaît plus parfaitement au bien-aimé, et lui rend plus d'honneurs. Il lance et chante des hymnes d'allégresse, quand Dieu lui enseigne ses commandements et justifications ... Le divin amour nous rend donc ainsi conformes à la volonté de Dieu, et nous fait soigneusement observer ses commandements en qualité de désir absolu de sa Majesté à laquelle nous voulons plaire »[44]. Seule l'intériorisation de l'obligation morale dans la loi d'amour, son accomplissement en fonction de la relation personnelle à Dieu, peut lui conférer toute sa valeur spirituelle.

On intériorisera d'autant mieux le commandement qu'on sera enclin à accomplir la loi évangélique dans l'ordre des conseils et des inspirations. Dans le conseil, en effet, la volonté

---

[44] S. François de Sales, *Traité de l'amour de Dieu*, liv. VIII, c. 5, pp. 362-363.

de Dieu se présente non comme une obligation, mais comme un appel et une invitation. Ce n'est qu'à partir du moment où le conseil est accepté par une libre décision qu'il devient norme pour l'action. Tout manquement à cet égard ne constitue pas un péché puisque, objectivement, l'action peut demeurer bonne: ainsi celui qui ne peut se réconcilier ouvertement avec qui lui a fait du tort, ne lui rend aucun mal, mais attend d'avoir la force d'appliquer sa décision de réconciliation. De même pour l'ordre des inspirations. L'évidence subjective d'entreprendre une action peut être assez forte pour entraîner le sens d'une volonté de Dieu à accomplir. Dira-t-on pour autant qu'il s'agit d'une obligation stricte? On passe à côté de l'amour de Dieu; on ne s'élève pas contre lui. La disponibilité intérieure cependant s'affaiblit; et l'on se flatte sans doute trop vite de pouvoir, après de tels manquements, retrouver aussitôt le désir d'accomplir la volonté de Dieu lorsqu'elle se manifestera à travers les commandements.

A vrai dire, ce qui est en jeu c'est le souci d'étaler sous le regard de Dieu et de comprendre dans le champ de son action, l'intégralité de l'existence. Certes, les grandes composantes de l'existence sont signifiées par les commandements. Mais on ne peut habiter longuement et commodément une demeure où manque le fini d'une certaine beauté et qui ne suscite aucune complaisance. Les structures morales sont nécessaires; l'obligation des commandements les dessine. Finalement, cependant, il s'agit de vivre dans l'unité d'un élan et d'une conception totalisante. Dans la vie spirituelle, l'unité de la vie procède de l'accomplissement de la volonté de Dieu. En elle, l'existence tout entière est englobée. Inspirations, conseils, commandements inspirent l'agir éthique. Et celui-ci, bien loin de se cantonner dans une pure exécution de l'inévitable, devient ingénieux, pour soi et pour les autres, afin de coopérer toujours plus constamment et profondément à une volonté de Dieu sans cesse en acte.

D'une telle attitude, le Christ est le modèle. L'Evangile ne nous le présente pas tellement comme le modèle d'accomplissement extérieur des commandements — encore que Jésus, lui aussi, « accomplisse toute justice », étant venu dans la forme de Serviteur (Mt. 3, 15) — mais comme portant et promulguant la loi nouvelle. Toutes ses paroles, comme aussi toutes ses actions, deviennent des manifestations de l'obéissance au Père, des reflets de sa puissance créatrice et salvatrice: selon les paroles de Jésus rapportées en saint Jean, « le Fils ne peut faire de lui-même rien qu'il ne voie faire au Père: ce que fait celui-ci, le Fils le fait pareillement » (Jn. 5, 19). Toute la vie de Jésus est donc une épiphanie de la volonté divine.

Nous recherchions une vie concrète sous la mouvance de l'Esprit. En Jésus, cette vie selon l'Esprit se déploie totalement. Non seulement en intensité, puisque la puissance de l'Esprit, en ressuscitant Jésus fera de son humanité glorifiée, un instrument vivificateur. Non seulement en extension, dans la mesure où, du premier instant de son existence jusqu'à sa consommation, Jésus vit par l'Esprit. Mais encore en pénétration puisque toute action de Jésus est sainte et sanctifiante. Saint Paul alors pourra tirer la conclusion: « Soit donc que vous mangiez, soit que vous buviez, et quoi que vous fassiez, faîtes tout pour la gloire de Dieu... Montrez-vous mes imitateurs, comme je le suis moi-même du Christ » (I Cor. 10, 31. 11, 1).

CHAPITRE TROISIÈME

L'IMPULSION SPIRITUELLE

A partir du moment où une personne entre délibérément dans la vie spirituelle, par la recherche de son unité en fonction d'une valeur absolue, elle tend nécessairement à subordonner toute autre démarche à l'obtention de ce but. L'excès, souvent, y devient déviation. Ni dans l'histoire des religions, ni dans la tradition chrétienne, ni de nos jours, il n'est rare de voir ceux qui se lancent à la recherche d'une libération totale se considérer comme affranchis de toute norme objective, religieuse ou morale.

Du point de vue général, on peut déjà remarquer que la liberté de chacun s'arrête là où commence la liberté d'autrui et que tout homme, étant redevable à la communauté, ne saurait se désintéresser des autres. La recherche de l'unité et de la liberté passe, en conséquence, par la médiation d'autrui. La décision spirituelle demeure conditionnée.

La situation du chrétien est encore plus liée à l'obligation morale. Puisque le terme éternel de sa vie ne lui est promis qu'en fonction de l'exercice d'une charité concrète, sa préoccupation fondamentale demeure la rectitude de son agir informé par la charité. Et, en règle générale, l'authenticité de sa vie spirituelle sera fonction de son comportement dans l'ordre éthique: « Ce n'est pas en me disant: 'Seigneur, Seigneur', qu'on entrera dans le Royaume des Cieux, mais c'est en faisant la volonté de mon Père qui est dans les cieux » (Mt. 7, 21).

Sans qu'il puisse être question de diminuer l'exigence morale, il convient cependant de se demander ce que lui apporte la décision spirituelle. Autre est l'observation de la loi morale pour le respect qu'on lui rend comme expression de la raison pratique, autre l'accueil du Message du Christ vécu en union vitale avec lui. Mais aussi, dans la compénétration constante de l'attitude éthique et de l'attitude spirituelle, s'instaurent des influences réciproques. L'expérience spirituelle la plus commune ne nous enseigne-t-elle pas que le souci de purification initiale fait place à l'épanouissement des vertus pour s'achever dans une liberté spirituelle profonde? Essayons donc de préciser les effets, par rapport à l'ordre pratique, de l'évolution spirituelle.

§ 1 — Prédominance de la communion sur la loi

Il est clair tout d'abord que le souci spirituel ne peut que souligner le fondement de l'éthique chrétienne toute tendue vers l'accomplissement de notre condition d'enfants de Dieu par le Christ dans l'Esprit. Sur ce point précis, la théologie morale allemande a insisté depuis plus d'un siècle [1] et il convient de valoriser sa position. Ainsi sera assurée la continuité essentielle de la vie morale et de la vie spirituelle. Mieux encore! On peut considérer que la conscience morale et la conscience spirituelle s'enveloppent réciproquement dans une relation dialectique pour former une unique conscience chrétienne pratique [2].

---

[1] On trouvera dans B. Haering, *La Loi du Christ*, Desclée et Cie., t. I, 18-62 un résumé de l'histoire de la théologie morale. En particulier on notera (pp. 49-53) ce qui est dit de la réaction qui s'est ébauchée au XIXᵉ siècle contre la conception de la théologie morale fondée sur la détermination des injonctions pratiques au moyen de la casuistique. Sailer, Hirscher et l'école de Tubingue ont insisté sur une théologie morale embrassant l'idéal de vie chrétienne en sa totalité. Pour ces chercheurs, il convient de nouer solidement la réflexion sur la conduite éthique à la révélation du Royaume de Dieu. Entre les deux guerres, et sous l'influence notamment de M. Scheler, une telle tradition a été reprise par F. Tillmann (*Katholische Sittenlehre*, tt. III et IV: *Die Idee der Nachfolge Christi; Die Verwirklichung der Nachfolge Christi*).

Le Décret sur la formation des prêtres du Second Concile du Vatican insiste sur le renouvellement des perspectives en théologie morale « on apportera un soin particulier à parfaire la théologie morale. L'exposé scientifique de cette matière devra être davantage nourri de la doctrine de la Sainte Ecriture. Il mettra en lumière la grandeur de la vocation des fidèles dans le Christ et le devoir de porter des fruits dans la charité pour la vie du monde » (n. 16). Le renouveau des études morales met en relief certaines idées plus fondamentales: la vocation de tous à la sainteté; sa réalisation à partir de l'union au Christ et de la participation à l'Esprit Saint; le projet de l'existence qui donne à toutes les décisions leur signification personnelle profonde.

Cf. J. Fuchs, *Le renouveau de la théologie morale selon Vatican II*, Desclée 1968.

[2] Cf. Ch. A. Bernard, *Le projet spirituel*, c. 6, Rome, Editions de l'Université Grégorienne 1970, pp. 192-212.

Toute théologie fidèle à ces requêtes s'efforce donc de définir les structures d'une morale « dialogale et responsorielle » [3]. A la parole de Dieu qui l'interpelle, l'homme s'efforce de répondre personnellement et détermine son agir en fonction de cette réponse. L'épanouissement d'une telle vie ne peut être que la communion profonde, thème essentiel de la spiritualité.

Suffit-il cependant de définir la structure dialogale de la vie chrétienne pour en donner une pleine intelligence? Demeurons dans le domaine éthique. Le rejet du péché et la vie pour Dieu constituent la structure fondamentale de la conversion baptismale [4]; on n'en détermine pas pour autant dans quelle mesure la vie pour Dieu vécue intensément, tout en étant préparée par le rejet du péché, n'influe pas à son tour sur la purification de l'âme. Semblablement, dans le déploiement de la vie chrétienne, on pourra distinguer la double dimension de la charité: l'amour de Dieu et l'amour des hommes; on étudiera par conséquent les structures fondamentales de la vie éthique qui explicitent le contenu de l'unique commandement auquel tout précepte se relie pour prendre forme vivante. Du point de vue de la conscience spirituelle cependant, ne laisse-t-on pas dans l'ombre un aspect important: comment passe-t-on de l'un à l'autre amour? Leur inclusion mutuelle est-elle si simple que celui qui concrétise son amour des hommes dans la recherche de la justice sociale vit nécessairement la plénitude de l'amour fraternel et de l'amour de Dieu? Et celui qui aime Dieu, sous quelle forme concrétisera-t-il cet amour en celui du prochain: dans une famille, dans la solitude, au service des lépreux? Le choix particulier, également justifié du point de vue éthique, engage l'existence spirituelle en des voies bien diverses!

En résumé, que l'on considère le principe radical de la vie chrétienne, c'est-à-dire la participation baptismale à la vie divine dans le mystère pascal, ou sa fin commune qui est la sainteté à laquelle tous sont appelés, on trouve toujours une exigence d'expansion intérieure et la recherche de relations personnelles avec les Personnes divines; l'éthique définit les

---

[3] B. HAERING, *op cit.*, p. 61.
[4] Cf. Carl FECKES, *Die Lehre vom christlichen Vollkommenheitsstreben*, Verlag Herder, Freiburg 1955. et HAERING, *op. cit.*, pp. 455-583: Péché et Conversion.

conditions et les obligations qui confèrent l'authenticité à ce mouvement vers la plénitude.

Par rapport à la vie éthique, la question précise que pose la vie spirituelle est donc celle-ci: dans quelle mesure l'homme assume-t-il sa condition chrétienne pour la vivre *en plénitude?* L'expérience en effet manifeste une infinité de degrés dans l'engagement spirituel. Pour nous en tenir à un schéma de saint Ignace de Loyola [5], on peut accepter la volonté de Dieu dès que son refus entraînerait un péché mortel, ou simplement un péché véniel; enfin, troisième degré: excluant tout péché, on choisit la pauvreté et les humiliations avec le Christ pauvre et humilié. Notons aussi que la constance de l'homme n'est pas telle qu'il persévère sans à-coups dans ses résolutions! bien des chutes et des reprises peuvent survenir; que devient sa vie pratique?

Il est vrai que l'appel à la sainteté est universel et que cette volonté de Dieu ne saurait être rapportée. Mais un tel appel, pour s'actuer, requiert une correspondance. Tous les auteurs insistent sur l'importance de la générosité pour le succès de l'entreprise spirituelle [6]. Selon la parole du Seigneur: « Quiconque a mis la main à la charrue et regarde en arrière est impropre au Royaume de Dieu » (Luc 9, 62). On ne peut donc séparer la considération de l'itinéraire spirituel de *la qualité de la décision* qui permet et soutient la marche. Nécessaire à tout moment, la rectitude morale doit composer avec cet aspect qualitatif si difficilement discernable, qu'on nommera générosité, magnanimité, don de soi mais aussi désir de Dieu et élan spirituel.

Sur la base de la conversion baptismale, peuvent donc se manifester d'autres « conversions ». Lorsqu'une sainte Thérèse de Lisieux parle de sa conversion en la nuit de Noël 1886, elle ne l'entend pas au même sens que Claudel qui, bouleversé par la grâce, la même nuit, se convertissait. L'un retrouvait le sens du don baptismal, se décidait à quitter une vie de péché et rejetait les « idoles » de la Science, du Progrès, pour retrouver les valeurs évangéliques. L'autre, n'ayant jamais abandonné

---

[5] Ignace de Loyola, *Exercices spirituels*, nn. 165-168.

[6] Sainte Thérèse d'Avila, en traitant de l'accès aux plus hauts degrés de l'union (*Château intérieur* 6e demeures, c. 4e), insiste sur le courage nécessaire à cette étape de la vie spirituelle. Et si quelqu'un manquait de courage?

une vie chrétienne déjà remarquable, commença « une course
de géant »: « je sentis en un mot la *charité* entrer dans mon
coeur, le besoin de m'oublier pour faire plaisir et depuis lors
je fus heureuse! » [7]. Des deux côtés cependant, il s'agit d'une
nouvelle attitude globale de l'existence spirituelle. Un système
de valeurs se substitue à un autre; non pas forcément le bien
par rapport au mal, mais aussi le mieux par rapport au bien [8].
Certes, la transformation de la personnalité n'en est pas pour
autant totalement accomplie, mais la décision introduit un
nouveau principe d'unification de l'existence.

D'où la conversion tire-t-elle son dynamisme dominateur?
On ne peut l'imposer du dehors car le système de valeurs,
précisément, doit être assumé au centre le plus personnel. Avec
un exclusivisme un peu excessif sans doute, Max Scheler note
que la conversion se réfère à un modèle qui incarne un système
de valeurs et le propose à l'imitation: l'existence même du
modèle est un appel: « La conversion-de-l'état-d'esprit est un
processus moral, que ne peuvent jamais conditionner ni l'ordre
(pas même l'ordre qu'on se donne à soi-même) ni l'admonition
éducatrice (qui ne touche jamais à l'état-d'esprit), ni le conseil,
mais exclusivement le fait-de-suivre un modèle. Une conversion-
d'état-d'esprit de cet ordre, qu'il ne faut pas confondre avec
une simple modification d'état-d'esprit (Gesinnungsänderung),
ne peut résulter d'abord elle-même que d'une conversion de
l'orientation-d'amour et elle se réalise dans un co-aimer avec
l'amour de l'exemplaire du modèle » [9]. La force de la conversion
et son orientation proviennent donc de l'attrait d'une personne
acceptée pour modèle. Dans la perspective chrétienne, le modèle essentiel ne peut être, évidemment, que le Christ, même
si sa présence est quelquefois perçue à travers la figure d'un
saint.

---

[7] Sainte Thérèse de l'Enfant Jésus, *Manuscrits autobiographiques*, A,
45 v; Lisieux 1957, p. 109.

[8] On connaît le texte du P. Lallemant: « Il arrive d'ordinaire deux
conversions à la plupart des saints et aux religieux qui se rendent parfaits: l'une par laquelle ils se dévouent au service de Dieu, l'autre par
laquelle ils se donnent entièrement à la perfection... Cette seconde conversion n'arrive pas à tous les religieux, et c'est par leur négligence »
(*La doctrine spirituelle* IIe principe, section 2, c. 6, art. 2, coll. Christus
Paris DDB 1959 p. 126.

[9] M. Scheler, *Le Formalisme en éthique et l'éthique matériale des
valeurs*, trad. M. de Gandillac. Paris, Gallimard, 7e éd. 1955, p. 580.

Le principe de préférence

Soutenue par la présence personnelle du Christ, tout orientée vers une imitation du modèle et la participation à une vie, la décision spirituelle implique un principe de préférence. On ne choisit pas seulement en fonction d'une obligation mais d'un attrait. C'est en ce sens qu'il faut entendre « l'indifférence » ignatienne [10]. Le retraitant qui recherche la volonté de Dieu sur sa vie se situe d'emblée dans sa vocation chrétienne et la perspective d'un service généreux de Dieu. Pour lui, par conséquent, le principe de préférence joue à plein: il subordonne les conditions concrètes de son existence à l'accomplissement de la volonté de Dieu sur lui, à la recherche de sa vocation personnelle, à l'acceptation des dispositions providentielles qui concourent à son salut et à sa sanctification. Seulement, puisqu'il ne connaît pas encore le mode de réalisation effective de sa vie chrétienne et qu'il craint que sa décision ne soit contaminée par des motivations désordonnées, il se replace devant sa condition fondamentale de créature et fait effort pour n'être mû que par l'amour de Dieu: « Pour cela, dit saint Ignace, il faut nous rendre indifférents à toutes les choses créées, en tout ce qui est permis à la liberté de notre libre-arbitre et ne lui est pas défendu. De telle manière que nous ne voulions pas, quant à nous, santé plus que maladie, richesse plus que pauvreté, honneur plus que déshonneur, vie longue plus que vie courte, et ainsi de tout le reste; mais que nous désirions et choisissions uniquement ce qui nous conduit davantage à la fin pour laquelle nous sommes créés » [11]. L'indifférence ici proposée constitue une exigence originale. Elle suppose un au-delà du permis et du défendu puisque ce qui ressortit à ce domaine échappe à l'indifférence. En outre, elle

---

[10] Cf. Botttereau G., *Le rôle de « l'indifférence » dans la spiritualité ignatienne*, RAM. 45 (1969) 395-409. Avec raison l'auteur fait remarquer que, pour saint Ignace, *on se rend* indifférent pendant les Exercices d'élection; l'indifférence est alors « l'état d'attente de celui qui cherche les signes objectifs de la volonté de Dieu » (p. 396); donc on ne saurait proprement attribuer à saint Ignace l'idée d'une disposition constante d'indifférence. Il est probable que saint François de Sales (*Traité de l'amour de Dieu* liv. IX c. 4-9) a contribué à diffuser l'idée d'une disposition permanente, supérieure à la résignation. Encore remarque-t-il: « l'indifférence est au-dessus de la résignation: car elle n'aime rien sinon pour l'amour de la volonté de Dieu » (*Ibid* c. 4, Paris 1839, t. IV, 382).

[11] Saint Ignace de Loyola, *Exercices spirituels*, coll. Christus, DDB n. 23.

s'applique à des biens: santé, aisance matérielle, réputation, durée de vie, qui sont l'objet d'une obligation morale en général. Ce n'est donc pas à ce niveau que se place le principe de l'indifférence. Il nous reste à l'entendre en fonction d'une situation particulière: la recherche délibérée d'un service généreux de Dieu. *Se rend* indifférent qui veut servir Dieu *davantage!*

Enveloppée, mais réellement présente dans le principe et fondement du cheminement spirituel, la relation personnelle à Dieu dans le Christ ne fera que se déployer plus pleinement au long des *Exercices spirituels.* La préférence deviendra si puissante qu'elle entraînera une valorisation croissante de tout ce qui, dans la vie du Christ, manifeste la reconnaissance absolue de sa mission de Serviteur et de sa relation filiale: pauvreté, humilité, don de soi. Par contre-coup, et pour autant que notre liberté ne peut choisir sans incliner l'affectivité à corroborer son choix, se fait jour une dévalorisation affective de ce qui n'est pas immédiatement la volonté de Dieu en sorte que « afin d'imiter le Christ notre Seigneur et lui ressembler effectivement davantage, je veux et je choisis la pauvreté avec le Christ pauvre plutôt que la richesse, les humiliations avec le Christ humilié plutôt que les honneurs, étant égale la louange et la gloire de la divine Majesté; et je préfère être regardé comme un sot et un fou pour le Christ, qui le premier a passé pour tel, plutôt que comme un sage et un prudent en ce monde » [12]. L'amour du Christ incline à la folie de la Croix.

Le principe de préférence ainsi mis en valeur introduit une rupture d'équilibre dans le mouvement éthique. De lui-même, en effet, celui-ci ne s'écarterait pas du principe de l'accomplissement de la volonté de Dieu manifestée dans les structures communes. Ici, au contraire, la conscience se sensibilise à un appel suscité au coeur de la liberté. Bien plus, comme le montre l'expérience spirituelle, le jaillissement de la spontanéité se fait toujours plus constant; et l'on connaît la parole de saint Jean de la Croix arrivé au sommet de l'ascension spirituelle: « il n'y a pas de chemin par ici parce qu'il n'y a pas de loi pour le juste » [13].

Il est vrai que le sens d'une telle maxime ne saurait se séparer du contexte et doit tenir compte de celle qui l'accom-

[12] *Ibid* n. 167.
[13] Cf. *Oeuvres spirituelles du Bienheureux Père Jean de la Croix,* DDB 1959, p. LXVI.

pagne sur le même schéma de la Montée du Carmel: « Seuls l'honneur et la gloire de Dieu habitent sur cette montagne ». On interpréterait donc mal l'absence de « loi » en la rapportant à la situation commune du chrétien. La loi de charité, avec les prolongements qu'elle implique, constitue objectivement une médiation spirituelle [14]. La liberté concerne donc les dispositions personnelles. Pour qui ne recherche que l'honneur et la gloire de Dieu, l'obligation morale oriente encore l'agir spirituel mais celui-ci tire son élan d'ailleurs; avec le domaine moral, il garde un contact permanent tout en tendant à passer au plan de la motion de l'Esprit.

La relation dialectique entre communion et loi

Du point de vue de la conscience, le rapport entre vie morale et vie spirituelle évolue donc dialectiquement, et l'on doit se garder aussi bien de l'oubli des déterminations objectives de la loi que d'une dépréciation de l'évolution normale vers un dépassement du légalisme.

Une première étape, insuffisamment remarquée, met en lumière le rôle positif de la recherche de la rectitude morale pour l'accession à la liberté. Elle se vérifie dans la première conversion grâce à laquelle est brisée la servitude du péché. Concrètement, en effet, qui ne se soumet pas à la loi de l'Esprit obéit à une loi de la chair « qui lutte contre la loi de ma raison et m'enchaîne à la loi du péché qui est dans mes membres » (Rom. 7, 23).

Un saint Augustin a ressenti profondément et la nécessité et l'allégresse de la délivrance du péché [15]. Mais, comme l'enseigne l'expérience, ce n'est pas au sein même du désordre que se développe la conscience pécheresse comme telle; il faut qu'elle en sorte et que, s'essayant loyalement à imposer à ses actions une rectitude objective, elle expérimente simultanément la vérité de sa nouvelle orientation et la résistance profonde qu'elle oppose à un agir raisonnable. Augustin a souffert tout particulièrement de cette déchirure intérieure en fonction de la chasteté qui demeure le lieu privilégié de la faiblesse de l'homme. En vérité, cependant, la première des convoitises ne

---

[14] Cf. Ch. A. BERNARD, *Le projet spirituel*, pp. 176-193.
[15] Cf. J. M. LE BLOND, *Les Conversions de saint Augustin*. Coll. Théologie n. 17, Paris, Aubier 1950.

fait qu'introduire au désordre radical qui se complaît dans
« l'ombre de la vraie liberté » [16] et qui est l'orgueil. Celui-ci
se déploie en des dimensions proprement spirituelles. L'orgueil
de l'intelligence refuse la prière et la foi; l'orgueil de la volonté
s'oppose à toute soumission [17]. Dès lors, l'acceptation des normes objectives de l'éthique et de la révélation conduit au rejet
des péchés, à la foi, et, finalement, à la conversion du coeur.

De cette expérience typique de conversion, est-il possible
de dégager un clair enseignement sur le rôle de l'effort moral?
Il faut tout d'abord insister sur la fonction libératrice de la
loi. Reconnue par la raison, l'objectivité de la loi aide à dé-
masquer les forces obscures que l'on considérait facilement
comme motions nécessaires. Le volontaire démasque l'involon-
taire et, en tentant de l'intégrer ou de le réduire, il s'éclaire
lui-même sur le sens de la liberté. Sans la rigueur des commencements, objectivée en des normes plus ou moins précises, la liberté spirituelle n'arriverait pas à se découvrir; elle
demeurerait esclave d'un monde de péché qui la pénètre et
l'assiège. On peut entendre en ce sens la parole de saint Paul:
« La loi, elle, est sainte, et saint le précepte, et juste et bon.
Une chose bonne serait-elle donc devenue mort pour moi?
Certes non! Mais c'est le péché qui, afin de paraître péché,
se servit d'une chose bonne pour me procurer la mort, afin
que le péché exerçât toute sa puissance de péché par le moyen
du précepte » (Rom. 7, 12-13). Au plan de la conscience spirituelle, le désordre profond n'apparaît que grâce au révélateur
qu'est le précepte objectif. Tel est le premier pas de l'accès
à la liberté spirituelle.

Alors se découvre l'aspect lumineux du respect de la loi.
Issu du conflit entre la puissance de péché et l'attrait de la
grâce, il apparaît maintenant comme exigence de la conduite
rationnelle. Saint Paul, qui avait déjà affirmé la valeur de la
conscience humaine (Rom. 2, 12-15), se rencontre avec la perspective de la philosophie commune lorsqu'il déclare au chapitre
septième de l'épître aux Romains: « Je me complais dans la
loi de Dieu du point de vue de l'homme intérieur, mais j'aper-
çois une autre loi dans mes membres qui lutte contre la loi
de ma raison et m'enchaîne à la loi du péché qui est dans
mes membres » (Rom. 7, 22). A la loi du péché s'oppose la loi

---

[16] S. Augustin, *De vera religione*, XLVIII, 93. Cité *ibid.*, p. 71.
[17] Le Blond, *op. cit.*, p. 72 ss.

de l'Esprit (Rom. 8), mais aussi une loi de la raison présente même à ceux qui sont étrangers à toute loi révélée.

La tradition spirituelle la plus saine a retenu cette harmonie entre la loi de l'Esprit et celle de la raison. Ainsi lorsque saint Ignace détermine, à défaut du discernement des motions spirituelles, un mode de découverte de la volonté de Dieu, il n'hésite pas à donner cette indication: « Après avoir ainsi appliqué à la question sous tous ses aspects l'intelligence et la réflexion, regarder de quel côté la raison incline le plus. C'est selon la plus forte motion de la raison, et non pas selon quelque motion des puissances sensibles, que doit se faire le choix sur l'objet en question » [18]. Mais peut-être semblera-t-il plus étonnant de trouver une doctrine similaire, et encore plus adaptée à notre propos, chez saint Jean de la Croix! Après avoir traité de l'acquisition des vertus morales, il remarque qu'elles sont des biens ayant valeur en soi « parce qu'ils apportent la paix, la tranquillité, l'usage droit et ordonné de la raison et des opérations toutes d'un grand accord ... et l'homme ne peut humainement rien posséder de meilleur en cette vie » [19]. A ce niveau, par conséquent, la démarche rationnelle atteint le substantiel, qui est la volonté de Dieu: « Celui qui opère raisonnablement est semblable à celui qui se nourrit d'une viande substantielle; mais celui qui se guide d'après le goût de sa volonté, ressemble à celui qui prend pour aliments des fruits mous et sans force » [20]. L'une des fonctions de l'activité éthique demeure donc le dépassement des pulsions irrationnelles pour se tenir à la volonté de Dieu, inscrite dans les déterminations de la loi de charité.

Le rôle de l'activité morale ne s'épuise pas dans cet aspect de rectification — on rejoint alors la doctrine classique de la nécessité de l'ascèse pour une vie d'union à Dieu [21]. Mais l'action rationnelle pénètre l'engagement même de la vie chrétienne. Celle-ci ne peut se désintéresser des requêtes du monde

---

[18] IGNACE DE LOYOLA, *Exercices spirituels*, n. 182.
[19] JEAN DE LA CROIX, *La Montée du Mont Carmel*, III, 27 dans *Oeuvres*, DDB 1959, p. 390; cf. p. 365.   z
[20] ID., *Maximes, op cit.*, p. 1304.
[21] Cf. S. THOMAS, II.II. 182. 3. 4. Saint Thomas oppose ici l'ascèse personnelle et l'action extérieure dans leur relation à la contemplation. L'une est obstacle; l'autre une aide. Mais cette opposition est trop tranchée. On ne peut agir à l'extérieur, surtout si l'action implique des relations personnelles, sans être contraint à un effort de réflexion sur les conditions de l'action et à une purification des motivations.

vers un progrès social et humain. La grande difficulté, en ce domaine, est que l'application concrète de normes éthiques générales ne se détermine pas de manière incontestable: qu'on songe à la mise en question actuelle d'une éthique sociale chrétienne! Et pourtant l'effort pour une action droite ne saurait être éludé! Sans cet effort, si pénible et aléatoire soit-il, une vie spirituelle risque d'être inauthentique. Car c'est une volonté générale de Dieu que chacun, selon la mission qu'il remplit dans la société et dans l'Eglise, s'efforce de concourir au bien commun [22].

Dans la mesure où la situation de l'homme requiert un effort permanent, mais plus ou moins intense, de purification et d'ajustement de l'action, l'effort moral ne peut cesser et le rationnel juge pour sa part le spirituel. Nul saint ne s'est dispensé de bon sens ni de réflexion. Ce moment de raison ne saurait disparaître.

Mais un autre moment poursuit son développement. Il concerne le mode et la mesure de l'action intérieure et extérieure. Conçue et réalisée par la raison, en effet, l'action ne se trouve pas suffisamment proportionnée à la sagesse du Dessein de Dieu. Ni du point de vue intérieur, car la charité et la sainteté de Dieu auxquelles le spirituel participe n'admettent aucune limite; ni du point de vue extérieur, car le Dessein de salut dépasse toute intelligence et toute prévision rationnelle.

Plus l'âme, en sa vie intérieure, s'approche de Dieu, plus aussi elle perçoit la sainteté divine et, par contrecoup, son impureté profonde. Une attitude autrefois ressentie comme juste lui apparaît maintenant contaminée par des motivations obscures et dévoyée par un égocentrisme persistant. Du Seigneur et de sa sainteté, elle gardait une vue basse. La lumière de la contemplation devient pour elle un moyen de purification; selon la doctrine de saint Jean de la Croix: « Cette nuit obscure est une influence de Dieu en l'âme qui la purge de ses ignorances et de ses imperfections habituelles — naturelles et spirituelles » [23]. Il importe beaucoup ici de comprendre que le progrès moral dérive proprement de la contemplation reçue.

---

[22] Laïcs, prêtres, religieuses concourent au bien général selon leur mode spécifique et non d'une manière uniforme.

[23] S. JEAN DE LA CROIX, *Nuit obscure* II, 5, dans *Oeuvres, éd. citée*, p. 550.

Comment? Dans la mesure précisément où la présence active
de Dieu introduit l'esprit dans l'infinitude de la sagesse et de
la sainteté divines, s'intensifie le mouvement d'union, et le
spirituel prend conscience de tous les attachements désordonnés qui retardaient son élan. La lumière divine dévoile im-
placablement les multiples distorsions d'une conscience attirée
par le bien et incapable de l'accomplir. Positivement enfin,
la dilatation de l'amour connaturalise davantage l'âme à la
réalité de Dieu et de son Dessein; tous les mystères se retrouvent centrés sur le mystère primordial: *Deus caritas est* (I Jn.
4, 8. 16).

Ce qui se vérifie plus ouvertement et plus intensément
dans la conscience mystique ne diffère pas substantiellement
de ce qu'expérimente le chrétien vivant sous la lumière évangélique. La mise en présence du Christ, le Saint de Dieu (Mc.
1, 24), et l'acceptation de son message provoquent une rectification de toute la conduite: « Comme des enfants obéissants,
ne vous conformez pas aux convoitises de jadis, du temps
de votre ignorance. Mais, de même que celui qui vous a appelés
est saint, devenez saints, vous aussi, dans toute votre conduite,
selon qu'il est écrit: Vous serez saints, parce que moi, je
suis saint » (I P. 1, 14-15). La connaissance des mœurs de Dieu
apparaissant dans l'Evangile pénètre peu à peu la conscience
pour la transformer. Le chrétien en vient à agir sur un mode
proprement spirituel et divin [24].

Semblablement, dans l'ordre de l'apostolat, la connaissance
spirituelle du Dessein de Dieu entraîne une purification. Elle
se marque tout d'abord dans les rapports interpersonnels. En
se voulant universel et désintéressé, le rapport aux autres se
révèle perturbé. Il semblait s'appuyer sur un fond stable; en
réalité sympathies ou antipathies spontanées émergent d'un
substrat parcouru de mouvements douteux, et parfois craquelé.
Plus généralement ensuite, la considération des événements du
monde et l'action qui s'ensuit se dégagent des réactions immédiates et des préjugés pour se mouvoir dans la lumière d'une
sagesse transcendante: celle de la Croix qui procède de l'amour.

---

[24] Nous rencontrons ici la doctrine classique des dons du Saint-Esprit
dont le rôle est précisément de donner à l'activité spirituelle une plus
grande docilité à la motion divine et de lui conférer un degré supérieur
et même héroïque. Cf. S. Thomas, I.II. 68 1 et ad primum; *Dictionnaire
de Spiritualité*, art. *Dons du Saint-Esprit*, III, 1579-1640.

Mais la contemplation n'induit pas seulement à la purification; elle confère un élan nouveau. On connaît l'exclamation de sainte Thérèse d'Avila décrivant l'état supérieur d'union à Dieu qu'est le mariage spirituel: « O mes soeurs, comme elle néglige son propre repos, comme elle est indifférente aux honneurs et éloignée de recherches d'estime, l'âme en qui le Seigneur habite d'une manière si particulière! Dès lors qu'elle se tient constamment en sa compagnie, comme il convient, elle doit songer bien peu à elle-même. Toute sa pensée est de chercher comment elle lui plaira de plus en plus, en quoi et par quel moyen elle lui témoignera son amour. Tel est le but de l'oraison, mes filles; voilà à quoi sert le mariage spirituel qui doit toujours produire des oeuvres, et encore des oeuvres » [25]. De cette exigence d'action qui naît de l'union à Dieu on a pu tirer un critère non équivoque de l'authenticité de la vie mystique [26]. En affrontant les mutations du monde sans altérer sa paix et sa plénitude intérieure, le mystique témoigne de son unité et tout spécialement de l'intégration de son engagement éthique en la vie spirituelle.

A ce fait, on peut assigner un fondement théologique. Puisque Dieu, principe et terme de l'union, est le Dieu vivant opérant son Dessein de salut, il n'est rien d'étonnant à ce que celui qui participe à sa vie et à sa lumière participe aussi à son action. L'exigence de sainteté ne vaut pas seulement pour lui, mais la plénitude tend à se répandre. Devenu en quelque sorte réceptacle d'énergie, le spirituel possède en lui une source jaillissante. Comme Dieu n'enferme pas sa vie en lui-même, le spirituel, au terme de sa transformation, libère des énergies nouvelles.

Ce mouvement dialectique constant qui fait passer le spirituel, à partir de la rupture de la conversion, au désir de l'action droite puis, dans l'acceptation de la loi concrétisant la volonté de Dieu, le conduit vers l'union et le renvoie enfin à l'action authentique, se trouve comme résumé dans l'expérience de l'amour fraternel. Là aussi, un premier moment de fraternité générale cède la place à une recherche de Dieu en qui se trouve embrassée l'universelle humanité.

---

[25] Ste. THÉRÈSE D'AVILA, *Le Château de l'âme*, VII, 4, dans *Oeuvres*, Paris, Le Seuil 1948, p. 1053.

[26] Cf. BERGSON H., *Les deux sources de la morale et de la religion*, Paris, Alcan 1932; 243-244; cf. p. 236.

A s'en tenir au plan phénoménologique, il semble difficile de déterminer de claires différences entre le sens de la fraternité opérante et celui de l'amour universel. Le premier semble même plus concret et plus efficace: libérer l'homme des contraintes économiques, politiques ou encore idéologiques sera une action bien plus authentique que l'offrande d'une vie au fond d'un Carmel. Et l'on ne peut nier que la praxis ici vaille plus que la proclamation platonique. Mais il conviendrait pourtant d'examiner le problème de plus près. Le point décisif serait celui-ci: où trouve-t-on un amour vraiment universel? Bien des solidarités que l'on invoque, et elles sont authentiques, s'arrêtent aux frontières de classes, de systèmes économico-politiques, de nations ou de races. Bien souvent l'action ne se développe que sur une réaction d'agressivité. Non que toute agressivité soit condamnable! Il est sans doute des cas où l'urgence de remédier à une situation injuste incite à l'action directe. Du moins conviendrait-il de mettre en valeur les limites d'une telle action directe! Elle ne peut être que provisoire en ce sens qu'elle tend à dépasser le plus rapidement possible la situation d'oppression qu'elle crée nécessairement pour s'ouvrir à l'acceptation du droit des autres. En d'autres termes, et comme le remarquait déjà Bergson [27], l'amour universel est d'un autre ordre que la solidarité sociologique. En fait, il ne dérive pas de l'instinct de la cohésion sociale, mais d'un principe supérieur qui ne peut être que la présence de Dieu comme amour.

L'Evangile insiste sur la rupture nécessaire avec l'exclusivisme des solidarités sociologiques. En nous exhortant à l'amour des ennemis, le Christ ne se contente pas d'élargir à l'infini le champ de l'amour, il en indique le fondement: la condition d'enfants de Dieu. Relisons ce texte où le commandement nouveau est opposé aux moeurs des pécheurs et das païens: «Vous avez appris qu'il a été dit: Tu aimeras ton prochain et tu haïras ton ennemi. Eh bien! moi je vous dis: Aimez vos ennemis, priez pour vos persécuteurs; ainsi serez-vous fils de votre Père qui est aux cieux, car il fait lever son soleil sur les méchants et sur les bons, et tomber la pluie sur les justes et sur les injustes. Car si vous aimez ceux qui vous aiment, quelle récompense méritez-vous? Les publicains

---

[27] BERGSON, H., *op. cit.*, p. 250.

eux-mêmes n'en font-ils pas autant? Et si vous réservez vos
saluts à vos frères, que faîtes-vous d'extraordinaire? Les païens
eux-mêmes n'en font-ils pas autant? Vous donc, vous serez
parfaits, comme votre Père céleste est parfait » (Mt. 5, 43-48).

Dans l'expérience spirituelle, un tel cheminement se traduit
aussi par une rupture. N'est-il pas remarquable que les saints
en qui la pensée de l'amour universel a tenu une place importante ont été ceux aussi qui se sont d'abord le plus vigoureusement séparés de tout? Comment, par exemple, le frère
Voillaume [28] présente-t-il la spiritualité du P. de Foucauld? Se
référant à l'expérience, il affirme d'emblée: « Frère Charles
reste toujours et avant tout, au Hoggar comme à Béni-Abbès
ou à Nazareth, l'amant passionné du Christ. On ne peut le
comprendre sans toujours en revenir là. Dès le jour de sa
conversion, il a découvert la personne de Jésus et s'est donné
sans retour; cette amitié avec un Dieu, avec le Verbe Incarné,
si proche et si lointain à la fois, si familier en son humanité,
si transcendant en sa Divinité, cette intimité continuelle d'a-
mour et de vie avec Celui qu'il appelle, avec un mélange d'infini
respect et de vraie tendresse, son ' Bien-Aimé Frère et Seigneur
Jésus ', cette amitié-là, elle est la vraie et la seule raison d'être
de toute sa vie et il ne faut pas en chercher d'autre » [29]. Le
second moment sera de contempler la relation du Christ au
monde pour y participer: « L'amitié conduit toujours à un
partage aussi complet que possible de préoccupations et de
destinée. Jésus est en son être même Sauveur, Médiateur, Rédempteur: son oeuvre par excellence est le rachat douloureux
de l'humanité dans l'humiliation et par la croix. De même,
l'oeuvre essentielle du Frère Charles de Jésus sera de partager
ce labeur et d'entrer dans le ' travail de Jésus ' suivant sa
propre expression » [30]. Dans un troisième moment, apparaîtra
la modalité propre de cette participation à l'oeuvre rédemptrice:
« sa vocation est donc bien une vocation de présence parmi
le peuple, d'une présence qui veut être un témoignage de
l'amour du Christ » [31]. L'ancien trappiste n'est devenu le frère

---

[28] R. Voillaume, *Au coeur des masses*, Paris, éd. du Cerf, 2ᵉ édition,
1950.
[29] *Ibid.*, p. 19.
[30] *Ibid.*, p. 20-21.
[31] *Ibid.*, p. 25.

universel qu'à partir d'une séparation qui lui fit découvrir
le Christ et, en lui, tous les hommes, enfants du même Père.

Au regard du spirituel, une grande différence existe donc
entre le sens des solidarités premières et celui de l'amour
universel. L'amour du Christ en qui l'humanité se rassemble
fait le pont. Si, de nos jours, on tend à confondre la fraternité
et l'amour, c'est sans doute que le moment intermédiaire était
quelquefois demeuré abstrait: on aimait Dieu, on se disait
chrétien, sans traduire cet amour en engagement et en service.
A ceux pour qui l'amour du Père tend à s'enfermer dans une
sphère autonome, il convient de rappeler l'expérience de sainte
Thérèse de Lisieux pour qui l'amour de Dieu s'est traduit en
amour du prochain: « Je m'appliquais surtout à aimer Dieu
et c'est en l'aimant que j'ai compris qu'il ne fallait pas que
mon amour se traduisît seulement par des paroles, car: Ce ne
sont pas ceux qui disent: Seigneur, Seigneur! qui entreront
dans le royaume des Cieux, mais ceux qui font la volonté de
Dieu (Mt. 7, 21) » [32]. En revanche, il est bon de montrer à ceux
qui réduisent l'amour universel à une solidarité limitée, que
l'amour véritable suppose le don de soi sans exclusive, et que
ce don exige, pour être vécu authentiquement, une référence
constante à la bienveillance universelle du Père et la communication, dans le Christ, de ce même amour originel.

Nous avons distingué différents moments dans le passage
vers l'amour universel. Ces moments peuvent se présenter
comme une succession temporelle; la dialectique alors apparaît
plus claire. Mais la relation réciproque des moments peut jouer
à l'intérieur d'une seule période de la vie. Même alors, il demeure que le progrès dans le véritable amour comporte des
purifications pour surmonter les attachements et les répugnances naissant spontanément, une dilatation constante du coeur
grâce à une méditation du mystère primordial de l'amour du
Père, une transformation profonde, fruit de la communication
de l'amour du Christ vivant en chacun.

* * *

---

[32] Ste. Thérèse de Lisieux, *Manuscrits autobiographiques*, p. 263.

§ 2 — Le principe d'intégration

Tout entière tendue vers une rencontre personnelle avec
Dieu, la décision spirituelle attire à soi l'obligation morale sans
pourtant jamais l'évacuer. Car la recherche de Dieu respecte
les structures découlant de la condition incarnée, sociale et
historique de l'homme.

Mais cette aspiration opère une transformation, renforce
une unité, élargit une liberté. Le projet spirituel doit donc
satisfaire à une autre requête: intégrer toute la personne, lui
faire surmonter toutes les scissions qu'elle expérimente, réconcilier les contraires.

Nul peut-être plus que Kant, n'a insisté sur le douloureux
déchirement de l'homme du devoir. Pour lui, et sa doctrine
n'est pas sans nous influencer concrètement, le devoir s'impose
à la conscience morale comme un impératif catégorique. L'exigence d'une action valable pour tout homme et nécessaire
en une circonstance donnée constitue l'axe inébranlable de la
vie pratique. Ce n'est que de cette manière que s'affirme le
sujet personnel. En se posant comme liberté, celui-ci accède
à l'ordre nouménal qui se trouve hors des prises de la connaissance théorique. Trouvant son fondement dans la raison
pratique, la vie authentique de l'esprit entre bientôt en conflit
avec la sensibilité enracinée dans le biologique. Alors que la
décision rationnelle se veut universellement valable, la pulsion
corporelle est nécessairement particulière. Certes, il est possible
que le particulier s'accorde en fait avec l'universel, mais cet
accord aléatoire ne saurait entrer dans le projet éthique. On
raisonnerait de même en ce qui concerne une oeuvre donnée.
Les situations diffèrent cependant. Car la pulsion sensible précède la détermination rationnelle; l'action particulière, elle,
procède d'une intention universelle grâce à laquelle elle acquiert
sa qualification éthique. Si, comme l'expérience le montre, toute
action concrète se présente en fait comme un mélange d'éléments bons et mauvais, il faut la juger en se reportant à
l'intention originelle.

Une double scission se manifeste donc. La première se situe
à l'intérieur du sujet. En lui, les pulsions vitales deviennent
étrangères à la forme de l'éthique. Et pratiquement, on prendra
d'autant plus conscience du devoir à accomplir que l'opposition
à la sensibilité sera plus marquée. Quant à la seconde scission,

elle apparaît au niveau de l'action objective. Entre l'intention et l'effectuation, la valeur de l'acte s'est souvent affaiblie, contaminée par des conséquences inattendues; à la limite, la valeur pourrait changer de signe. Celui, par exemple, qui conteste les abus du régime capitaliste, en affaiblit le système (et c'est ce qu'il veut), mais il renforce alors concrètement le système marxiste, son antagoniste actuel, dont il condamne peut-être les présupposés. Et réciproquement. Le choix de l'action dépendra alors davantage du sens des urgences que de principes absolus. Chacun éprouve aujourd'hui ce qu'une telle situation présente d'inconfortable.

Du point de vue formel de Kant, il n'y a pas à rechercher une réconciliation, impossible en cette vie, mais à prendre acte des contradictions de la vie concrète et agir selon les règles éthiques. La contradiction se résoudra en une autre vie. Parce que, précisément, la vie pratique atteint l'ordre nouménal, elle postule un dépassement des contradictions.

La première contradiction située entre la loi universelle du devoir et l'aspiration individuelle au bonheur — conçue assez platement comme la satisfaction des penchants — se résoudra dans un bonheur éternel. Dieu, comme auteur de la nature et de la loi morale, récompensera le mérite de la conduite de chacun; l'homme du devoir confie donc son bonheur à un saint législateur. Quant à la seconde contradiction, plus intérieure, elle se résoudra aussi dans l'autre vie. Nature et liberté se réconcilieront. Comment? Dans la mesure où mon action s'inscrit dans le monde par la médiation de mon corps propre, elle engage toute la personne. Le monde de la liberté se conjugue donc au monde de la nature. Et puisque l'expérience montre l'imperfection de cette conjonction en la vie présente, celle-ci postule un prolongement en une autre vie grâce auquel devient possible une approche constante de l'harmonie entre le Moi libre et le Moi engagé dans un corps. La conscience doit devenir sainte [33].

---

[33] Ce raisonnement de Kant, que l'on trouve dans la *Critique de la Raison pratique* (Paris, Alcan 1888, p. 222-223) suppose à première vue que la mort n'interrompt pas le statut de l'âme engagée dans l'effort moral. L'immortalité ne semble qu'une continuation du temps et cela indéfiniment. Mais, dans des textes postérieurs, nous trouvons une conception plus large. Dans le livre *Das Ende aller Dinge* (Trad. Paul Festugière dans *Les pensées successives de Kant sur la Théodicée et la Religion*, Paris, Vrin 1931, p. 162), on lit: « si nous franchissons en esprit

Bien que ces thèmes kantiens soient présentés trop sché-
matiquement, il convient de les discuter, même sommairement,
car, d'une part, de tels schèmes pénètrent beaucoup d'existen-
ces chrétiennes et d'autre part ne semblent pas totalement
évacués par les doctrines éthiques subséquentes. De toute façon,
une telle discussion mettra davantage en lumière les positions
théologiques.

L'unité intérieure.

Scheler s'est attaqué avant tout au principe de dissociation kantien entre la forme universelle de la moralité et les
pulsions vitales. Dans l'avant-propos de la seconde édition de
son oeuvre maîtresse sur *Le formalisme en éthique*, il constate:
« L'existence d'une hiérarchie matérielle objective des valeurs, capable à notre avis d'être objet-de-discernement, est
une vérité que beaucoup de chercheurs ont recommencé
aujourd'hui à admettre » [34]. Du point de vue de la conscience
spirituelle, une telle hiérarchie s'est toujours imposée. Sous
quelque forme qu'on la présente, la subordination des pulsions
biologiques aux valeurs rationnelles, puis aux valeurs impliquées
dans les relations interpersonnelles, tant au niveau humain
qu'avec Dieu, a toujours constitué la ligne directrice de l'ascèse.
Et même l'on peut dire que la visée du Sacré sous la forme
personnelle imprime à tout le projet spirituel son élan et sa
direction. Qu'il faille de toute façon tenir compte d'un monde
spirituel formé d'inspirations, de motions, d'attraits et de répugnances apparaît comme une nécessité à qui veut rendre compte
de l'expérience chrétienne. Tout cela implique bien un contenu
objectif de l'activité éthique dans l'ordre spirituel et une valorisation des différents niveaux de vie.
En cette position schelérienne, cependant, une difficulté
demeure et s'accroît en fonction de la diversification du con-

---

ce passage du temps à l'éternité, nous rencontrons la fin de toutes choses,
en tant qu'êtres temporels, objets d'expérience possible. Mais cette fin
est aussi pour les choses le commencement d'un état transcendant soustrait aux conditions du temps ». Il faudrait donc concevoir la nécessité
d'un au-delà du temps à partir non pas tellement de l'accomplissement
de la personne morale comme telle, mais de l'accomplissement de l'histoire du monde.
    [34] SCHELER M., *Le formalisme en éthique et l'éthique matérielle des
valeurs*, trad. M. de GANDILLAC, Paris, Gallimard, 7ᵉ éd. 1955, p. 16.

tenu des valeurs. Dans un système de moeurs considéré comme statique, la hiérarchie matérielle ne serait guère mise en discussion. Mais, à partir du moment où chacun prend conscience de la transformation des moeurs et de la labilité des pressions sociales, la détermination de contenus éthiques fixes apparaît suprêmement difficile, pour ne pas dire impossible. Cette remarque vaut, bien entendu, des moeurs les plus ordinaires: l'usage du corps, la stabilité et la structure de la famille, le sens de la chose publique, la cohésion des groupes sociaux sans cesse mise en cause; il semble que de toutes parts la signification des moeurs soit contestée, et avec elle, l'ordre de la moralité. Or, cette remise en cause joue aussi dans la sphère religieuse atteignant immédiatement la démarche spirituelle. Il existe bien un sens du sacré, s'exprimant dans la prière, dans des attitudes corporelles, dans l'art, dans la reconnaissance de la sainteté, mais ce sens du sacré passe par une telle série de fluctuations et de transformations qu'il ne peut imposer une figure objective. Disons, pour faire bref, que du point de vue du sens du sacré aucun système religieux ne peut prétendre s'imposer absolument. Et un même système se trouve soumis à des variations considérables.

Face à la fluence des situations particulières, retrouve alors ses droits une attitude kantienne qui consiste à réinsérer dans l'évaluation morale une forme universelle. En ce sens tout d'abord que les valeurs matérielles d'un groupe social s'intègrent dans un système de moeurs auquel se soumet l'individu: un milieu plus tolérant dans le domaine de la chasteté peut imposer de plus fortes contraintes économiques ou idéologiques; et il n'existe pas de groupe, de milieu, qui n'impose un certain nombre de valeurs. Par là, une valeur matérielle particulière accède à une signification globale [35]. Mais l'universalité doit devenir plus consciente. Il semble bien difficile d'admettre qu'un acte purement égoïste, dans laquelle la personne d'autrui est simplement utilisée sans être valorisée, ne soit pas ressenti comme faute. Et pour juger d'attitudes nouvelles dans les rapports entre personnes, ou même entre nations, la règle kantienne qui veut que l'on agisse en fonction d'une maxime qui puisse être étendue à toute l'humanité, constitue un moyen

---

[35] L'évaluation des changements de moeurs devrait tenir compte de la structuration globale qui requiert un certain temps: des forces équilibrantes se manifestent pour réagir contre un changement brutal.

toujours valable de critiquer un comportement. En d'autres termes encore, un état du droit considérant personnes et nations sous la forme de l'égalité, même s'il ne tient pas suffisamment compte du poids réel de chacun, sauvegarde une dignité sans cesse menacée et promeut le système des moeurs. De manière plus simple, le Seigneur nous inculque une attitude toute semblable dans la Règle d'or: « tout ce que vous désirez que les autres fassent pour vous, faîtes-le vous-mêmes pour eux: voilà la Loi et les Prophètes » (Mt. 7, 12). Dans ce respect des personnes et des groupes, il faut voir l'exigence la plus fondamentale de la charité. Celle-ci n'est pas authentique si elle ne cherche à valoriser l'autre sous forme, d'abord, de l'égalité.

L'unité dans l'action.

Le problème de l'action extérieure est plus difficile. Comment savoir en effet si la valeur de l'effet posé répond bien à l'intention? Il est juste, certes, de remarquer que l'action véritable comprend son effectuation: dans le domaine politique, par exemple, l'intention n'est encore rien; seule l'effectuation contribue objectivement au changement souhaité. On pourrait même dire que seul l'engagement effectif porte à la conscience les composantes concrètes de l'action. De ce point de vue, la scission entre l'intention et l'engagement concret, si on veut la maintenir à toute force, suspend indéfiniment l'action. Il faut donc dépasser cette position de la question.

Admettons qu'en telle action concrète, sociale par exemple, l'intention de faire le bien ne soit pas contestable! Le problème rebondit en fonction de la finalité objective de l'action. Les grands hommes qui ont fait l'histoire: un Napoléon, un Lénine, un Hitler, s'identifiaient en quelque sorte à leur action; mais que se proposaient-ils? Exalter une nation, libérer une classe, dominer un continent? Une double question se pose à leur sujet: dans quelle mesure ont-ils accepté de méconnaître ou de mépriser des valeurs dont ils s'affirmaient les garants? Le but qu'ils s'assignaient pouvait-il être considéré comme un absolu? La première question rejoint celle de leur moralité subjective; la seconde la valeur de leur projet objectif.

La situation chrétienne ne rend pas moins ardue la difficulté. Sans doute l'éthique chrétienne insiste-t-elle sur la moralité subjective et l'exigence totale de respecter, au niveau des moyens, les valeurs reconnues. Mais elle ne détermine pas l'ordre d'urgence ni le contenu des finalités concrètes de l'action. Et pourtant, on ne saurait confiner toute la spiritualité de l'homme d'action à la recherche de la rectitude subjective. Toute action retentit sur la vie de la Cité; elle acquiert une dimension politique.

Dégageons tout d'abord la finalité générale de toute action chrétienne. On peut l'exprimer de diverses manières. En se plaçant au point de vue de l'élan intérieur, on dira que toute action tend à la manifestation de l'amour envers tous les hommes: Dieu est le père de tous; on se conduit en enfant du Père dans l'effort sans cesse renouvelé vers l'amour universel. Pratiquement, ceci n'est pas sans conséquence: toute discrimination se trouve, de droit, abolie; la paix constitue un bien en soi. Et l'on rejoint ainsi la règle plus abstraite de la promotion de l'humanité comme principe du système des moeurs. Si l'on se place maintenant du point de vue du contenu effectif de l'action, on mettra en valeur l'idée de l'instauration du Royaume de Dieu. Ce Royaume s'accomplira dans un monde nouveau où le nom de Dieu sera sanctifié et où toutes choses se renouvelleront. Ce Royaume est déjà inauguré.

Valable universellement, un tel principe régulateur s'impose à l'homme spirituel. En lui, la vie chrétienne reçoit sa motivation et sa justification ultimes. Mais tout ne s'en trouve pas déterminé. Car le problème demeure de savoir reconnaître le lien réel qui existe entre une activité concrète et l'instauration du Royaume. On admettra un lien direct entre l'exercice immédiat de l'amour du prochain et le Royaume, mais on ne pourra en dire autant du changement des structures sociales, politiques et économiques: on ne peut décider sans plus que tel ou tel système économique ou politique répond davantage aux exigences du bien commun. Pour la première raison que les situations nationales ou continentales diffèrent en qualité et en quantité, mais surtout parce que, dans le domaine de l'aménagement de la Cité, les hommes sont renvoyés à leur autonomie. C'est à eux qu'il appartient de rechercher les meilleurs moyens de promouvoir leur progrès total: économique, politique, culturel. En ce sens, il n'y a pas de vie morale sans une réelle autonomie de l'homme. Que celle-ci se meuve à l'intérieur de la loi d'amour universelle ne lui enlève rien au point de vue pratique. Le pluralisme des opinions et des moyens à mettre en oeuvre appartient à la sphère de la praxis.

L'unité dans le Christ.

Une fois mises en lumière les tensions éthiques qui conditionnent la vie spirituelle et les corrections mutuelles que s'apportent les perspectives kantienne et schélérienne, il convient d'indiquer brièvement les principes plus complets de solution qu'apporte la doctrine chrétienne. Le premier est la loi évangélique elle-même qui, dans la recherche de l'intégration unifiante, fournit un principe régulateur de la vie éthique: assurer l'universalité de l'amour. Le second est d'ordre ontologique: la praxis chrétienne s'appuie sur une union au Christ communiquant la vie.

La première tension entre l'universalité de la raison pratique et la particularité de la sensibilité doit être envisagée dans l'optique de l'Incarnation du Christ. En elle, nous est communiquée une grâce qui atteint tout notre être: sensibilité, affectivité, raison. Les sacrements, en effet, qui nous confèrent la grâce du Christ, nous atteignent dans l'exercice même du sensible, nous font participer à un milieu vital qui suscite en nous des réactions affectives et nous conduisent à la glorification totale qui verra la transfiguration de nos corps.

Si nous regardons les sacrements en leur juste perspective, nous les considérerons moins comme des moyens de la vie spirituelle que comme les médiations qui en déterminent la structure. Pour employer le langage de l'Ecole, la grâce sacramentelle n'est rien d'autre que la grâce sanctifiante reçue sous une modalité propre: elle dérive de l'humanité du Christ ayant accompli son mystère et maintenant glorieux [36], et, de ce fait, elle nous connaturalise au Christ [37]. Nous nous trouvons au principe même de la vie chrétienne. La grâce que le Christ possède en plénitude en tant que Verbe incarné est la même que la grâce qu'il distribue en tant que chef du Corps mystique: « La grâce personnelle par laquelle l'âme du Christ est

---

[36] « Cette modalité consiste dans une dérivation et imitation de la grâce du Christ, ou de la perfection qui est dans le Christ, en tant que nous sommes ses membres ». (JEON DE SAINT THOMAS, *Cursus theologicus.* Ed. Vivès, IX, d. 24, a. 2, n. 20).

[37] *Ibid.*, n. 21.

justifiée est la même selon son essence que sa grâce en tant que chef du Corps mystique, principe de la justification » [38].

Or, cette participation de tout l'être à la vie éternelle dans la Résurrection se trouve anticipée dès cette vie. La vie de la grâce est une inauguration de la vie éternelle. Il est donc normal d'admettre dès cette vie une participation de la sphère sensible à la vie de la grâce et cette participation retentit sur l'attitude éthique d'une manière tout à fait originale.

L'expérience chrétienne nous conduit, en fait, à admettre une véritable connaissance sensible qui s'exerce dans le domaine spirituel [39]. C'est elle qui a donné naissance à la doctrine des sens spirituels et qui fait de l'expression symbolique l'expression propre de la spiritualité. Par ailleurs, les auteurs spirituels ont décrit une véritable affectivité caractéristique de l'ordre de la grâce. Si en effet l'on entend par affectivité le retentissement dans la conscience du vivant de sa situation existentielle, il convient d'admettre que la grâce constituant un nouveau milieu vital engendre une sphère affective propre dans laquelle s'expriment la complaisance dans la loi évangélique et les répugnances au péché.

On ne peut donc plus opposer purement et simplement la sensibilité à la raison comme le particulier à l'universel. Car dans la mesure où l'affectivité devient spirituelle et par là acquiert une signification dans l'ordre de la connaissance de la volonté de Dieu, elle se hausse au niveau de l'accomplissement du Dessein de salut et dépasse par conséquent les déterminations immédiates des pulsions biologiques. En donnant une clé d'interprétation des mouvements affectifs que sont les « consolations » et « désolations », saint Ignace de Loyola permet de situer justement l'affectivité: elle sort du champ biologique pour passer au niveau proprement spirituel.

En ce qui concerne maintenant la seconde antinomie opposant l'universalité de l'intention à la particularité de l'action concrète, il faut, pour la surmonter, concevoir celle-ci comme s'insérant dans le Dessein de Dieu que l'Esprit accomplit dans le monde. Indiquons simplement, du point de vue subjectif

---

[38] SAINT THOMAS, III, 8, 5.
[39] Cf. J. MOUROUX, *L'expérience chrétienne*. Coll. théologie n. 26. Paris, Aubier, 1954, pp. 241-324.

qui est le nôtre ici, la place que tient la prière dans cette
insertion dynamique [40].

Il n'est aucune forme de prière qui ne contribue à faire
prendre conscience au chrétien de son existence de grâce et
à renouveler en lui l'élan spirituel. La prière de demande
elle-même se déploie dans l'espace de la rencontre avec l'Esprit.
On demande, certes, un bien que l'on désire; mais, en s'adressant à Dieu dans la foi et la confiance, on noue avec lui une
relation personnelle. Il en va de même pour les autres formes
de prière: la louange, l'adoration, l'action de grâces, la prière
pénitentielle. L'activité orante, par conséquent, relie la conscience spirituelle à la source du sens. Même si l'expression
de ce lien demeure comme enfouie dans les profondeurs, il
devient canal de communication de force et de lumière.

Quant à la prière contemplative, que nous pouvons entendre de toute forme d'adhésion spirituelle au Mystère du
salut, elle joue un rôle tout à fait semblable tout en se situant
davantage dans l'ordre du sens de l'action en tant qu'objective.
La *lectio divina*, l'étude théologique, la révision de vie, la méditation, la contemplation proprement dite, en rendant présente à la conscience la Révélation du Christ, non seulement
augmentent l'amour mais elles projettent sur l'action la lumière
de la foi. Entre l'action qui s'effectue et la source divine,
s'instaure une communication qui en dévoile le sens dans le
Dessein de Dieu.

Il apparaît assez clairement maintenant que l'articulation
entre la vie morale et la vie spirituelle n'a rien d'artificiel,
ni même d'extérieur. Bien loin de considérer, à la manière
kantienne, que la vie spirituelle ne fait qu'étayer une vie morale valorisant seule l'existence, il faut concevoir une intégration profonde des deux aspects d'une unique praxis. Plus
en effet, l'existence chrétienne se veut en prolongement de
l'initiative salvatrice de Dieu, plus aussi elle ressent la nécessité d'établir une communication vitale avec la source du
salut. Comment, sans cela, la vie morale personnelle pourrait-
elle atteindre sa plénitude? Elle manquerait d'une part de la
lumière de l'Evangile et d'autre part de la grâce qui seule peut
lui permettre de vivre dans la rectitude, résistant aux dévoiements de la convoitise ou aux sollicitations mauvaises. De

----

[40] Le problème objectif sera repris au c. 6, pp. 146-181.

même pour l'action dans le monde. A moins qu'elle ne soit qu'une activité se voulant honnête, elle doit bien retrouver un sens spirituel et, de ce fait, en appeler à une vie sacramentelle et orante. De toute façon, si le chrétien recherche avant tout le déploiement d'une vie divine qui lui est communiquée, il ne peut accepter que les déterminations éthiques qui s'imposent à lui en tant qu'homme demeurent hors du champ de son existence spirituelle. Il poursuivra une authentique intégration.

En termes métaphysiques, on pourra donc dire que l'esprit recherche sa réalisation plénière. Pour Kant, l'acte de liberté permet d'atteindre vraiment la substance spirituelle; pour Hegel, celle-ci appartient à l'humanité concrète développant son histoire culturelle. Quoi qu'il en soit des justifications profondes de ces positions, l'expérience spirituelle ne fait que manifester la réalité théologique en affirmant que l'Esprit-Saint constitue le milieu où, autant qu'il est possible, l'esprit parvient à sa plénitude.

Personne vivante, libre, « soufflant où il veut » (Jn. 3, 8), l'Esprit de Dieu mène tout à la plénitude. Comme Esprit de sainteté, il oriente l'élan éthique et spirituel vers sa réalisation propre en le faisant atteindre la sphère divine, pure et glorieuse. Comme Esprit vivifiant, il conduit le monde à l'achèvement du Royaume; à travers le mystère de la Croix, s'insinuant constamment, mais souvent paradoxalement, dans le cours de l'histoire, il pénètre toutes choses; par lui, devient possible la recherche et l'atteinte d'une certaine adéquation de l'action humaine au Royaume qui vient. Comme Esprit d'amour enfin, il appelle chacun et, grâce à son assistance continue, lui permet de connaître et de réaliser sa vocation personnelle. Si donc on ne peut dire que la plénitude se trouve effectuée au cours de cette vie, elle n'en est pas moins inaugurée avec une intensité plus ou moins grande, selon le degré de participation de chacun au Christ.

§ 3 — L'HISTORICITÉ

Pour mieux saisir l'implication étroite des activités éthique et spirituelle, il est possible d'en étudier le redoublement en fonction d'un aspect nouveau et nécessaire: l'historicité. Nouveau en ce sens que la considération historique renvoie à l'acte

même de la conscience spirituelle qui unifie les diverses composantes de la praxis que l'analyse étale au regard; et d'autant
plus nécessaire que la temporalité tient à la substance même
du projet di'ntégration spirituelle.

Mouroux remarque, à propos de ce temps spirituel du
chrétien, qu'il ne suffit pas de le représenter comme la ligne
de succession des instants mais de lui accorder une véritable
densité en le considérant comme « un noeud de relations unifiées et vécues dans la foi » [41]. Le présent, en effet, suppose
une situation théologique comme un projet personnel. Essayons
de déployer cette actualité du présent pour faire ressortir les
différents éléments éthiques et spirituels qu'il conjoint en son
unité.

Le passé, bien évidemment, influe sur la conscience présente. Mais l'on peut y distinguer des formes diverses d'influence ressortissant aussi bien à la conscience spirituelle qu'à
la conscience morale.

Notons tout d'abord que le passé chrétien se réfère à l'événement pascal participé dans le baptême. La structure spirituelle que celui-ci constitue apparaît comme un fondement
radical qui commande aussi bien la conscience de la situation
théologique que la praxis chrétienne. Il ne serait sans doute
pas exagéré d'y retrouver l'essence de la pensée morale paulinienne. L'éthique est théologique.

Le passé pèse aussi comme culture assimilée. En effet
le système éthique et le système doctrinal soutenant la vie
spirituelle se forment dans un milieu socio-culturel donné.
Ils véhiculent par conséquent un ensemble matériel de valeurs
dans lequel naît et s'exerce la vie pratique. Loin de nous
l'idée de réduire la vie pratique au respect et à l'application
d'une moralité socio-culturelle, mais celle-ci conditionne tout
développement personnel. La vie morale, certes, arrivera à
édifier peu à peu un système cohérent de valeurs; mais elle

---

[41] MOUROUX, J., *Structure spirituelle du présent chrétien* dans *Recherches de science religieuse*, 44 (1956) p. 14. Le thème est repris et
développé dans *Le mystère du temps, approche théologique*, coll. Théologie, Paris, Aubier, 1962. E. AMADO LÉVY-VALENSI, dans son livre, *Le temps
dans la vie morale*, Paris, Vrin, 1968, a bien mis en valeur aussi la temporalité de la conscience morale: « La moralité d'un acte s'inscrit non
pas comme énigme close sur elle-même, mais, à travers la moralité d'une
vie, comme étape d'une ascèse, stade d'une évolution, ou occasion d'une
révolution, mais qui ne trouve son sens qu'à travers une connaissance
progressive et un élargissement progressif de l'expérience morale » (p. 78).

ne le fera qu'à partir d'une dépendance du milieu, que cette dépendance se manifeste sous la forme de la contre-dépendance contestataire ou de l'adhésion positive. Semblablement, la vie spirituelle germera dans un milieu ecclésial, pastoral et théologique; elle y puisera son expression et ses attitudes intérieures. Au fur et à mesure cependant que le contact avec le Christ deviendra plus personnel, que le Mystère de foi sera assimilé plus vitalement, que la docilité au Saint-Esprit acquerra plus de continuité, une autonomie de la conscience s'accentuera par rapport au milieu. — Etant bien entendu qu'une telle autonomie ne peut changer la substance de la vie chrétienne communiquée dans l'Eglise par le message de salut et les sacrements.

Cette assomption personnelle de la substance éthique s'effectue dans l'actualité de la conscience présente. Supposons, en effet, que la conscience pratique ne soit que l'émergence dans l'individu des instances socio-culturelles, comment une mise en question et un progrès deviendraient-ils possibles? Mais la conscience pratique est une fonction qui tout en se referant à des conditionnements extérieurs et à des autorités valables, se soumet à des valeurs qu'elle perçoit comme régulatrices de tout agir humain.

On aimerait peut-être que les valeurs régulatrices dérivent exclusivement de l'Evangile. La rectification de l'agir et la purification de la conscience ne chercheraient d'autre point de référence que le message évangélique: toujours plus de pauvreté, de douceur, de miséricorde, de pureté, de charité universelle. En fait, s'il faut se rattacher constamment à l'Evangile comme à l'instance suprême et vivifiante, il faut aussi accepter de recourir à d'autres sources d'information et même à des valeurs qui n'appartiennent pas immédiatement à l'esprit évangélique. C'est ainsi que le souci évangélique devra s'insérer dans un monde économiquement, politiquement et culturellement structuré; l'impact des valeurs évangéliques ne fait pas immédiatement surgir les solutions techniques les plus appropriées. Et d'autre part, qu'on le veuille ou non, d'autres valeurs exercent une pression non négligeable. L'Evangile, par exemple, contient bien le principe de la dignité inaliénable de la personne humaine, mais que cette dignité soit reconnue à travers la liberté d'expression ou la participation électorale de tout citoyen, ressortit davantage au sens historique qu'à une struc-

ture permanente. A plus forte raison, la formation des nations et la prise de conscience des richesses culturelles des
peuples ont-elles mis en lumière de nouvelles exigences éthiques.
Puisque nous vivons dans l'unité d'une conscience pratique,
toute référence aux valeurs s'avère donc extrêmement complexe.

Cette confrontation aux valeurs concerne toute conscience.
Mais il faut remarquer que la conscience chrétienne, elle, vit
une autre référence transcendante; elle est « relation à un
présent transcendant: le présent éternel de la médiation du
Christ, de son intercession, de son activité rédemptrice. C'est
du Christ glorieux, toujours vivant pour nous devant la face
de Dieu, que jaillit la grâce d'aujourd'hui ... Le présent chrétien
est fondé, de façon permanente, sur la communication actuelle
du Christ, qui est communication de l'existence christique » [42].
Si donc, toute conscience pratique s'oriente par référence à
une présence de valeurs, il s'y ajoute pour le chrétien, une
dimension mystérique du temps. L'ordre pratique se trouve
enveloppé en une actualité divine.

La tension vers le futur, enfin, est caractéristique de la
conscience pratique. On ne peut retenir comme représentatif
de la vie morale le schéma d'une succession d'actions ponc-
tuelles ayant signification totale en elles-mêmes. Chaque acte,
bien sûr, se détache sur le cours de la vie éthique; il peut le
ralentir, le dévier ou même l'inverser; mais même en ce dernier cas, il ne saurait s'isoler de la recherche du sens total
de la vie. Et finalement, c'est celui-ci qui est le plus important.
En d'autres termes, l'activité morale participe d'un projet éthique, qu'on nommera un idéal. Le sens de la vie peut se définir
par l'idée de service, ou par un idéal petit-bourgeois, s'enfermer
dans une perspective de « consommation », s'ouvrir au dévoûment ou à l'oubli de soi, se détruire aussi dans l'égoïsme ou
se vider dans le narcissisme! Toujours le sens du projet marque
la valeur de la vie. Il n'est sans doute rien de plus important
que d'aider chacun à former un projet éthique valable.

Dans l'ordre spirituel, ce projet sera vocation. Cette idée
se rattache à la conviction profonde que toute existence est
voulue de Dieu, embrassée en sa totalité par un dessein éternel.
Reconnaître sa vocation et l'assumer revient à former son
projet fondamental. Il s'ensuit que toute activité, et si possible

---

[42] MOUROUX, J., *Structure spirituelle du présent chrétien*, art. cité, p. 15.

tout acte, doit se rattacher et se subordonner à l'accomplissement de la vocation. La vie spirituelle est prospective. Or, si
l'on remarque que l'appel de Dieu procède de l'amour, on dira
que le projet de vie spirituelle consiste dans une réponse d'a-
mour. Il suffit, dès lors, de développer en soi cette vie de
charité pour se situer dans le projet de Dieu. La détermination
plus concrète de la forme de vie ne fera que préciser les conditions de réalisation du projet fondamental de la vie chrétienne: toujours il s'agit d'accomplir par amour la volonté de
Dieu, dans les conditions que Dieu a lui-même fixées.

DEUXIÈME PARTIE

LE DEPLOIEMENT DE L'AGIR

CHAPITRE QUATRIEME

COMPLEXITE

Le présent spirituel ramasse en son unité l'extension du temps. Mais la conscience n'atteint pas d'emblée une telle plénitude qu'elle coïncide avec le présent divin. De fait, le mystère ne se déploie que progressivement pour remplir une vie, aussi bien du point de vue de la praxis que de la connaissance [1].

Pour nous en tenir au plan de la praxis, un regard rapide sur la tradition néo-testamentaire nous montre que l'agir chrétien dessine différents profils qui, sans se substituer l'un à l'autre, ne se superposent pourtant pas. La proclamation synoptique du Royaume et du primat de l'amour se complète avec une vision plus tragique du combat spirituel paulinien ou avec l'insistance de Jean sur l'adhésion personnelle au Christ dans la foi vivante ou encore avec les recommandations plus pratiques de Jacques et de Pierre [2].

La différence de la praxis renvoie à celle des spiritualités. La mystique paulinienne part de la réalité du baptême comme participation à la Mort-résurrection du Christ; elle se développe sur le thème du paradoxe chair-esprit pour se terminer dans l'agapè. Jean, par contre, contemple d'abord le Dieu qui est amour, s'abaissant jusqu'à nous pour nous recréer par une nouvelle naissance de l'eau et de l'esprit et nous faire pénétrer dans le Royaume de Dieu, qui est lumière et vie [3]. Certes les mêmes thèmes se retrouvent; mais les attitudes de lutte et d'adhésion personnelle sont traités avec des accents bien différents.

---

[1] La contemplation contient d'ailleurs simultanément une perception du mystère et une adhésion pratique à Dieu se manifestant.

[2] Sur ces différences, cf. SCHNACKENBURG, R., *Le message du Nouveau Testament*, Le Puy-Lyon-Paris, Ed. Mappus, 1963.

[3] C'est ainsi que le P. J. HUBY présente les spiritualités de Paul et de Jean dans son livre *Mystiques paulinienne et johannique*, DDB, 1946.

Se manifestant déjà à partir d'un survol du Nouveau Testament, la complexité de l'éthique chrétienne se renforce notablement par la considération de son rapport à la Loi judaïque. Sans doute n'est-il pas facile de déterminer le sens exact de la parole du Seigneur: « Ne croyez pas que je sois venu abolir la Loi ou les prophètes; ce n'est pas pour abolir que je suis venu, mais pour accomplir » (Mt. 5, 17); quelques traits cependant semblent indiscutables [4]. Et tout d'abord la loi évangélique promulguée par le Christ s'intègre dans sa mission illuminatrice et rédemptrice; elle en reçoit un esprit nouveau tout en se situant dans le prolongement de l'Ancienne Alliance. Ensuite, et ce sens sera corroboré par la tradition de l'Eglise primitive, les divers commandements gardent leur valeur d'ensemble, et sont même confirmés, notamment les dix paroles de la Révélation mosaïque. En fait, ces dix commandements, expression de la volonté historique de Dieu sur le peuple d'Israël, contiennent les normes valables pour toute vie humaine nécessairement insérée en une communauté [5]. La praxis chrétienne compose donc avec une obligation éthique générale se mêlant intimement à l'impulsion spirituelle dérivant de la vie christique. On ne concevrait guère une vie chrétienne refusant les lois de la Cité. Au contraire, on attend d'elle qu'elle accepte, soutienne et développe l'essentiel d'une civilisation s'orientant vers le progrès de l'humanité.

Le même problème peut être abordé d'un autre biais qui, d'ailleurs, fait mieux ressortir la diversité de la praxis chrétienne. On peut en effet se référer à l'ensemble de l'expérience spirituelle. Soit dans la vie de groupes plus homogènes, soit dans le développement de la vie personnelle, de grandes attitudes éthiques apparaissent dont la diversification se range sous trois types principaux en constante connexion. Les uns demeurent de préférence sensibles à la nécessité du combat spirituel et du moment ascétique de l'agir chrétien; d'autres se laissent attirer par la simplicité d'attitudes interpersonnelles extrêmement prégnantes: humilité, confiance, pauvreté, abandon; d'autres enfin, se sentant davantage concernés par leur relation au monde et à un ordre de la création qu'ils veulent

---

[4] SCHNACKENBURG, R., *Le Message moral du Nouveau Testament*, pp. 56 ss.

[5] Cf. HAMEL, E., *Les dix paroles*, coll. Essais pour notre temps, DDB, 1969.

promouvoir, s'efforcent de vivre selon des normes éthiques qui rejoignent l'histoire de l'humanité. L'étude de ces diverses composantes de l'agir humain va nous introduire à sa signification profonde.

§ 1 — LE SALUT ET LE COMBAT SPIRITUEL

L'un des plus anciens textes de la Tradition, la *Didachè*, nous présente la vie chrétienne selon le thème du choix éthique: « Il y a deux chemins: l'un de la vie, l'autre de la mort; mais il est entre les deux chemins une grande différence »[6]. Le chemin de la vie est décrit à l'aide de sentences évangéliques, pour la plupart déjà reçues dans la tradition synoptique, avec une insistance marquée sur l'aumône et l'abandon à la Providence. Le choix du bien, premier mot de la sagesse, aussi bien des Grecs que des Juifs, prend l'homme à la racine de son activité spirituelle: celle de son projet fondamental; tout au long de la tradition spirituelle, elle accentue l'importance de la vigilance et de la conversion.

Pour simple qu'apparaisse une telle perspective, ses implications théologiques et spirituelles sont importantes et se retrouvent tant dans l'histoire de la spiritualité qu'au long du cheminement personnel.

Alors que la Sagesse, dans l'Ancien Testament, s'offre au choix de qui désire la vie, l'invitant à avoir compassion de son âme[7], le caractère dramatique de l'option s'accentue brusquement en saint Paul et acquiert la dimension d'une structure de l'existence. Cette structure de combat se réfère à une situation historique de salut. Le Christ, en effet, pour accomplir le salut, doit vaincre les puissances mauvaises, anges des ténèbres, péché et mort, et même les puissances cosmiques: « puis

---

[6] *Didachè*, c. 1 n. 1; trad. Rouët de Journel dans *Textes ascétiques des Pères de l'Eglise*, Fribourg, Herder, 1957, p. 1; sur le thème des deux voies, cf. NÖTSCHER, Fr., *Voies divines et humaines à Qumrân*, dans van der PLOEG, J., *La secte de Qumrân et les origines du christianisme*, DDB, 1959, p. 138 ss; cf. *Dictionnaire de Spiritualité* art. Discernement des esprits IV, 1221-1231.

[7] « Enfant, dès ta jeunesse, recueille l'instruction, jusqu'à tes cheveux blancs tu trouveras la sagesse. Comme le laboureur et le semeur, viens à elle, sois dans l'attente de ses fruits excellents. Car pour sa culture, tu auras quelque peine, mais bientôt tu mangeras de ses produits » (Eccli. 6, 18-19; trad. Dhorme); « Devant les hommes, il y a la vie et la mort, ce que chacun aura préféré lui sera donné » (Eccli. 15, 17).

ce sera la fin quand il remettra la royauté à Dieu le Père, après avoir détruit toute Principauté, Domination et Puissance. Car il faut qu'il règne jusqu'à ce qu'il ait placé tous ses ennemis sous ses pieds. Le dernier ennemi détruit, c'est la Mort; car il a tout mis sous ses pieds » (I Cor. 15, 24-26). Ce qui n'était qu'ébauché dans le livre de la Sagesse, l'envie du Diable introduisant la mort dans le monde (Sag. 2, 24), se trouve dessiné ici en traits décisifs: on ne se sauve de la mort qu'en échappant à la puissance de péché par la participation à la vie du Christ ressuscité.

Correspond à cette situation théologique, comme structure fondamentale de l'existence chrétienne, la scission entre la chair et l'esprit, la convoitise et l'attrait de la grâce. Cet existential, même s'il suppose une composition substantielle de corps et d'âme, ne la recouvre pas vraiment. Lorsque Paul, en effet, oppose les fruits de la chair à ceux de l'esprit (Gal. 5, 19-24), il évoque aussi bien les débordements sexuels que les réactions d'agressivité, les sentiments d'orgueil que les dépravations religieuses. Il faut donc concevoir la convoitise comme un dynamisme investissant tout l'homme pour le détourner de Dieu et s'opposant à l'attrait des valeurs de pauvreté, de pureté, de service. Il est possible, et en quelque sorte normal, que la scission affectant l'existence humaine ait été réfléchie en différents systèmes culturels et qu'ainsi on ait tendance à en confondre les différentes expressions: à la scission grecque entre le corps matériel et l'âme, substance incorruptible, se juxtapose la scission hindouiste de la conscience empirique et du Soi spirituel tout comme l'opposition entre la chair et l'esprit. Mais cette dernière suppose un monde de relations interpersonnelles dans l'ordre surnaturel: les anges mauvais induisent à la tentation et l'Esprit-Saint appelle à la conversion vers Dieu.

En fait, pour saint Paul, la scission intérieure a été pour ainsi dire, consacrée par le baptême. Sans vouloir y enfermer toute la réalité baptismale, ne doit-on pas reconnaître dans la scission tragique entre la chair de péché et l'esprit appelé à la sainteté, une donnée majeure de la spiritualité paulinienne? L'insertion dans le Christ, nouvel Adam, qui est l'effet propre du baptême, introduit à la conscience de la lutte entre un vieil homme qui perdure et l'homme nouveau qui tend à se substituer à l'ancien. Sur ce point, l'épître aux Romains ap-

porte les expressions les plus déterminées: « Ignorez-vous que,
baptisés dans le Christ-Jésus, c'est dans sa mort que tous
nous avons été baptisés? Nous avons donc été ensevelis avec
lui par le baptême dans la mort, afin que, comme le Christ
est ressuscité des morts pour la gloire du Père, nous vivions
nous aussi dans une vie nouvelle. Car, si c'est un même être
avec le Christ que nous sommes devenus par une mort semblable à la sienne, nous le serons aussi par une résurrection
semblable; comprenons-le, notre vieil homme a été crucifié
avec lui, pour que fût détruit ce corps de péché, afin que
nous cessions d'être asservis au péché » (Rom. 6, 3-6).

La crucifixion du vieil homme s'exprime en une série d'an-
tithèses de l'ordre moral et ascétique. C'est ainsi que dans
l'épître aux Colossiens Paul exhorte ses chrétiens à renouveler
leur conduite: « Vous vous êtes dépouillés du vieil homme
avec ses agissements, et vous avez revêtu le nouveau, celui qui
s'achemine vers la vraie connaissance en se renouvelant à
l'image de son Créateur » (Col. 3, 9-10). A l'image du vêtement
s'adjoint le symbole de la lumière suggérant davantage le changement intérieur: « Oui, cherchez à imiter Dieu, comme des
enfants bien-aimés, et suivez la voie de l'amour à l'exemple
du Christ ... Jadis, vous étiez ténèbres, mais à présent vous
êtes lumière dans le Seigneur; conduisez-vous en enfants de
lumière » (Ep. 5, 1. 8). Le renouvellement de la conscience, qui
est lumière en nous (cf. Mt. 6, 23), conduit au discernement
de la volonté du Seigneur: « Discernez ce qui plaît au Seigneur ... Sachez voir quelle est la volonté du Seigneur » (Ep.
5, 10. 17). Finalement, l'exhortation de Paul à une vie nouvelle
en appelle au combat spirituel mené avec les armes divines
des vertus (Ep. 6, 14-17) et l'inlassable intercession (Ep. 6, 18-19).

Développons maintenant les différents aspects d'une tradition spirituelle qui, s'appuyant constamment sur la doctrine
paulinienne que nous venons de rappeler [8], insiste sur le combat spirituel.

---

[8] Il s'agit, soulignons-le, d'un aspect de la spiritualité paulinienne que
devrait compléter la doctrine du Christ total et du Corps mystique.
L'idée de combat spirituel ne représente pas non plus toute la spiritualité baptismale. Il correspond à l'aspect « mort et résurrection ». Cf.
P. Th. CAMELOT, *Spiritualité du baptême*. Coll. Lex orandi n. 30, Paris,
1960; 113-178. Dans ces pages est décrit et commenté le rite du dépouillement dans la discipline primitive. Sur la doctrine paulinienne du baptême,
cf. J. HUBY, *Mystiques paulinienne et johannique*, DDB, 1946, pp. 13-36
et 233-238.

En considérant d'abord la vie chrétienne comme situation dramatique de l'existence, elle insiste nécessairement sur l'idée de salut. L'homme se sauve ou se perd. Cette idée fondamentale rend compte de la continuité établie par les premiers moines entre le désir du salut et l'accomplissement chrétien: Comme le remarque le P. Hausherr, « nous avons trop séparé salut et perfection, et divisé en catégories trop distinctes ceux qui veulent faire leur salut (c'est le nom que se donnaient les premiers moines) et ceux qui tendent à la perfection. Nos ancêtres dans la foi incluaient l'idée de perfection dans celle de *Sôteria*, selon le sens même de ce terme qui signifie intégrité, santé parfaite, immunité de tout défaut ou maladie » [9]. Présente dans la spiritualité pakhômienne, une telle perspective ouvre aussi les *Exercices spirituels* de saint Ignace: « L'homme est créé pour louer, respecter et servir Dieu notre Seigneur, et par là sauver son âme » [10]. La différence des conditions de vie n'attaque aucunement ce principe et fondement.

Pour décrire la condition du salut chrétien, une réflexion s'est instaurée sur ses composantes historiques. C'est ainsi que, répondant aux affirmations issues de Pélage, d'indépendance essentielle puis de priorité de la liberté humaine, le courant augustinien s'est attaché d'une part à décrire la situation dégradée de l'homme pécheur et d'autre part à affirmer la nécessité et la priorité du secours gratuit de Dieu pour accéder à l'amitié divine par l'union au Christ dans l'Eglise. Tout au long de la vie de l'Eglise, en conséquence, s'est développée une recherche théologique sur les rapports de l'homme et de Dieu en fonction du salut. Les uns furent plus sensibles à la profondeur de la scission intérieure de l'homme et à la difficulté de son agir éthico-spirituel; d'autres à l'enveloppement de la vie humaine dans un ensemble de dons de Dieu: ceux de la création et des grâces de Rédemption.

Faut-il nécessairement poursuivre jusqu'à sa détermination complète ce discours sur la grâce pour une intelligence exacte de la vie spirituelle? Pourvu que reste ferme l'assertion de foi sur la nécessité et la priorité absolue de l'action salvatrice de Dieu par la médiation du Christ dans son Corps mystique, et que l'on porte un regard réaliste sur la condition humaine,

---

[9] Cité par H. Bacht, *Pakhôme et ses disciples* dans *Théologie de la vie monastique*. Coll. théologie n. 49, Paris, Aubier, 1961, p. 62.
[10] Ignace de Loyola, *Exercices spirituels* n. 23. Coll. Christus, DDB, 1960.

difficile et déchirée, on peut légitimement établir des figures différentes de la condition de l'homme [11]. En fait, si l'on regarde l'histoire de la spiritualité, on s'aperçoit que selon les époques, les milieux, les personnes, diverses conceptions ont vu le jour sans s'imposer définitivement: s'étonnera-t-on qu'un saint Augustin qui peina tant pour s'arracher à l'esclavage des passions charnelles ait vu le monde autrement qu'un saint François de Sales dont la vie fut préservée? Aujourd'hui même, certains vibrent aux espoirs de l'humanité conquérante de l'espace et du futur, d'autres constatent la permanence des faiblesses et des violences humaines nourries d'érotisme, de drogue et de guerres!

En regard du choix salutaire que permet la grâce du Rédempteur, se pose la liberté de l'homme. On ne saurait considérer comme fortuit le fait que tous ceux qui, comme Origène déjà, et à la suite d'Augustin, se sont attachés à décrire le combat spirituel, ont étudié les conditions subjectives du choix. Ils ont alors mis en relief le libre-arbitre comme pouvoir de décision. L'anthropologie origénienne, par exemple, par sa structure trichotomique, détache clairement l'activité de choix: entre l'esprit qui participe à la vie divine et la chair qui retombe vers le péché, « dans le combat spirituel qui se livre en nous, l'âme ' susceptible de vertu et de mal ' occupe une position ' médiane '. Le sens de cette expression apparaît clairement, et Rufin n'a pas manqué de l'expliquer. C'est que, dit-il, il appartient à l'âme de choisir entre la chair et le pneuma, de s'unir à l'un ou à l'autre pour ne faire plus qu'un, soit avec le pneuma, soit avec la chair. Ces formules très origéniennes traduisent bien la situation de l'âme telle qu'Origène la comprenait: responsable du choix moral, lieu du libre arbitre, c'est elle qui est le siège de la personnalité humaine, c'est elle qui représente la personne » [12]. Cette position médiane de la liberté justifie toutes les exhortations à s'adonner à la vie spirituelle comme choix d'une vie meilleure et divine.

Conjointement à l'insistance sur la liberté de décision, un autre thème caractérise l'éthique du combat spirituel, celui

---

[11] Le problème spéculatif de la conciliation de la liberté humaine avec la toute puissante liberté de Dieu est d'un tout autre ordre. On peut se demander si des siècles de controverses ont abouti à un progrès réel sur un tel sujet de réflexion.

[12] J. Dupuis, *L'esprit de l'homme, étude sur l'anthropologie religieuse d'Origène.* Coll. Museum Lessianum n. 62, DDB, 1967, p. 47.

du discernement des esprits. Thème très ancien, explicite dans l'Ecriture, exploité par le *Manuel de Discipline* de la communauté de Qumrân, constamment présent dans la théologie primitive [13]. Sur ce point, la doctrine du *Pasteur d'Hermas* deviendra classique. Après avoir mis en scène l'opposition des vertus et des vices sous l'aspect de vierges ou de femmes vêtues de noir, il reprend le thème des deux voies sous la conduite de deux anges, l'un de la justice, l'autre du mal; d'où le thème du discernement des esprits reconnus à leurs fruits. Un tel thème se trouvera développé chez Origène et mis en relation avec le problème du choix. Selon un commantateur, « la donnée essentielle du Christianisme dans laquelle s'insère le plus immédiatement le discernement des esprits est l'affirmation de la liberté. L'exercice concret d'une liberté qui est choix entre bien et mal ne peut se faire que sur la proposition du bien et du mal, à partir de ' mouvements ' de l'âme, dont il faudra discerner le caractère bon ou mauvais, et qui sont assez complexes pour qu'une psychologie spirituelle affinée soit nécessaire. Le discernement des esprits est donc supposé par l'exercice d'une liberté qui doit choisir pour être » [14].

Il convient cependant de remarquer que le discernement des esprits suppose une vue assez large de l'opposition entre péché et acte bon. En effet, l'origine des inclinations est triple et non double. Origène remarquait déjà que « les pensées qui procèdent de notre coeur, qu'il s'agisse du souvenir de faits quelconques, ou bien de la considération de n'importe quelles choses ou de leurs raisons d'être, nous trouvons que parfois elles procèdent de nous-mêmes, parfois elles sont suscitées par les puissances adverses, parfois encore elles sont envoyées par Dieu ou par les saints anges » [15]. Lorsqu'elles procèdent de nous-mêmes, elles ne sont pas marquées immédiatement d'une signe positif ou négatif. Outre la distinction entre le bien et le mal, devra s'insinuer celle entre le mieux et le moins bon; ou encore entre une action à accomplir et son omission, alors que cette dernière n'apparaît pas peccamineuse: négliger, par

---

[13] Cf. *Dictionnaire de Spiritualité*, art. *Discernement des esprits*, IV, 1222-1254; il est assez clair que ce que nous disons ici s'applique à un aspect de la spiritualité ignatienne qui constitue une part considérable de l'expérience basée sur les *Exercices spirituels*.

[14] MARTY, F., *Le discernement des esprits dans le peri archôn d'Origène*, dans R A.M. 34 (1958) 273.

[15] ORIGÈNE, *De principiis*, III, 2,4.

exemple, une initiative apostolique dont la nécessité et les modalités ne sont pas évidentes, ne constitue pas immédiatement un péché, encore que cette négligence puisse procéder du mauvais esprit.

Ce qui fonde la structure de ce profil éthique du combat spirituel, c'est l'idée du dynamisme originel de la vie chrétienne. Emportée par un élan qui s'alimente sans cesse au contact du Dieu vivant, elle se dirige vers la participation définitive à la vie éternelle. Mais Dieu nous sauve en nous posant devant un choix: l'acceptation de son attrait ou son refus. Concrètement, cette option fondamentale s'actue au moyen de decisions partielles exigées par l'existence. Ces décisions renouvellent l'engagement fondamental de charité; mais elles peuvent aussi, en raison de leur caractère éventuellement négatif, ralentir, dévier ou renverser le dynamisme spirituel. On ne saurait exclure en effet jusqu'à la possibilité d'un renversement produisant la mort spirituelle. Saint Paul lui-même ne nous avertit-il pas de faire notre salut « avec crainte et tremblement » (Ph. 2, 12)? Non pas une crainte paralysante, mais la crainte humble et prudente qui sait que l'amour est toujours menacé, du dedans et du dehors, et qui veut le préserver en s'en remettant à l'esprit de sainteté capable de vaincre toute puissance ennemie.

§ 2 — La communion

Même s'il est prévalent dans certaines spiritualités, ou pendant des périodes déterminées de la vie spirituelle, le schéma dualiste du combat en appelle nécessairement à une relation plus personnelle à Dieu. Le choix entre le bien et le mal, en effet, ne trouve pas sa finalité en lui-même; il s'oriente vers la vie éternelle, participation de la vie intratrinitaire. Plus immédiatement encore, le discernement des esprits coïncide substantiellement avec la recherche de la volonté de Dieu. Ce qui introduit à une conformité des volontés fondée sur la communication de l'Esprit-Saint.

Un autre profil éthique se dessine donc: celui de la communion. Evident dans la vie chrétienne, on aurait pourtant tort de croire qu'il lui est absolument propre. Les spiritualités de type mystique, par exemple, considèrent l'union au divin comme la valeur suprême et lui subordonnent toute autre atti tude éthique. D'une manière assez semblable, un Epictète s'abandonnait à la Providence divine. Et d'une façon générale, en toute forme de vie religieuse, dès lors que les rapports avec Dieu sont conçus comme des rapports interpersonnels, cet élément de communion retentit sur la vie éthique. Celle-ci obéit à un dépassement et un appel.

La vie éthique reçoit donc une empreinte particulière de sa relation à la vie religieuse.

Il est vrai que Heiler [16], et à son instar un certain courant actuel, reproche précisément à la mystique d'utiliser la moralité pour son but propre qui est l'union à Dieu: « La signification première de la moralité, pour la piété mystique, consiste à former une préparation psychologique aux expériences mystiques supérieures ». Le vrai but de la vie spirituelle serait une évasion dans la piété, oublieuse du devoir concret de l'engagement social et de la charité. Un tel escamotage de la responsabilité objective serait, évidemment, insoutenable! Mais, comme nous l'avons déjà remarqué, une telle position n'a rien d'évangélique et ne fut jamais approuvée par l'Eglise [17].

Ne serait-il pas plus exact de considérer que la Révélation du Dieu de l'Alliance surmonte cette opposition du mystique au pratique? Le Dieu de l'Alliance donne la Loi en même temps qu'il appelle à l'obéissance et promet son secours. Appelés par Dieu, les prophètes entretiennent avec lui des relations d'intimité tout en rappelant les exigences de justice entre les hommes et de fidélité à l'Alliance.

Avec l'apparition du Christ, l'osmose entre vie morale et vie spirituelle, inaugurée dans l'ancienne Alliance, acquiert une dimension nouvelle. Désormais, la loi est inscrite dans les coeurs. Elle n'est rien d'autre en vérité, selon l'enseignement de saint Thomas [18], que la grâce même du Saint-Esprit accordée aux chrétiens. Celui qui vit dans l'Esprit secrète pour ainsi dire sa propre loi selon les exigences d'un amour authentique; la fonction des préceptes écrits est d'éclairer la conscience pour la disposer et l'ordonner au droit usage de cette grâce. Réciproquement, celui qui vit dans la charité et observe les commandements vit dans l'intimité des Personnes divines qui

---

[16] Heiler, F., *La prière*, Paris, Payot, 1931, pp. 310-313; ici, p. 311.
[17] Cf. *supra*, p. 36 ss.
[18] I.II. 106; cf. Ch. A. Bernard, *Le projet spirituel*, Rome, Editions de l'Université Grégorienne 1970, pp. 147-150.

font en lui leur demeure (Jn. 14, 15-22). Lequel de ces deux mouvements a priorité sur l'autre? Cette question ne peut recevoir de réponse catégorique. La diversité de l'expérience spirituelle et la succession de ses moments décrivent des figures si complexes qu'on ne saurait privilégier absolument un aspect. Du moins pourrait-on tenter de définir une priorité de droit? Mais puisque les deux aspects sont inséparables, accorder une priorité à l'un risque d'affaiblir la nécessité de l'autre. Le mystique ne peut s'évader de l'action concrète; le chrétien engagé ne peut oublier le Dieu qui l'a créé, l'appelle et se donnera à lui.

Plus l'on insiste sur la présence même de Dieu au coeur du sujet qui vit la loi morale, plus aussi, comme l'expérience le montre, se développe une spiritualité de l'imitation du Christ. Certains Pères parlent même du Christ qui est la loi [19]. Quoi qu'il en soit, lorsque le Christ appelait à sa suite, il n'invitait pas seulement à vivre en sa compagnie, mais à son imitation. Ce thème de l'imitation est déjà bien vivant dans la génération apostolique: « soyez mes imitateurs, écrit saint Paul, comme moi je le suis du Christ » (I Cor. 4, 16; 11, 1); et saint Pierre concrétise déjà cette imitation: « Le Christ aussi a souffert pour vous, vous laissant un modèle afin que vous suiviez ses traces » (I P. 2, 21). A leurs paroles fait écho un mystique passionné de l'imitation du Christ comme le P. de Foucauld: « Je ne puis concevoir l'amour sans un *besoin*, un *besoin impérieux* de conformité, de ressemblance et, surtout, de partage de toutes les peines, de toutes les difficultés, de toutes les duretés de la vie. ... Etre riche, à mon aise, vivre doucement de mes biens, quand Vous avez été pauvre, gêné, vivant péniblement d'un dur labeur: pour moi ... je ne puis aimer ainsi » [20]. Un tel souci d'imitation apparaît comme une véritable nécessité fondée sur l'essence même de la vie chrétienne.

Si le combat spirituel insistait sur le choix entre les diverses inclinations présentes au coeur de l'homme, le schème de la communion s'appuie sur des attitudes globales de la personne. On peut, semble-t-il, y discerner deux types princi-

---

[19] Ainsi Justin, Irénée, Clément d'Alexandrie. Mais on ne peut trop presser cette formule qui s'inscrit en un contexte de polémique antijuive. La nouvelle Alliance est opposée à l'Ancienne.

[20] *Ecrits spirituels du P. de Foucauld*, Paris, De Gigord, 1930, p. 106. Cf. D. Sp. art. *Humanité du Christ*, spécialement A. Rayez, *Chez les spirituels médiévaux*, VII, 1053-1096.

paux: ou considérer la relation que le chrétien établit par rapport au Dieu qui se révèle en Jésus-Christ, et l'on retrouve la notion très johannique de foi que l'expérience spirituelle développera en confiance et abandon; ou contempler la descente de Dieu vers l'homme dans l'Incarnation du Fils, et l'on arrive aux attitudes globales d'imitation par la pauvreté, l'humilité, l'obéissance, le don [21]. D'un côté comme de l'autre, le point d'aboutissement sera l'amour comme participation à l'amour trinitaire et le principe en est l'accueil de Dieu qui se révèle en se livrant.

L'évangile de saint Jean synthétise dans la parole « foi » ou plutôt dans celle de « croire » [22] l'attitude profonde d'adhésion à la personne de Jésus et à son message. Le véritable disciple du Christ est celui qui croit en lui, qui le suit, écoute sa parole et la garde. Toutes ces expressions, pratiquement équivalentes, indiquent le rapport interpersonnel qui se noue entre le disciple et le Christ. La parabole du bon pasteur nous dépeint cette situation avec précision et clarté: « Quand il a mis dehors ses bêtes, il marche devant elles et les brebis le suivent, parce qu'elles connaissent sa voix ... Je suis la porte des brebis ... Je suis le bon pasteur » (Jn. 10, 4. 7. 11). Ecouter la voix du Christ et le suivre, c'est reconnaître qu'il est l'envoyé de Dieu, le Fils unique, le Verbe de Dieu. C'est devenir l'objet de son amour spécial et recevoir la vie: « Mes brebis écoutent ma voix; je les connais et elles me suivent. Je leur donne la vie éternelle; elles ne périront jamais et nul ne les arrachera de ma main » (Jn. 10, 27-28).

En entendant les paroles de Jésus, les Juifs n'évoquaient pas seulement une image bien connue de la vie pastorale mais les textes sacrés qui représentaient Jahvé comme un bon berger conduisant son peuple: « Tel un berger qui fait paître son troupeau, recueille dans ses bras les agneaux, les met sur sa poitrine, conduit au repos les brebis mères » (Is. 40, 11). Aussi

---

[21] La spiritualité vétero-testamentaire des « pauvres de Yahvé » anticipe en quelque sorte la spiritualité du Serviteur. Elle procède d'une foi profonde en un Dieu qui se penche sur les petits. Elle pourrait être considérée comme l'intermédiaire entre la spiritualité de foi-confiance et celle de l'imitation du Serviteur. Une telle situation nous invite à ne pas opposer les deux types de spiritualité de communion.

[22] Cf. SCHULZ, Ans., *Nachfolgen und nachahmen.* München, Kösel-Verlag, 1962, pp. 172-176. Dans l'évangile de Jean ne se rencontre que le verbe. Voir aussi F. MUSSNER, Ζωή München, Karl Zink Verlag, 1952.

bien que tout concept abstrait de providence, de miséricorde et de toute-puissance, l'image n'indique-t-elle pas toute la tendresse attentive de Dieu envers les hommes? A cette action de Dieu correspond, de la part de l'homme, une attitude profonde de confiance et d'abandon: « Pourquoi dis-tu, Jacob, et répètes-tu, Israël: ' Mon chemin est caché à Jahvé, mon droit échappe à mon Dieu? ' Ne le sais-tu pas, ne l'as tu pas entendu? Jahvé est un Dieu éternel, il a créé les extrémités de la terre, il ne s'épuise ni ne se fatigue, on ne peut sonder son intelligence. Il donne la force à qui est épuisé, il fait abonder l'énergie chez celui qui est sans vigueur. Les jeunes gens sont épuisés, il sont las, les éphèbes chancellent bel et bien, mais ceux qui espèrent en Jahvé renouvellent leur force » (Is. 40, 27-31). Foi, confiance, espérance: une seule attitude riche et complexe découle de l'adhésion à Dieu qui dirige le monde avec amour.

Perceptible dans l'histoire de la spiritualité, ce courant qui s'alimente à l'adhésion au Christ par la foi s'est affirmé nettement dans les spiritualités de confiance et d'abandon. On pourrait sans trop de paradoxe — ni de scandale — rapprocher sur ce point les élans d'un Luther et les affirmations lumineuses de sainte Thérèse de Lisieux sur « la petite voie de confiance et d'amour ». Contentons-nous ici d'une formule du P. de Caussade: « L'état de pure foi est un certain mélange de foi, d'espérance et de charité dans un seul acte qui unit le coeur à Dieu et à son action. Ces trois vertus réunies ne sont plus qu'une seule vertu, ce n'est qu'un seul acte, qu'une seule élévation du coeur à Dieu et un simple abandon à son action » [23]. L'essentiel de cette voie consiste dans l'union, à chaque instant renouvelée, au Dieu de grâce et de force, tout au long d'une vie où l'incertitude et les épreuves incitent le chrétien à se replacer sans cesse dans une relation personnelle au Dieu qui le sauve par le Christ.

On pourrait dire que le Christ à vécu pleinement cet abandon à la volonté du Père [24]. Bien que le témoignage des

---

[23] CAUSSADE, J. P. de, *L'Abandon à la Providence divine*. Coll. Christus, DDB, 1966, p. 54. Le texte du P. Ramière disait: « l'état d'abandon ».

[24] Hans Urs von BALTHASAR parle de la foi du Christ (*La foi du Christ*, Paris, Aubier, 1968), mais il semble difficile d'admettre une telle expression totalement absente des évangiles et qui n'entre guère dans la théologie johannique, comme l'admet l'auteur (p. 11).

Certes, l'attitude existentielle du Christ devant son Père comporte de multiples aspects qui sont la source et l'exemplaire de nos attitudes spi-

évangiles — surtout celui de Jean — traduise une situation
complexe où le Christ apparaît comme maître de la Loi, con-
naissant par avance le reniement de Pierre et la trahison de
Judas, détruisant le pouvoir des démons et opérant les miracles par sa seule puissance, il n'en demeure pas moins qu'il
a assumé pleinement la condition de Serviteur. Vivant totalement en fonction de sa mission, il a assumé la pauvreté, l'humiliation, la déréliction de la Croix et sa passion. En tout cela,
il fut la révélation de l'amour du Père. Cet amour découlait
pour ainsi dire de sa Personne divine dans son humanité sainte
pour embrasser tous les hommes dans un même dessein de
Rédemption. Cet amour est sans mélange, non conditionné en
sa substance par l'environnement culturel, parfaitement saint.
Selon les mystérieuses dispositions du Dessein de Dieu, cet
amour apparut sous les formes les plus diverses qui témoi-
gnaient en même temps de la parfaite liberté intérieure du
Christ, mangeant avec les pécheurs et passant la nuit en prière,
et de sa totale soumission aux moments et aux modes de sa
mission: lorsqu'il attendait son heure, se retirait au désert
pour être tenté, ou suait des gouttes de sang au jardin de
l'Agonie. Toujours il se sentait enveloppé de l'amour du Père;
mieux encore: il était cet amour se révélant dans sa tendresse
et dans sa force, dans sa sainteté et son abaissement, dans
son ardeur et sa condescendance.

Le chrétien devient donc capable, par l'imitation du Christ,
de ressourcer sans cesse sa vie éthique à ces modes de manifestation de l'amour. Il sait que l'amour doit être le principe
de toute sa praxis; il le vit sous la forme du servir.

A une telle perspective se rattachent les courants spirituels plus contemplatifs qui se fondent sur une participation
aux attitudes intérieures et sacerdotales de Jésus. L'école française de Bérulle et de Condren ont poussé ce sens de l'assi-

---

rituelles: confiance, obéissance, patience, abandon, pauvreté; mais l'objection que l'on peut faire à l'emploi du verbe « croire » comme acte du
Christ vaut non seulement pour une conception formelle de l'acte de
foi,mais aussi pour son aspect personnel. La foi envers une personne
suppose une distance entre les personnes: or, le Fils de Dieu, comme
Personne divine, ne fait qu'un avec son Père. Manque donc à son comportement de Serviteur, même à l'Agonie, la réalité et le risque, laissés
à notre liberté, de séparation de la personne du Père. Voilà pourquoi
l'Ecriture ignore une foi du Christ. Le mystère de Jésus nous contraint
de tenir ensemble deux aspects distincts et inséparables: l'unité de la
personne dans une dualité de conditions, de natures et de volontés.

milation au Christ comme Serviteur adorant et souffrant jusqu'à parler d'anéantissement [25]; ce thème est profondément lié
à celui de l'humilité. Les spiritualités de réparation et d'oblation appartiennent aussi à ce courant; elles insistent sur une
participation aux états intérieurs du Rédempteur par une compassion dont les fruits se répandent sur l'Eglise. Ou encore,
comme le P. Grou, on insistera sur la recherche de la gloire
de Dieu, comme le Fils qui n'a recherché que la gloire du
Père, identique en sa substance au salut et à la béatitude
des hommes.

Mais le service et l'imitation du Serviteur prennent aussi
une figure plus pratique. Dans le sens, tout d'abord, de l'esprit
franciscain et de la *Devotio moderna* où l'effort pour reproduire
en sa vie une attitude fondamentale du Serviteur: sa pauvreté,
sa vie cachée, sa volonté d'effacement, son abandon au bon
vouloir du Père, aboutit à unifier toute la disposition éthique
personnelle. Par un effet de cristallisation, l'attitude profonde
prévalente attire à soi toutes les autres composantes de la
praxis pour dessiner une configuration originale. Il va de soi,
en outre, que le chrétien peut aussi vouloir reproduire en son
engagement extérieur l'un des aspects de la mission du Sauveur.
L'un s'adonnera au soin des malades; l'autre se penchera sur
les pauvres; et même celui qui essaie d'aider les hommes sur
le chemin de la vie, en les éclairant et en les fortifiant, participe à la mission du Christ révélateur et maître de sagesse.

Prenant son point de départ dans une exigence d'imitation
du Christ fondée sur une union personnelle dans la foi et l'a-
mour, comment s'étonner qu'une telle attitude spirituelle aboutisse à une intimité toujours plus grande avec les Personnes
divines? Cette intimité revêtira diverses formes: de l'amitié
chère au P. de Foucauld à l'esprit de filiation de dom Marmion
et de sainte Thérèse de Lisieux, ou à l'union sponsale d'un
grand nombre de mystiques. De quoi dépend le choix d'une
telle forme? Sans doute aux conditions subjectives de la vie
spirituelle. L'essentiel est de considérer que la relation profonde à Dieu retentit sur le comportement éthique: il s'agit
toujours de vivre conformément à cette relation d'ami, de fils
ou d'épouse, selon précisément les exigences que développera
une telle relation.

---

[25] Cf. DAESCHLER, R., art. *Anéantissement*, dans D. Sp. I, 560-565.

§ 3 — L'ACCOMPLISSEMENT ONTOLOGIQUE

Dans notre perspective qui situe l'activité éthique à l'intérieur d'une décision spirituelle, il était normal de souligner les aspects dépendant immédiatement du Mystère du salut: la lutte contre le péché et la vie pour Dieu. Une telle morale est essentiellement pascale.

Mais un autre problème se pose. Le mystère pascal lui-même englobe un aspect que nous pourrions appeler d'accomplissement ontologique. Mystère du salut, le mystère du Christ est en même temps mystère de maturation et de transfiguration de la création développant son histoire. Cet aspect se vérifie sur divers plans. Il concerne tout d'abord l'épanouissement de la personne. N'appartient-il pas en effet à la condition de l'homme de déployer toutes ses virtualités, physiques, intellectuelles, esthétiques, religieuses? Ce développement entre nécessairement dans le projet éthique qui suppose un choix dans la hiérarchie des valeurs. De plus, on ne saurait séparer l'épanouissement personnel de l'insertion de chacun dans la vie sociale. Animal social, l'homme se développe à travers un réseau de relations économiques, politiques, culturelles. Il s'insère peu à peu et plus profondément dans un tissu social qui le soutient et le nourrit tout en tendant parfois à le contraindre et à le brimer. Enfin l'ensemble de l'humanité poursuit son progrès technique et évolue vers une unité plus grande à travers des tensions dangereuses. Chacun est donc appelé à prendre conscience de ce mouvement de l'histoire, à y trouver sa place et à y coopérer. Ainsi s'accomplira la vocation totale de l'homme. Certes, il ne sort pas alors du Mystère pascal, mais il en considère une dimension nouvelle et qui accroît constamment son importance. Bref, le christianisme comme mystère de sanctification et d'adoption filiale prend figure d'humanisme.

La grande différence de cette perspective avec les perspectives précédentes consiste en ce que, ici, le message évangélique, bien loin de se présenter comme l'unique doctrine morale [26] ne contient pas un enseignement spécifique, mais veut être le ferment dans une pâte ayant sa propre consistance. La réalité

---

[26] Sans dénier toute valeur aux autres messages religieux et aux autres voies de salut, nous considérons bien entendu le christianisme comme accomplissement unique de la relation à Dieu. Le contraste n'en est que plus grand avec l'acceptation d'un pluralisme humaniste.

humaine s'intègre dans le mystère chrétien, en y transportant ses structures et ses contenus de valeurs.

Humanisme et Christianisme.

Ce nouveau profil éthique apparaît en même temps positif et universel.

Positif, il l'est en ce sens que le choix ne se situe plus uniquement entre le permis et le défendu, mais entre diverses lignes possibles et légitimes de recherche du progrès de l'homme. En fait, il s'agit d'abord de reconnaître les valeurs authentiques que recèle une culture ou que développe une mutation. Qu'on songe ici à la spiritualité missionnaire! Non seulement elle doit accueillir toute expression artistique ou linguistique, mais, dans l'ordre même des moeurs, elle doit se faire attentive pour discerner le contenu profond de coutumes parfois choquantes au premier abord. Il en irait de même des problèmes posés par la mutation technique: ni adulation naïve, ni rejet systématique, mais discernement en fonction d'un esprit évangélique, régulateur de toute activité éthique.

Dans cette attitude éthique, le christianisme rencontre d'autres conceptions du monde. Ou, pour mieux dire, chaque philosophie et chaque culture expriment la forme d'un humanisme. De ce point de vue, le chrétien se trouve confronté avec les autres hommes sur un pied d'égalité. Et à l'intérieur même de l'Eglise, des perspectives diverses peuvent s'affronter sur le plan social, politique et économique. On a pu se demander ces derniers temps s'il existait une morale sociale chrétienne? [27] On ne voulait pas dire que tout système économico-social soit également apte à respecter et à promouvoir les valeurs incluses dans une doctrine de salut universel: la dignité de la personne, l'accueil des valeurs spirituelles, la liberté d'option, par exemple; mais on voulait affirmer l'impossibilité de déduire un système concret à partir de ces valeurs. Et cela d'autant plus que le progrès technique et les mutations de moeurs introduisent constamment de nouvelles questions et suscitent la contestation des solutions anciennes.

Envisagée dans cet ensemble, l'éthique chrétienne ne se

---

[27] Cf. MANARANCHE, A , *Y a-t-il une éthique sociale chrétienne?* Paris, Ed. du Seuil, 1969.

présente donc pas comme un système de valeurs mais comme
un message religieux incluant un certain nombre d'exigences
éthiques. Voilà sans doute la raison profonde des difficultés
où se débat l'éthique chrétienne actuelle. Si elle se confondait
avec un système philosophico-théologique, un consensus émer-
gerait, à la longue, de la confrontation de thèses au départ
opposées; si, inversement, les solutions concrètes pouvaient
prescinder de toute référence à l'évangile, on délimiterait deux
domaines: une éthique humaniste, une éthique de salut personnel. Or la première perspective est contredite par le déroulement de l'histoire et par la coexistence d'aires culturelles
profondément différentes: la civilisation occidentale avancée,
la négritude, la sagesse indienne ou chinoise; l'Eglise se doit
de les accepter toutes. Quant à la seconde perspective, elle
constitue plutôt une tentation, car elle néglige la nécessité
d'incarner les valeurs évangéliques dans la vie des hommes
et de concrétiser le grand commandement de l'amour.

Le chrétien vit donc une situation inconfortable. Il lui
appartient de se former une opinion sur les conditions qu'il
juge les meilleures dans l'ordre socio-politique. L'évangile ici
lui est de peu de secours et la réflexion théologique rarement
contraignante. De plus, il doit accepter un pluralisme des options à l'intérieur même du milieu chrétien. Cependant sa
recherche ne saurait être arbitraire. D'une part, en effet, il
doit se referer à la Loi évangélique comme à une idée régulatrice qui l'aide à discerner la compatibilité des solutions concrètes avec le message du Christ [28]. Et d'autre part, il lui faut
considérer cet aspect de l'éthique humaniste comme un moment de l'éthique spirituelle totale. Subjectivement, par conséquent, il ne peut se limiter à considérer son éthique chrétienne comme un pur humanisme. Elle en appelle au désir
du salut, de la sainteté, de la relation personnelle à Dieu. Et
précisément ce sont ces deux moments qui, entrant en sym-
biose avec la recherche humaniste contribuent à régler ses
déterminations et à l'orienter vers un accomplissement total.

---

[28] Cf. Ch. A. BERNARD, *Vie spirituelle et connaissance théologique* dans
Gregorianum 51 (1970) 231-232.

L'autonomie de la conscience.

Ce moment éthique, que nous appelons humaniste pour le contredistinguer d'une éthique proprement théologique, souligne le moment d'autonomie de la démarche morale. Autonomie en ce sens, poussé à l'extrême par l'idée moderne de sécularisme, que, dans le domaine socio-culturel et politique, l'homme est remis à sa propre providence: c'est lui qui doit déterminer les conditions de vie dans la Cité qu'il construit: pluraliste, ouverte, pragmatique.

Qu'il s'agisse bien ici d'une disposition divine, la théologie et l'histoire nous l'enseignent. Lorsqu'en effet le Seigneur affirme de manière décisive l'existence de deux domaines dans l'unique existence chrétienne: « Rendez à César ce qui est à César et à Dieu ce qui est à Dieu » (Mt. 22, 21 et parallèles), il circonscrit un champ jouissant d'une certaine autonomie puisque lui-même ne conteste pas la situation socio-politique où s'inscrit son action. Semblablement, saint Paul et les autres apôtres repoussent l'accusation d'agir contre César (Act. 25, 8). Tout au long de l'histoire, une telle autonomie, à travers les mille vicissitudes nées de la confrontation de l'Eglise institutionnelle avec la diversité des structures et des mentalités sociales, a acquis peu à peu une reconnaissance indiscutable qui, aujourd'hui, ne saurait être remise en question.

Cela signifie-t-il pour autant que l'autonomie élimine toute référence aux deux profils éthiques que nous avons déjà rencontrés et qui dérivent immédiatement de l'intervention de Dieu dans l'histoire?

Une première référence concerne la soumission de la recherche humaniste à la rectitude de l'agir nécessaire au salut. Fondamentalement, le salut fait passer l'humanité du royaume de péché au royaume du Fils bien-aimé (Col. 1, 13). Aucune recherche de développement de l'homme, par conséquent, ne saurait s'accomplir sans une volonté d'échapper au monde de péché, ce qui suppose d'une part la soumission à l'obligation morale et d'autre part une ouverture à la relation personnelle avec Dieu. Qu'il soit parfois très difficile de déterminer le contenu de l'obligation morale, la complexité des situations nées du progrès médical ou sociologique — qu'on songe aux techniques de contraception ou aux coërcitions et pressions économiques et sociales — nous en rend toujours plus profondément

conscients! Mais cela n'enlève rien à l'urgence de déterminer
la valeur morale de ces situations, soit en fonction d'un critère
rationnel de type kantien ou fondé sur la promotion du bien
commun dans le respect des personnes, soit par rapport à la
Loi évangélique que l'Eglise a pouvoir et obligation d'interpréter authentiquement.

L'autonomie de l'homme est encore redevable à la perspective théologique sous un deuxième aspect. L'autonomie éthique,
en effet, ne se confond pas avec l'auto-suffisance absolue. Et il
convient notamment de rappeler sans cesse que l'homme, individu ou universel concret, ne trouve pas son sens en lui-
même, mais dans la communication de vie divine qui lui est
gratuitement accordée. Voilà qui exclut toute fermeture et
complaisance narcissique! Appelé par Dieu et concrètement
situé dans un ordre surnaturel, tout homme doit considérer
sa réelle autonomie comme englobée dans une situation qui
la fonde et la justifie. De ce point de vue, la morale évangélique
constitue l'accomplissement de l'humanité.

En transposant ces données au plan de l'existence personnelle, on pourra mieux cerner le problème de la conscience
éthique par rapport à la situation spirituelle. S'il faut affirmer
vigoureusement que la conscience personnelle est l'instance
ultime de la décision, ce qui implique que chacun, selon la
doctrine paulinienne (Rom. 2, 12-16), sera jugé par sa propre
conscience, il ne s'ensuit pas que la conscience personnelle
soit purement et simplement la source de la loi. Elle entre
nécessairement en relation dialectique avec une loi extérieure
que lui propose le milieu social, civil ou ecclésial. Chacun peut,
certes, rejeter l'intimation de la loi extérieure; mais cela suppose qu'il donne de son comportement une justification suffisante et loyale. Et si, déjà, il n'est pas très aisé de devoir contester le système de valeurs de la société, la difficulté s'accroît
lorsque la contestation s'attaque à d'authentiques déterminations ecclésiales. L'Eglise juge, en effet, non pas en fonction
de l'utilité immédiate d'une prescription pour la société mais,
plus profondément, en fonction de la compatibilité d'un comportement avec la sainteté de Dieu, et, plus immédiatement,
en fonction de sa cohérence avec le propos d'une charité universelle.

Insistons encore sur cet aspect si important pour la vie
spirituelle. Il arrive souvent aujourd'hui qu'on pose la question

de l'autonomie de la conscience en fonction de quelques problèmes objectifs nouveaux émergeant plus spectaculairement; et l'on affirme que chacun doit s'en remettre à sa propre conscience. Mais l'on oublie alors que l'élément particulier s'inscrit dans une configuration éthique personnelle. La conscience confrontée à un problème nouveau possède déjà un projet structuré encore que malléable: elle possède un certain sens du péché; elle se sent appelée par Dieu à vivre une certaine qualité de charité. Son orientation spirituelle l'incline déjà; et la référence à cette inclination entre dans la qualification morale de sa décision. Il n'est pas vrai par exemple qu'une action posée sans débat particulier par une personne apparaisse nécessairement innocente à une autre personne plus exigeante spirituellement. Ce qui pour l'un serait une victoire sur son agressivité demeurerait pour un autre un manque de délicatesse; et ainsi en va-t-il en bien d'autres domaines, notamment celui de la chasteté.

Humanisme et spiritualité.

Dans quelle mesure ce profil éthique d'autonomie humaniste se vérifie-t-il dans l'histoire de la spiritualité?

Parmi les auteurs classiques de la spiritualité, il serait bien difficile de trouver des représentants d'une telle perspective. Et pour cause! Partant d'une décision spirituelle essentiellement chrétienne, ils vont droit aux aspects caractéristiques du christianisme. Cela ne signifie pas cependant qu'ils ne lui accordent aucune place! Il faut bien, en effet, que, dans le développement spirituel, ils tiennent compte d'une certaine conception de l'homme, de son activité volontaire, de son affectivité, de ses conditions corporelles, de sa situation sociale! Un saint François de Sales, par exemple, introduit son *Traité de l'Amour de Dieu* par une étude sur la volonté et l'amour en général qui suppose une certaine conception de l'homme [29]. On remarquerait aussi l'influence du courant stoïcien dans l'ascèse commune au XVIe siècle et même plus récemment.

---

[29] François de Sales, *Traité de l'Amour de Dieu*, livre premier: préparation de tout le traité. Chapitre 1: « Que pour la beauté de la nature humaine, Dieu a donné le gouvernement de toutes les facultés de l'âme à la volonté ».

La considération de l'homme, comme individu et comme être social, s'impose toujours au spirituel.

Le projet humaniste devient à vrai dire le problème central de toutes les spiritualités qui dérivent de théologies générales; ainsi, par exemple, de la théologie thomiste. La partie la plus originale sans doute de la *Somme théologiques* est la *Secunda* qui traite de l'homme à l'image de Dieu et s'inspire ouvertement et profondément de la tradition aristotélicienne. Ici, la doctrine spirituelle s'appuie sur le double pilier de la Révélation et d'une anthropologie philosophique. De ce point de vue, la théologie spirituelle ne peut guère se dissocier, ni même adéquatement se distinguer, de la théologie morale. Comment le ferait-elle? Puisque ce type de réflexion théologique s'appuie sur l'intelligence de la situation ontologique totale, elle ne peut qu'assigner les mêmes fondements aux diverses formes de la praxis chrétienne; et elle se réfère à l'autonomie du jugement de l'homme lorsqu'il s'agit d'évaluer les divers éléments naturels de la situation concrète: ses aspects sociaux, économiques, biologiques ou culturels.

Si, au lieu de réfléchir sur la réalité éthique en fonction de la doctrine aristotélicienne, le théologien s'appuie sur d'autres visions du monde et d'autres catégories, il ne semble pas qu'il change vraiment de problématique spirituelle: il s'agit toujours de rechercher l'unité de la praxis et de la foi vivante. Aujourd'hui, un immense effort s'accomplit pour essayer d'intégrer l'engagement politique à l'authentique vie chrétienne. Pourquoi s'étonnerait-on que la réflexion utilise alors des catégories hegéliennes ou marxistes si elles s'avèrent plus aptes à cerner des réalités toujours fluentes et réagissant dialectiquement? On saisira bien plus facilement qu'une telle visée éthique demeure du domaine rationnel; on n'en conclura pas pour autant que le projet spirituel n'exerce aucune influence: sans modifier la structure de l'action, il en révèle le sens objectif en même temps que l'impact personnel. A une telle attitude, le chrétien est convié dès qu'il réfléchit un engagement particulier, qu'il s'agisse de construire des logements, de s'opposer à la guerre, d'intervenir activement dans les conflits sociaux ou politiques. Bien souvent, un tel engagement supposera une coopération avec d'autres personnes ayant des projets différents; il sera valable si les buts objectifs que l'on s'assigne ne contredisent pas les exigences spirituelles ni n'entraînent des contaminations insupportables pour un témoignage public.

Plus une conception théologique valorise le monde et l'histoire de l'humanité, plus elle incline à une spiritualité de l'engagement. Selon l'expression du P. Teilhard de Chardin, ce n'est pas seulement notre opération en tant qu'activité consciente qui vaut devant Dieu, mais l'oeuvre aussi en sa matérialité même. L'effort spirituel ne visera donc pas seulement à promouvoir et purifier constamment l'intention de charité mais à rechercher et à reconnaître la place que l'oeuvre à accomplir occupe dans le Royaume de Dieu.

Il semble même qu'aujourd'hui plus particulièrement le théologien moral concentre sur ce point ses efforts. Toujours aux prises avec une situation en évolution, il l'analyse pour essayer d'en déterminer la structure compatible avec les exigences du message évangélique, et qui coïncide avec le droit jugement rationnel: comment vivre la pauvreté dans une société d'abondance? Quel est le rapport de la sexualité à la procréation et à l'expression de l'amour? Que requiert la justice entre nations aux niveaux inégaux de développement? Ce sont là des types de question qui intéressent toute la praxis. La tentation existe même d'y restreindre toute la théologie morale alors que, nous venons de le voir, ces questions caractérisent un profil éthique parmi d'autres.

§ 4 — L'UNITÉ DYNAMIQUE

L'urgence des problèmes posés par l'action du chrétien dans le monde accentue unilatéralement le moment humaniste. Inutile de s'en scandaliser ou de s'en réjouir polémiquement! Il vaut mieux en affirmer la validité tout en le situant dans un ensemble plus vaste, tant du point de vue théologique que du point de vue de l'effort éthique personnel.

Ce qui justifie la préférence concrète accordée à un profil éthique c'est sa correspondance profonde à une situation donnée, soit d'un groupe, soit d'une personne. A une requête instante de la vie contemporaine, répond un souci d'engagement réfléchi par la théologie morale. La richesse même du Mystère et la diversité de ses aspects permettent un tel choix. Celui-ci apparaît nécessaire du fait que la conscience spirituelle est limitée et ne peut saisir le Mystère en sa totalité; il lui suffit de le percevoir par un aspect authentique pour qu'elle se trouve en communion avec la totalité. Il suffit, par conséquent, pour assurer une authentique praxis chrétienne, d'obéir à la dynamique interne de la vie chrétienne qui relie concrètement les différents aspects de la praxis, tels que nous venons de les rappeler.

Il ne serait pas téméraire, du point de vue théologique, de rattacher les trois profils éthiques aux trois mystères centraux de la catéchèse: le combat spirituel à la Rédemption; la communion à la Trinité; l'accomplissement ontologique à l'Incarnation récapitulant la Création dans la vie éternelle. Certes, on ne peut diviser le Mystère. Et finalement tout se résume dans le Mystère pascal considéré en sa plénitude. « C'était Dieu qui, dans le Christ, se réconciliait le monde » (II Cor. 5, 19). La richesse d'un tel Mystère, et par conséquent les attitudes pratiques qui y correspondent, est si grande qu'on ne saurait s'étonner de voir qu'aucune personne ou qu'aucun milieu spirituel ne soit capable de l'assumer en totalité. Sans préjudice, d'ailleurs, du fait que les différents aspects déploient leurs virtualités tout au long de l'histoire. Ce déploiement, qui est l'oeuvre de l'Esprit-Saint ne s'achève jamais. Toujours il pousse à la manifestation des richesses infinies du Christ et des profondeurs de la vie chrétienne.

Par rapport à la Révélation chrétienne, les différents aspects ne jouissent pas d'une parfaite égalité. Il faut insister sur le point que toute la réalité éthique se trouve englobée dans la situation de salut en Jésus-Christ. Et ceci vaut en particulier pour le moment d'autonomie et d'accomplissement de l'homme: l'autonomie ne signifie pas opposition, ni séparation, ni même absence de référence. Sous quel mode apparaît cette référence? Nous avons tenté de la préciser en faisant appel à l'idée d'ouverture et de finalité. De telles expressions ne font qu'indiquer la difficulté de saisir exactement cette relation. Notre problème, au fond, n'est qu'un aspect du problème plus général de la relation entre nature et surnaturel, entre Création et Dessein rédempteur, entre *lex naturae* et *lex gratiae* ou entre raison et foi. Mais il convient en revanche de noter que, en tant que conception de l'homme, l'éthique chrétienne se trouve confrontée à d'autres humanismes et que ces humanismes développent des valeurs et des réalisations culturelles que le contact de la Révélation, bien loin de détruire, doit promouvoir.

Si donc l'on voulait préciser la relation des profils éthiques à la Révélation, on pourrait dire que le profil humaniste entretient une relation réelle mais difficile à exprimer dans les catégories théologiques. Au contraire, le moment de la communion interpersonnelle est fondamentalement chrétien. Il contient d'ailleurs le moment de Rédemption et de combat spirituel. Il n'y a en effet de rédemption qu'en Jésus-Christ et de vie spirituelle que dans l'Esprit du Père et du Fils; le point d'aboutissement du salut est la vie éternelle, participation de la vie trinitaire. Cette réalité de la communion personnelle avec le Père, par le Fils, dans l'Esprit, apparaîtra pleinement dans la lumière définitive. La vie spirituelle, cependant, l'anticipe authentiquement. Cette situation théologique retentit évidemment sur la vie morale. On ne peut séparer la morale chrétienne de la relation du chrétien au Christ. Si donc il est légitime de distinguer, dans la richesse foisonnante de l'existence chrétienne divers profils éthiques, c'est à condition de voir que celui de la communion interpersonnelle se lit constamment en surimpression et, finalement, doit s'imposer dans la foi, l'espérance et l'amour.

Nous plaçant maintenant au point de vue du progrès spirituel personnel, nous constaterons facilement que le moment du combat spirituel prévaut dans les commencements. Dès qu'on se situe devant Dieu, sous le rayonnement de sa sainteté, on éprouve un besoin de conversion. Du fait même que le dynamisme de la conscience s'oriente vers une vie dans l'Esprit, les résistances et les distorsions intérieures se manifestent avec plus de force et même de violence. L'homme pécheur en appelle toujours plus constamment à la grâce qui le libère et le fait passer dans le Royaume du Fils bien-aimé: là il trouve son trésor et fixe son coeur.

L'action, pourtant, va bientôt le requérir. Et d'autant plus que sa situation le rendra davantage responsable vis-à-vis des autres. Est-il besoin de souligner que le laïc, assumant des responsabilités familiales ou sociales, ou même que l'apôtre, s'efforçant d'instaurer le Royaume de Dieu dans le monde, se sentent bien plus concrètement engagés vis-à-vis des hommes que le contemplatif tendu vers l'union à Dieu. Le moment d'autonomie humaniste se développera donc d'autant plus intensément que l'âme sera sortie de soi pour adhérer au Mystère du Christ incarné et centre de l'histoire. Une telle action exige non seulement l'inspiration chrétienne, mais la connaissance et la réflexion sur les situations concrètes, en vue d'une action droite.

A moins de consentir à freiner ou arrêter le mouvement spirituel, on ne peut cependant demeurer dans la perspective humaniste. Puisque celle-ci, pour énoncer ce qui est une tautologie!, n'est chrétienne que dans son rapport au Christ, elle en appelle nécessairement à un approfondissement continuel de cette relation au Christ vivant. Mais le Christ n'est atteint authentiquement que dans l'Esprit et comme Fils du Père. Le moment interpersonnel apparaît alors, celui-là même qu'ont chanté tous les saints. C'est lui, et lui seul, qui donne la pleine signification à l'engagement éthique. En lui s'achève le mouvement suscité par la première grâce qui était déjà attrait et communication de la vie divine possédée par les trois Personnes en un échange admirable.

CHAPITRE CINQUIÈME

L'ACCUEIL DANS LA FOI

Une première considération globale de la vie éthique nous a permis de définir trois profils divers et contribuant chacun pour sa part à dessiner la figure totale de l'existence morale et spirituelle.

En fait, ces différents profils ne se juxtaposent pas purement et simplement. Ils composent entre eux et dépendent notamment de l'évolution de la vie spirituelle. Or, s'il est assez facile de comprendre que l'aspect de combat spirituel prédomine dans les commencements, tout comme celui de communion caractérise la phase finale, la place et la justification du profil humaniste n'apparaissent pas au premier abord. Anticipant quelque peu sur notre développement, nous avons dit qu'il se situe dans la phase médiane de la vie spirituelle pendant laquelle, précisément, le chrétien accède à la maturité.

Quoi qu'il en soit, la description des rapports entre la vie morale et la vie spirituelle commence nécessairement par la phase d'accueil, c'est-à-dire par la première réponse de foi. Car, bien que la vie morale s'origine avant tout dans la spontanéité de la conscience en rapport avec le monde, et découvrant l'obligation à travers son désir d'accomplissement, elle accentue nécessairement une attitude d'accueil en se situant dans le domaine spirituel.

Déjà perceptible dans les différentes formes de vie religieuse, une telle réceptivité, ou, pour reprendre un mot cher à Max Scheler, une telle « ouverture » trouve dans le christianisme une justification théorique précise. Non seulement, en effet, la vie éthique suppose la proclamation du Message évangélique et l'attente du Royaume, mais elle se développe à partir du don de la foi : « Nul ne peut venir à moi, dit Jésus, si le Père qui m'a envoyé ne l'attire » (Jn. 6, 44), ou encore : « Nul ne peut venir à moi, sinon par un don du Père » (Jn. 6, 55).

Un passage s'opère donc de l'accueil dans la foi à des attitudes qui enrichissent cette première réponse, et de celles-ci au développement d'une foi plus personnelle et plus concrète. C'est cette dialectique fondamentale que nous voudrions exposer dans ce chapitre. Puisque nous avons décrit le premier mouvement d'accueil du Christ comme celui de la repentance, nous en manifesterons d'abord le contenu éthique. Et nous verrons d'une part qu'au fur et à mesure que l'accueil se charge de valeurs, la conscience spirituelle en marque le contre-coup et dessine les schèmes actifs de réponse décrits par les auteurs classiques comme les dispositions des commençants: le repentir, la disponibilité, le service, la docilité. Au fur et à mesure d'autre part que l'engagement s'intensifie, il renforce le rapport au milieu spirituel grâce auquel l'accueil du Christ avait eu lieu: la foi devient plus réaliste et plus consciente des médiations objectives qui soutiennent et guident ses premiers pas.

§ 1 — LE CONTENU ÉTHIQUE DE LA REPENTANCE

La quête du sens en Dieu.

Le premier mouvement de la repentance est de se tourner vers Dieu. Fondamental dans l'éthique vétéro-testamentaire, ce mouvement se retrouve en toute conversion.

Mais comment Dieu apparaît-il à la conscience?

Si l'on se réfère au premier témoignage biblique de la vocation d'Abraham (Gen. 12), s'impose tout d'abord le caractère d'immédiateté: Dieu est là; il appelle. Aussitôt, comme Marie au murmure de Marthe: « Le Maître est là, il te demande » (Jn. 11, 28), l'appelé se lève et se tient à l'écoute. Bien qu'il ne puisse encore discerner un contenu particulier qu'il puisse considérer comme une réponse aux différents problèmes qui l'agitent, il pressent que cette justification existe et qu'elle doit combler l'attente de sa vie. Si Dieu, en effet, ne devait donner sens à la vie, comment l'évocation de son Nom ébranlerait-elle l'esprit et suggérerait-elle une nouvelle orientation?

Il est bon cependant que Dieu ne dévoile pas immédiatement son visage. En vérité, ce ne serait pas sa Face que l'on connaîtrait, car nul ne peut la voir et demeurer en vie (Ex. 33, 20), mais la projection d'une image trop dépendante encore de l'état d'esprit et de l'histoire de celui qui se convertit. En demeurant un peu abstrait, le sens de Dieu permet à la conscience de s'orienter plus librement, non pas arbitrairement certes, mais en fonction de la multiple richesse d'une Révélation qui manifestera peu à peu son contenu objectif.

L'essentiel, pour le moment, reste la découverte du sens vrai de la vie. Là encore, il convient de se reporter à l'expérience biblique et opposer la vanité des idoles à la plénitude divine, les ténèbres à la lumière, le mensonge à la vérité[1]. Tous ces thèmes se réfèrent à une même réalité: la quête de la vie substantielle, pressentie et visée. Mais comment la viser sans éloigner son regard du vide des autres choses? Sans doute les paroles de l'*Ecclésiaste* nous paraissent-elles rudes et peu supportables: « Vanité des vanités, tout est vanité », — à nous sans cesse en quête de la nouveauté et amoureux de nos découvertes et de nos produits —; mais elles n'en contiennent pas moins un avertissement salutaire: il faut fixer son regard sur Dieu, dont la transcendance rejette dans l'ombre ce qui n'est pas pure lumière. Si le coeur doit choisir et découvrir le sens, qu'il prenne ses distances de ce qui ne saurait être la plénitude; sinon, il ne tardera pas à découvrir ce qu'un psychologue contemporain appelle « le vide existentiel »[2], et que les anciens prophètes avaient dénoncé, dans un contexte religieux, comme vanité des idoles.

Pour saint Jean, au contraire, il faut « faire la vérité », « marcher dans la vérité ». Point n'est besoin pour cela d'une analyse affinée des exigences de la Loi; l'éclairage s'intensifiera par la suite; il suffit de s'établir dans une juste relation à Dieu: « Comme la lumière, la vérité ne désigne pas seulement un ordre matériel et objectif, mais notre être religieux dans sa relation au Dieu saint, qui est lumière et vérité. Ne pas faire la vérité signifie donc vivre dans les ténèbres, faire le mal, ne pas aimer ses frères. Mais Jean désigne surtout par là cette inversion qui consiste à refuser d'accueillir le Fils de Dieu venu à la fin des temps, parce qu'on ne veut ni croire ni vivre

---

[1] Cf. STEMBERGER, Günther, *La symbolique du bien et du mal selon saint Jean*. Paris, Ed. du Seuil, 1970, notamment le c. 1, lumière-ténèbres et le c. 6. Vérité-mensonge.

[2] FRANKL, V. E., *La psychothérapie et son image de l'homme*, Paris, Resma 1970.

comme l'exige la foi » [3]. Le premier pas est donc un acte pratique de foi dans le Christ qui est la voie véritable qui conduit à la vie.

Comprenons bien que ce désenchantement vis-à-vis du monde n'est pas mépris de sa valeur intrinsèque, mais libération d'une séduction première et irréfléchie. Cette attitude est celle du réalisme sapientiel: on désire l'argent, les honneurs; mais qu'est cela si manquent l'amitié, la crainte de Dieu, ou le sens de la vie? On veut « aimer et être aimé » comme disait saint Augustin; mais quel amour répond à l'attente profonde d'une union intime, parfaite et éternelle? Un certain détachement de l'immédiat réserve des possibilités d'accomplissement plus hautes et plus riches: une vie de dévoûment ou de recherche vaut mieux que le délire des sens auquel on provoque si volontiers aujourd'hui. Plus profondément encore, le retrait vis-à-vis des tentatives prématurées d'investir l'affectivité et la liberté gardent celles-ci plus disponibles aux appels et aux sollicitations de Dieu qui veut non pas supprimer l'attrait des biens qu'il a lui-même accordés, mais les maintenir à leur juste place on les orientant vers le sens définitif: tout vient de Dieu et tout retourne à Dieu dans l'amour.

La sincérité.

En attendant de Dieu la saisie du sens vrai de sa vie, celui qui entre dans la vie spirituelle s'engage à la sincérité. La sincérité dit plus que la simple constatation, cynique ou naïve, de ce qu'on est ou ressent; elle est tendue vers l'authenticité et veut atteindre à la personnalité profonde et à l'état où Dieu appelle. Elle se tient prête à contester aussi bien la conduite passée que le personnage soutenu jusqu'ici.

La première exigence de la sincérité sera le rejet de tout mensonge. Etant « la vertu de l'intelligence » [4], elle recherche d'abord la vérité sur soi-même; le sincère s'efforce de dire ce qu'il pense et de faire ce qu'il dit n'ayant rien plus en horreur

---

[3] STEMBERGER, G., *La symbolique du bien et du mal selon saint Jean*, op. cit., p. 125.

[4] JANKÉLÉVITCH, Vl., *Traité des vertus*, Paris, Bordas, 1949, p. 260; et tout le chapitre sur la sincérité 237-295. Cf. LALLEMANT: « Jamais nous n'avancerons, si nous ne marchons en sincérité devant Dieu et devant les hommes » (*Doctrine spirituelle*, coll. Christus, Paris, DDB, 1959, p. 91).

que la duplicité extérieure qui traîne toujours avec soi une duplicité intérieure. Ce n'est donc pas seulement en tant qu'injustice et obstacle à la véritable communication interpersonnelle que le mensonge doit être écarté mais parce que, dans la recherche de Dieu encore peu connu, il invite à une continuelle distorsion du sens spirituel: « Les lèvres menteuses sont une abomination pour Jahvé, mais ceux qui pratiquent la vérité ont sa faveur » (Prov. 12, 22). Le psychologue connaît des simulateurs et discerne en cette déviation la crainte d'affronter le réel; la première mesure spirituelle consiste à instaurer la droiture intérieure, pour se situer dans la vérité de l'être.

Chassée du langage, la duplicité ne se dissimulera-t-elle à l'ombre du personnage que la fonction ou la réputation semblent requérir? Mais ce personnage, voué à disparaître, se désagrège en la présence de Dieu ou devant la perspective de la mort: « La mort, faisant saillir le destin de toute personne, en dégage le sérieux absolu, c'est-à-dire le sens total, qu'elle soustrait aux entreprises et manoeuvres morcelantes de la dissimulation. A quoi bon des cachotteries devant celui qui tout à l'heure éprouvera l'alternative métempirique de l'existence et du non-être, de la totalité et du rien, et saura ensemble l'alpha et l'omega? Par rapport à un mourant, ni la honte, ni la jalousie, ni le ridicule, ni aucun sentiment disjoint n'ont de raison d'être, — car les choses finies s'annulent auprès de l'infini; et c'est une fiction de cet ordre qui nous facilite, lors de la confession, la vérité transparente des aveux. On ne trompe pas celui qui sonde les reins et les coeurs » [5]. On saisit encore, dans ces remarques, la corrélation nécessaire entre le souci de sincérité et le sens de Dieu comme infini. Son regard absolu contraint au décapage radical des faux-semblants pour dégager l'existence substantielle.

La transparence intérieure s'accentue lorsque celui qui entre dans la vie spirituelle objective sa conscience en se confiant à un autre. Tel était déjà le bienfait de la confession. Saint Ignace, lui, fait appel à une sincérité encore plus étendue lorsqu'il étend cette ouverture à tous les mouvements spirituels: « On avertira (les novices) qu'ils ne doivent garder secrète aucune tentation, sans la dire (au père spirituel), ou à leur confesseur, ou au supérieur, heureux que toute leur âme lui

---

5 JANKÉLÉVITCH, Vl., *Traité des vertus*, p. 246-247.

soit ouverte entièrement. Et ils ne diront pas seulement leurs
défauts, mais leurs pénitences, leurs mortifications, leurs dé-
votions et toutes leurs vertus, avec une pure volonté d'être
redressés chaque fois qu'ils auraient dévié, sans vouloir en
faire à leur tête, à moins que cela ne rejoigne le point de vue
de celui qui tient pour eux la place du Christ notre Seigneur » [6].
Une telle pratique ne se justifie que dans une vision de foi
qui, à travers la limitation de la parole humaine, perçoit l'infinitude de la lumière divine et sait que Dieu dispose toutes
choses en faveur de ceux qu'il aime.

Jusque maintenant, nous était surtout apparu l'aspect statique de la sincérité: accepter son être devant Dieu. Mais un
autre problème, plus difficile, se présente: qui suis-je en vérité?
L'homme se confond-il avec ses sentiments, ses pulsions, ses
idées? Se confond-il avec son passé et son avoir? Ou est-il
projet d'être?

Les analyses impitoyables de J. P. Sartre [7] montrent bien
que si l'on s'en tenait à l'objectivement présent dans la conscience, la sincérité s'accompagnerait nécessairement de mauvaise foi. Ne considérer en effet que le point où l'on en est,
établir un inventaire et déclarer: je suis ainsi, c'est bien se
tenir à une forme de sincérité, surtout si l'on consent à reconnaître les aspects négatifs de sa personnalité; mais c'est
aussi mettre entre parenthèses le projet qui donnerait sens
à ce constat, et, du fait même, en ferait un passé et non plus
un présent essentiel. La mauvaise foi ignore le projet à moins
que, précisément, elle ne récuse d'avance l'éventualité d'un
changement. Elle juge qu'elle possède assez de signes pour
connaître le sens de sa vie: ainsi le lâche refuse-t-il le combat
en estimant que l'issue en est déterminée par sa lâcheté même,
alors qu'un acte de courage changerait le sens de l'épreuve. On
ne peut donc se reposer, ni en bien ni en mal, sur l'acquis!
La sincérité vraie tient compte du projet et de la décision.

---

[6] Ignace de Loyola, *Constitutions de la Compagnie de Jésus*, 3ᵉ partie
n. 263. Traduction de F. Courel dans *Extraits des Constitutions de la
Compagnie de Jésus*, coll. Christus, Paris, DDB, 1969, p. 34. La même
ouverture totale est recommandée au temps des Exercices spirituels:
Exercices n. 17. On ne saurait conclure du texte ignatien que le père
spirituel déclare à chaque instant la volonté de Dieu mais on verra dans
l'ouverture de la conscience une condition irremplaçable de la découverte
en commun de la volonté de Dieu, comme nous le dirons à la fin de
ce chapitre.

[7] Sartre, J. P., *L'être et le néant*, Paris, Gallimard, 1949, pp. 85-111.

Somme toute, par crainte d'un engagement nouveau, la mauvaise foi se glissait dans le souci de sincérité. La marche spirituelle s'arrêtait. Pour qu'elle reprenne, il faut que le visage de Dieu s'enrichisse d'un nouveau trait; Dieu ouvre le sens de la vie en se montrant *bienveillant*. Chacun, dès lors, peut s'accepter et, en s'acceptant, demeurer accueillant au sens nouveau qui se découvrira. Si prédominent les aspects négatifs, la foi en la bienveillance divine permet de former un projet plus positif et qui devient réalisable avec la grâce, force toujours renouvelable à travers les échecs; si la conscience se complaît en soi, l'idée d'une bienveillance infinie la maintient ouverte aux exigences divines qui se manifesteront et éprouveront la qualité du projet.

Est donc spirituellement sincère celui qui vit avec la totalité de soi-même; son passé, son caractère, mais aussi sa vocation et, finalement sa projection vers les valeurs. De ce dernier point de vue, on ne peut condamner comme insincère celui qui n'accorde pas la même attention à tout ce qu'il trouve en lui. Car il faut distinguer: autre chose est de vouloir ignorer les pulsions mauvaises et les difficultés du moi; autre chose est de les dévaloriser au regard de sa propre conscience pour mieux les intégrer dans le projet de devenir meilleur. Le jugement de valeur que je porte, et mon engagement, sont aussi « moi ». Ils le sont même davantage si je considère ma relation à Dieu. Dieu m'a appelé; il m'appelle. J'essaie continuellement de rejoindre mon être enveloppé dans la bienveillance divine, de réaliser ma vocation. En donnant la préférence aux attraits de la réalisation spirituelle sur le lourd passé et le présent encombré, je ne fais que dégager la réalisation de mon projet.

La valeur unifiante.

Par là aussi, ma conscience s'unifie. Certes, elle cède pour un moment au sentiment de dispersion en constatant sa multiplicité, source d'insincérité; mais l'attrait de la valeur, en la soulevant, lui rend un dynamisme unificateur.

Dietrich von Hildebrand [8] a bien analysé la fonction uni-

---

[8] HILDEBRAND, D. von, sous le pseudonyme de Peter OTT, dans son livre *Die Umgestaltung in Christus*, Einsiedeln/Köln, Benziger 1944, c. 5e: die wahre Einfachheit. Ici p. 76.

fiante de la valeur. Il la voit surtout dans l'ordre du recueille-
ment et de l'approfondissement. La valeur élevée, en effet, comme la sainteté ou l'amour, intègre bien des dynamismes infé-
rieurs pour en capter les énergies et les concentrer dans un
unique élan. Mais cela suppose un mouvement fondamental
vers l'être, une capacité de saisir la signification spirituelle de
toutes choses. En retrouvant son fond, la conscience s'éloigne
de la périphérie, lieu de la dispersion sensible; elle se recueille
en son centre, où Dieu fait sa demeure. Les énergies vitales,
sensibles et égocentriques, qui tendent à éclater en toutes directions, se nouent dans cet élan foncier.

Sous quelle forme nous apparaît la valeur unifiante? On
peut toujours la résumer dans la sainteté ou dans l'amour,
puisque le propre de la valeur élevée est sa richesse d'intégration. La docilité à l'expérience nous enseigne néanmoins
que différents aspects prévalent selon les personnes. Prenons
par exemple le texte bien connu de saint Augustin sur l'attrait
du Père [9]: « Que signifie être entraîné par le plaisir? 'Mets
ta joie dans le Seigneur et il t'accordera ce que demande ton
coeur'» (Ps. 36, 4). Il y a un attrait du coeur chez celui pour
qui ce pain du ciel est doux. De plus, s'il est permis au poète
de dire: « chacun est entraîné par son plaisir » (Virgile, *Eglo-
gues* 2); non par nécessité mais par plaisir, non par obligation
mais par délectation, à combien plus forte raison devons-nous
dire que l'homme est entraîné vers le Christ lorsqu'il met sa
délectation dans la vérité, la béatitude, la justice, la vie éternelle, tout cela qui est le Christ? » Bien qu'il ne soit pas facile
de décrire le contenu de ces attraits, leur présence se vérifie
dans la vie spirituelle. Même celle du goût de la vie éternelle!
Récueillons-en le témoignage chez sainte Thérèse de Lisieux:
« Toutes les grandes vérités de la religion, les mystères de
l'éternité, plongeaient mon âme dans un bonheur qui n'était
pas de la terre ... Je pressentais déjà ce que Dieu réserve à
ceux qui l'aiment (non avec l'oeil de l'homme, mais avec celui
du coeur), et voyant que les récompenses éternelles n'avaient
nulle proportion avec les légers sacrifices de la vie, je voulais
aimer, aimer Jésus *avec passion*, lui donner mille marques

---

[9] AUGUSTIN, *In Joannis Evangelium*, XXVI, 6,4, sur Jn. 6,44. P.L. 35,
1608.

d'amour pendant que je le pouvais encore »[10]. A la dilatation des horizons de la vie, se joint le pressentiment d'une plénitude possédée; au détachement des attrait légitimes et immédiats fait pendant un amour passionné pour Jésus .Tous ces éléments concourent à dessiner une ligne montante qui regroupe les pulsions trop orientées au ras du sol.

Correspondant à ces attraits vers l'infinitude, la perception du Dieu de sainteté et d'amour suscite une attitude d'adoration aimante. L'adoration renvoie certes à la condition de créature; en ce sens, l'homme reconnaît son « néant »; mais elle se complète aussitôt avec un sens plus positif, encore que peu objectivable, d'une vie éternelle promise. Il suffit que l'idée de vie éternelle apparaisse comme un accomplissement du désir vital pour exercer sa fonction unifiante. Dieu comblera toute attente. Selon une formule de saint Anselme: « Ce n'est donc pas toute cette joie qui entrera dans ceux qui se réjouissent, mais ceux qui se réjouiront entreront dans la joie tout entiers »[11]. Toutes les pulsions qui tirent leur origine du corps, du coeur et de l'esprit, recevront leur accomplissement sur un mode transcendant. Tel est le désir profond de celui qui se met en marche.

L'être-pécheur.

En adhérant au dynamisme qui le porte vers la réalisation des valeurs élevées, l'homme spirituel prend conscience de toutes les résistances qui s'y opposent. L'expérience est commune; elle n'en est pas moins importante. Car elle permet de dépasser un sens trop extrinsèque et juridique du péché. Comme transgression de la loi, celui-ci est perçu à travers un avertissement du Surmoi d'origine essentiellement sociale; situé dans l'ordre du permis et du défendu, sa signification intérieure échappe. Et pourtant, selon l'expression de saint Ignace, ne faut-il pas « peser mes péchés. Voir la laideur et la perversité que contient, en soi, tout péché capital que je commets, même s'il n'était pas défendu »?[12].

---

[10] Sainte Thérèse de l'Enfant Jésus, *Manuscrits autobiographiques*, A 47 v. Lisieux, Editions du Carmel, 1955, p. 114. Cf. supra c. 2. p. 000.

[11] Anselme, *Proslogion*, c. 26. P.L. 158 col. 242.

[12] Ignace de Loyola, *Exercices spirituels*, n. 57, Trad. Courel. Paris, DDB, 1960.

La perception de la grandeur de Dieu va susciter le sens
intérieur du péché. Saint Ignace encore se rencontre étonnam-
ment sur ce point avec sainte Thérèse d'Avila. Pour lui, je dois
« considérer qui est Dieu contre lequel j'ai péché, en suivant
ses attributs pour les comparer à leurs contraires qui sont en
moi: sa sagesse à mon ignorance, sa toute-puissance à ma faiblesse, sa justice à mon iniquité, sa bonté à ma perversité » [13];
la seconde nous avertit: « A mon avis, nous n'arriverons jamais
à nous connaître nous-mêmes si nous ne cherchons à connaître
Dieu. La vue de sa grandeur nous montrera notre bassesse;
celle de sa pureté nos souillures, et son humilité nous découvrira combien nous sommes loin d'être humbles » [14].

Bien des raisons justifient cette corrélation entre le sens
de Dieu et celui du péché.

La possibilité radicale tire son origine du thème de l'image
de Dieu. Puisque l'homme est image, en lui il découvre Dieu,
en Dieu il se découvre. Plus il connaîtra Dieu, plus il prendra
conscience du contraste entre ce qu'il était dans la pensée
divine et ce qu'il est devenu dans « la région de la dissem-
blance », pour employer l'expression plotinienne reprise par
saint Bernard. Il confronte alors son état non avec une perfection légale et abstraite, mais avec son essence vraie; le
péché l'a défiguré; ce qu'il est ne répond plus au dessein de
Dieu sur lui: « Déterminant d'avance que nous serions pour
Lui des fils adoptifs par Jésus-Christ » (Ep. 1, 5).

Prenant conscience de sa laideur et simultanément de sa
beauté en Dieu, l'âme ne se laisse pas aller à la désespérance
et à l'avilissement. Elle se renouvelle dans l'estime des vraies
valeurs. Suivons encore sainte Thérèse d'Avila: « Si nous sommes toujours plongées dans la considération de notre propre
misère, nous ne sortirons jamais de la fange de la crainte,
de la pusillanimité et de la lâcheté » [15]. Au contraire, quand
nous nous appliquons à connaître Dieu, notamment dans l'oraison, « notre intelligence et notre volonté acquièrent une plus
haute noblesse et se disposent mieux pour toutes sortes de
biens » [16]. Il est bon par conséquent que, dans les débuts,

---

[13] *Ibid*, n. 59.
[14] Thérèse d'Avila, *Le château intérieur*, 1e Demeures c. 2, dans *Oeuvres complètes*, Paris, Ed. du Seuil, p. 287.
[15] *Ibid.*, p. 828.
[16] *Ibid.*, p. 827.

chacun ait une haute idée de la grandeur à laquelle Dieu l'appelle et dont il est déchu.

La tentation insidieuse, pour refuser l'effort spirituel, serait de se complaire en sa bassesse et son impuissance: les souillures du péché ne résistent-elles pas à toute lessive? Ne nous connaissons-nous pas suffisamment pour savoir qu'il n'y a plus rien à faire? En un mot, nous sommes mauvais et notre vie est ratée. Des profondeurs du péché, il faut alors lever son regard vers Dieu. Certes, cette considération accentue le sens du péché et de son désordre. Elle ne nous abat cependant pas. Bien plutôt, suscite-t-elle un nouvel élan: « Cri d'admiration, avec un immense amour... m'entretenant avec Dieu notre Seigneur et lui rendant grâces de ce qu'il m'a donné la vie jusqu'à présent »[17]. Et pourquoi m'a-t-il laissé en vie sinon pour que je redresse le cours de mon existence et entre dans un esprit nouveau de service?

Avant d'examiner le processus de ce repentir, essayons d'analyser le mode de cette influence de la connaissance de Dieu sur notre être-pécheur.

Le sens de Dieu rencontre d'abord la situation paradoxale de l'homme par rapport aux valeurs. Comme l'a noté Scheler louant Nicolai Hartmann: « Je tiens pour une vue particulièrement *profonde* parmi celles que contient son *Ethik* ce qu'il expose concernant la ' force ' relative des catégories éthiques inférieures, et la ' faiblesse ' relative des catégories éthiques supérieures. Le principe se recouvre en grande partie avec celui qu'établit le *Formalismus*, suivant lequel les valeurs sont d'autant moins aptes à être réalisées par le vouloir et l'action qu'elles sont plus élevées dans la hiérarchie axiologique »[18]. Pour que les valeurs élevées passent plus facilement à l'effectuation, il faut qu'elles se chargent d'un poids de réalité spirituelle. La familiarité avec Dieu leur confère précisément la densité qui leur manque non en vertu de leur essence mais en fonction de la faiblesse radicale de l'homme qui les perçoit. Cette condition affaiblie est celle de l'homme charnel (Rom. 7).

Un approfondissement de la conscience pécheresse accompagne cette élévation de l'esprit. D'une part, en effet, les actes peccamineux, dont le désordre n'était souvent que faiblement

---

[17] IGNACE DE LOYOLA, *Exercices spirituels*, nn. 60 et 61.
[18] SCHELER, M., *Le Formalisme en éthique*, Paris, Gallimard, 7e édition, p. 23, note 1.

perçu, apparaissent maintenant, à la lumière de la sainteté de Dieu, dans leur malice intrinsèque: ils souillent l'image de Dieu en nous et s'opposent à la réponse de foi et d'amour que Dieu attend de l'homme. Mais d'autre part, et surtout, la lumière divine dévoile les racines des péchés et les pulsions latentes.

Aussi longtemps que la personne se trouve pour ainsi dire en équilibre avec le monde des valeurs, agissant honnêtement et en accord avec le milieu, les inclinations mauvaises ne se manifestent que faiblement. La réaction s'éveillera si le milieu, en devenant tentateur, produit une rupture d'équilibre [19]. D'une manière assez semblable, l'appel des valeurs introduit une distension grâce à laquelle les résistances enfoncées dans le psychisme commencent à apparaître. Et elles apparaissent d'autant plus fortement qu'elles s'enracinent dans une vitalité plus puissante, base d'une affirmation de soi plus exigeante. Il serait possible en effet de ramener la multiplicité des pulsions mauvaises dénoncées dans le catalogue des péchés capitaux, aux deux têtes de file que sont l'orgueil et la concupiscence, ou même à l'amour de soi. Toute pulsion mauvaise est égocentriste et aboutit finalement à l'orgueil qui est « la révolte radicale contre l'Autre en tant que Tout Autre », à travers de multiples dégrés. Selon les remarques d'un spécialiste de l'Hindouisme rapprochant la doctrine patristique des « pensées » de celle des « latences » que l'ascèse hindoue s'efforce de purifier: « C'est suivant cet ordre croissant de gravité spécifiquement chrétien que paraît être conçue l'échelle évagrienne des vices capitaux; elle monte (ou plutôt descend) d'un égocentrisme grossier, qui cependant coexiste, voire coopère encore avec le prochain (gourmandise, luxure, avarice), vers un amour de soi toujours plus subtil, mais qui, à partir du quatrième échelon (la tristesse ou l'envie, cette ' tristesse du bonheur d'autrui ' selon saint Thomas), s'oppose au prochain (colère), puis isole de lui (paresse), le déprécie ensuite (vaine gloire) et découvre enfin qu'il le méprise, l'exècre et le ' tue ' en pensée (orgueil) » [20].

---

[19] Evagre le Pontique écrivait déjà: « Beaucoup de passions sont cachées dans notre âme, mais échappent à notre attention. C'est la tentation, survenant, qui les révèle » (EVAGRE, *Centuries*, VI, 52.) Cité par Ir. HAUSHERR, D. Sp. III, 1027, dans « *Direction spirituelle en Orient* ».

[20] CUTTAT, J. A., *Expérience chrétienne et spiritualité orientale*, dans A. RAVIER, *La Mystique et les mystiques*, DDB, 1964, note 2, pp. 929-930. La citation qui précède se trouve à la p. 929.

On comprend mieux alors en quoi la purification spirituelle et la libération psychologique se rapprochent ou s'opposent.

Toutes deux dévoilent les pulsions qui gênent ou paralysent la libre disposition de soi. Ces blocages peuvent provenir de la triple convoitise que tout homme porte en soi: la sensualité, le désir mauvais de connaître et l'orgueil de la vie, selon l'interprétation que saint Augustin donne du texte johannique (I Jn. 2, 16); ils acquièrent souvent leur forme particulière dans les événements traumatisants de la petite enfance. Même s'ils ne procèdent pas alors d'actes moraux proprement dits, leur impact sur la conduite éthique n'en est pas moins négatif: la liberté est inhibée ou dévoyée. Du point de vue de l'élan spirituel à rectifier et fortifier, ne doit-on pas considérer les deux sortes de blocage comme pratiquement équivalents?

Dans le fond, cependant, apparaît une différence importante. La libération psychologique rend à l'homme une conscience plus dégagée et plus autonome; mais elle n'oriente pas encore la disposition de soi ainsi rétablie. Rien n'indique si la personne ne va pas se replier en un égocentrisme plus lucide et plus sûr de soi: les rapports à autrui, devenus plus faciles, manifesteront-ils un amour oblatif véritable ou la recherche d'une nouvelle affirmation de soi? Par contre, lorsque la purification procède précisément de l'effort pour libérer le don de soi, elle comporte deux mouvements symétriques: d'une part, elle se dégage, péniblement et lentement parfois, des pulsions secrètes qui engluaient et détournaient son élan et d'autre part elle s'ouvre à autrui dans un esprit d'offrande et de service. Il importe beaucoup de savoir, pendant toute la période troublée de la purification, si l'élan vers autrui se situe à l'horizon de l'effort ou si on en reste à la préoccupation égocentriste de sa libération. Du point de vue spirituel, la différence est décisive.

Une différence toute semblable se retrouve dans le sens du péché. Dans l'ordre psychologique, il apparaît souvent que la formation des troubles s'est appuyée sur un sens du permis et du défendu reçu de l'extérieur et qui, du fait précisément de l'hétéronomie qu'il supposait et entretenait, ne pouvait que conduire à une culpabilité plus ou moins morbide. Que le psychologue s'efforce alors de briser le carcan d'un interdit non assimilé, rien que de normal! Mais la véritable situation par rapport à la Loi se dévoile d'une tout autre façon. Au fur et à mesure que la conscience perçoit la sainteté de Dieu comme amour tout-puissant, elle découvre une exigence éthique plus intérieure: la Loi ne fait que manifester la rectitude d'un amour qui tend à son épanouissement total. Elle s'intériorise dans le même mouvement qu'elle apparaît comme volonté de l'Amour créateur. Un sens authentique du péché peut alors progressivement investir l'âme. Les défaillances du passé apparaissent comme ce qu'elles sont en réalité: des manquements à l'amour.

Dieu, en effet, était présent; il habitait dans l'âme et l'appelait à la vie bienheureuse. Le péché s'opposait à ce déploiement de la vie. Prendre conscience de l'attrait intime de Dieu, c'est parvenir aussi au sens intérieur du péché, qui est refus de l'amour, même s'il n'était pas interdit. Saint Augustin a exprimé ce regret au terme de sa longue méditation sur la mémoire: dans ses espaces infinis Dieu était présent comme béatitude, comme beauté, comme bien, tout ce à quoi s'oppose le péché: « Bien tard, je t'ai aimée, ô beauté si ancienne et si nouvelle, bien tard je t'ai aimée! Et voici que tu étais au-dedans et moi au-dehors, et c'est là que je te cherchais » [21]. En se dévoilant, Dieu dévoile aussi la laideur du péché [22].

La connaissance de soi ainsi acquise produit des fruits spirituels qui se traduisent en des attitudes caractéristiques de la relation à Dieu. Saint Jean de la Croix les analyse dans un texte de la *Nuit obscure* qui essaie précisément de mettre en lumière la positivité des périodes de purification. « De là, premièrement, écrit-il, il revient à l'âme de traiter avec Dieu avec plus de respect et plus de retenue — étant ainsi toujours

---

[21] Augustin, *Confessions*, X, XXVII, 38, trad. Tréhorel, DDB, 1962, t. II, p. 209.

[22] Du point de vue aussi du mode de la purification, on peut noter une autre différence. Il peut arriver que les techniques de psychanalyse dévoilent trop brutalement les complexes et les pulsions: d'où un danger nouveau de déséquilibre. Dans la purification spirituelle, la corrélation est sauvegardée entre l'intensité du dévoilement des pulsions et les ressources morales et spirituelles qui permettent de les assumer en leur conférant une signification positive. Si horrible que soit la nuit, pour emprunter les termes de saint Jean de la Croix, elle s'accompagne de clarté et ne manque pas d'un subtil réconfort intérieur. « Les communications qui sont véritablement de Dieu ont cette propriété d'humilier et d'élever l'âme en même temps. Parce qu'en cette voie, descendre c'est monter, et monter c'est descendre » (Jean de la Croix, *Nuit obscure*, II, XVIII, p. 615).

requis pour s'approcher du Très-Haut », alors qu'elle était, sans s'en douter, « hardie, discourtoise et incivile »[23]. Et ce respect va évidemment de pair avec la connaissance de Dieu: « Dieu illumine l'âme non seulement lui donnant connaissance de sa misère et bassesse, mais aussi de la grandeur et excellence de Dieu »[24]. Et saint Jean de la Croix renvoie ici à l'exclamation célèbre de saint Augustin dans les *Soliloques*: « Que je me connaisse, Seigneur, et je Vous connaîtrai »[25]. Il ajoute, et ceci corrobore la démarche que nous venons d'effectuer: la connaissance de soi engendre l'humilité et « de là naît l'amour du prochain »[26].

§ 2 — LES DISPOSITIONS ACTIVES DE LA CONSCIENCE

Au dévoilement à soi-même de la conscience, opéré par l'approche de Dieu, vient donner son appui une série d'attitudes plus actives qui tendent à reconnaître la situation spirituelle et à en prolonger le dynamisme. Si le premier moment de la rencontre se présentait plutôt comme une mise en présence, le second prend la forme d'une activité éthique personnelle. Il correspond à la phase ascétique décrite par tous les auteurs spirituels. Le sens étymologique du mot « ascèse » n'indique-t-il pas d'ailleurs suffisamment que l'homme doit s'exercer à répondre toujours plus pleinement à l'interpellation divine?

Quelle direction va prendre cette ascèse? En fait, elle devra répondre à deux instances. Au sens de l'être-pécheur tout d'abord; le mouvement de repentir se saisira de cette position, en elle-même négative, pour lui conférer une valeur nouvelle; l'acte de conversion se prolonge en une *métanoia*, un retournement jamais achevé du jugement et du coeur. Ensuite, la prise de conscience de la situation de l'homme devant Dieu, perçu non plus comme Juge, mais comme Créateur, Fin dernière et Sagesse, entraîne des attitudes primaires fondamentales telles que la disponibilité, l'indifférence au sens ignatien, le sens du service cultuel et apostolique[27].

---

[23] JEAN DE LA CROIX, *Nuit obscure*, livre I, c. XII; dans « *Les oeuvres spirituelles du Bienheureux Jean de la Croix*. Paris, DDB, 1959, p. 526.

[24] *Ibid.*, p. 527.

[25] *Ibid.*, p. 529.

[26] *Ibid.*, p. 530; cf. II, XVIII, p. 615.

[27] On peut soulever ici la question de l'ordre à tenir entre le sens de l'être-pécheur et le sens de la créature. Dans le langage ignatien, cela

Le repentir.

La conscience de l'être-pécheur, si elle dérive de la mise
en présence de Dieu, doit engendrer le repentir; par là, elle
diffère du simple remords. Selon l'analyse de Jankélévitch, en
effet, le remords peut n'être que le sens de la faute brute, en
tant que partie de mon passé et portion de ma mémoire [28].
Aussi longtemps qu'elle n'est pas l'objet d'un mouvement volontaire de négation et de rejet, elle demeure non-résolue et
il peut arriver que le pécheur aime et entretienne sa blessure
qu'il considère comme faisant partie intégrante de son moi.
Pour que le remords passe dans la sphère du repentir il faut
qu'il soit soumis à un processus d'objectivation: l'acte passé
doit être confronté à un système de valeurs et, inévitablement,
se trouver dévalorisé puisqu'il devient clair que la faute ré-
sultait d'une préférence donnée aux valeurs inférieures: la sensualité ou l'affirmation inconditionnelle de soi, alors qu'il eût
fallu tout subordonner à la réalisation de l'authentique amour
dans le don de soi. Vivre dans le remords, c'est regretter
d'avoir été « celui-là »! Se situer par rapport aux valeurs qui
appellent, c'est déjà envisager une mutation.

Manifestant, comme le remords, la conscience statique de

---

revient à se demander si l'ordre des *Exercices spirituels* n'implique pas
le traitement des attitudes d'indifférence et de service avant celles du
repentir puisque le *Principe et fondement* qui ouvre les *Exercices* (n. 23)
précède évidemment la *Première semaine* pendant laquelle on médite le
sens du péché dans le monde et en soi.
    Saint Ignace lui-même justifie notre position dans la mesure où la
dialectique des *Exercices* commence à la méditation du monde de péché
(nn. 45 ss.). Et nous avons nous-même noté que la décision spirituelle
s'ouvrait sur un mouvement de repentance.
    Cela ne signifie pas cependant qu'on ne puisse commencer les *Exer-
cices* par la considération du *Principe et fondement*. Celui-ci constitue
en fait le présupposé constant de toute relation à Dieu, aussi bien dans
la conscience de l'être-pécheur que dans celle de l'être-racheté. On ne peut
donc comprendre le sens intérieur du péché si on ne l'oppose pas à la
relation juste de l'homme à Dieu. De nos jours où le sens de Dieu et de
l'être-créé est si affaibli parmi nous, il est non seulement bon, mais il
s'avère nécessaire de fonder fermement le mouvement spirituel sur notre
condition de créature.
    Dans notre développement, par contre, cette nécessité s'impose moins
et nous pouvons revenir à l'ordre de la découverte spirituelle, tout en
tenant compte de l'implication réciproque du sens du péché et du sens
de Dieu.
    [28] JANKÉLÉVITCH, Vl., *La mauvaise conscience*. Paris, Alcan, 1933, pp.
73-74.

l'être-pécheur, la componction appartient cependant à la vertu de pénitence car elle situe le pécheur par rapport au sens des valeurs et à l'attrait de la vie éternelle. Le P. Hausherr [29] a consacré une longue étude à cette notion telle que l'a développée l'Orient chrétien. Il nous suffira de reprendre quelques-unes de ses conclusions pour préciser le sens du rejet du péché.

Fondamentalement, le *penthos*, ou componction, signifie le regret et le deuil du salut perdu. Mais entendons bien le sens d'une telle proposition. On ne pleure pas une vie éternelle comme si l'on savait qu'elle sera refusée; bien plutôt s'agit-il de prendre conscience d'un manque de santé spirituelle, d'une participation au monde du péché et, par conséquent, d'un éloignement de la vraie vie suivi d'une condamnation possible. Mais une telle tristesse suppose le désir de la vie éternelle: qui ne désire pas la vraie vie, pourrait-il souffrir d'en être éloigné et dépossédé? La componction implique donc une double perception: le bien que l'on désire, l'état misérable qui en éloigne. Ainsi parle Grégoire de Nysse: « Celui qui a su comprendre le bien véritable, et qui a réfléchi ensuite sur la misère de l'humaine nature, aura nécessairement l'âme en détresse, et, parce que la vie présente n'est pas en possession de ce bien-là, il portera le deuil. Par conséquent, il me semble que ce n'est pas la tristesse que béatifie le Verbe, mais la connaissance du bien, connaissance qui comporte un sentiment de tristesse, parce que ce bien désiré est absent de la vie » [30]. Tout comme cette componction suppose la nostalgie d'une patrie céleste, ainsi produit-elle un fruit de purification et de paix. Car la pensée de la Patrie la rend déjà plus présente, et le Royaume est un Royaume de sainteté et de grâce.

Encore que ce *penthos* s'alimente continuellement de la répétition des fautes quotidiennes ou des tentations qui dévoilent les complicités intérieures, il participe davantage du sentiment d'être soumis à la puissance de péché dont le fruit est la mort. Saint Paul, au chapitre septième de l'épître aux Romains, a décrit cette situation douloureuse du chrétien.

Pour la tradition occidentale, par contre, la conscience de l'être-pécheur s'appuie davantage sur la reconnaissance et la

---

[29] HAUSHERR, I., *Penthos, la doctrine de la componction dans l'Orient chrétien*. Coll. *Orientalia christiana analecta*, n. 132, Roma, 1944.

[30] GRÉGOIRE DE NYSSE, *De beatitudine*, III, P. G. 44, 1224 C; cité par HAUSHERR, *op. cit.*, p. 185.

détestation des actes peccamineux passés. De la componction comme attitude spirituelle affective, nous passons au repentir comme acte portant sur le passé souillé par les péchés.

Le remords adhérait au passé; le repentir voudrait le détruire. Mais est-ce possible? Ne vaudrait-il pas mieux se résoudre à oublier le passé et à mener une vie nouvelle? Une bonne autocritique reconnaîtrait les déficiences passées et exprimerait le désir de les corriger. L'action en sortirait rectifiée sans qu'il soit besoin de se référer à une valeur éthique proprement transcendante.

Cette solution qui paraît si simple heurte cependant l'Evangile. L'appel à la Pénitence comporte un ensemble de rites et attitudes spirituelles qui tendent à reprendre le passé pour le réparer; lorsque le Baptiste clame la nécessité de la Pénitence, il reçoit un aveu des péchés avant de donner le baptême (Mt. 3, 5). Lui-même menait une vie austère et l'on sait assez comment, par la suite, ont vécu les premiers ascètes qui allaient dans le désert pleurer leurs péchés et ceux du monde. Depuis, la lignée des pénitents s'est maintenue. Qu'il suffise de rappeler comment saint François d'Assise considérait sa vie: « le Seigneur m'a fait la grâce à moi, Frère François, de commencer ainsi à faire pénitence » [31]. Tous les saints ont pleuré leurs péchés, et le pauvre Curé d'Ars désirait quitter sa paroisse pour aller quelque part pleurer sa pauvre vie.

Si nous voulons comprendre la possibilité et le mécanisme de l'efficience du repentir, le mieux est de reprendre l'analyse et les conclusions de Scheler dans *Repentir et Renaissance*. Le temps de notre vie n'est pas un temps purement linéaire où l'après ne peut avoir aucune influence sur l'avant: « Mais, en opposition avec cet écoulement qui emporte les transformations et les mouvements de la nature inerte, dont le temps se déroule d'une monotone continuité sans la distinction du passé, du présent et de l'avenir, la structure et l'idée du tout de notre vie et de notre personne sont présents dans l'expérience de chacun des instants indivisibles et temporels de notre vie. Car chaque instant, correspondant à un point indivisible du temps objectif, comporte ses trois extensions du présent vécu, du passé vécu et de l'avenir, dont les données se consti-

---

[31] Testament de saint François. Cf. Ivan GOBRY, *Saint François d'Assise et l'esprit franciscain*, Paris, 1957, p. 137.

tuent en perception, en souvenir immédiat et en attente immédiate. A la faveur de ce fait admirable, ce qui est dans la libre sphère de notre puissance, ce n'est pas sans doute la réalité de fait, c'est le sens et la valeur du tout existentiel en chaque instant de notre temps vécu » [32]. Le repentir implique donc une conversion au sens, que suggère l'image physique, d'un retour sur le passé. Non pour le détruire en sa réalité ontologique, mais pour en changer la valeur en le considérant comme un moment d'une vie nouvelle « se repentir signifie tout d'abord qu'en nous penchant sur une portion du passé de notre vie, nous attribuons à cette portion un nouveau sens et une nouvelle valeur » [33]. Si bien que la liberté du repentir se prouve non pas a priori, mais par l'expérience même qui nous permet de donner un nouveau sens à des actions qui paraissaient définitivement figées. L'assassin de Maria Goretti peut encore, certes, reconstituer son crime, mais désormais tout prend un sens nouveau pour lui. Il est impossible à qui réfléchit sur ce fait de ne pas saisir l'originalité irréductible du repentir: le regard sur le passé est déjà une joyeuse et puissante étreinte de l'avenir [34]. En me demandant, avec saint Ignace [35], ce que j'ai fait pour le Christ, je projette sur le passé la lumière qui n'aurait jamais dû faire défaut. Et cette même lumière éclaire mon présent; je me demande ce que je fais pour le Christ. Elle illumine du même coup l'avenir: que dois-je faire pour le Christ?

C'est dans le présent du repentir que peuvent dès lors apparaître les larmes qui, dans l'Orient chrétien, manifestaient la componction. La cause en était multiple: le repentir, la crainte, le désir ou la consolation [36]. Décrivons-en le rôle plus précis et plus proche de l'ordre psychologique.

Remarquons pour cela que le souvenir de nos actions passées rend à nouveau présentes ses composantes matérielles et spirituelles: nos motifs d'alors sont à nouveau évoqués. Une nouvelle tension devient possible. Les valeurs vitales réapparaissent. Pour neutraliser cette tension dont la prévalence sur

---

[32] M. SCHELER, *Repentir et Renaissance*, p. 84 dans *Le sens de la souffrance*, Paris, Aubier.
[33] *Ibid*, p. 88.
[34] *Ibid.*, p. 117.
[35] IGNACE DE LOYOLA, *Exercices spirituels*, n. 53.
[36] HAUSHERR, I., *Penthos, op. cit.*, pp. 168-169.

les valeurs spirituelles et les motions rationnelles provoqua le
péché, les larmes interviennent. De cette fonction des larmes,
les récits de conversions donnent de nombreux exemples dont
celui de saint Ignace, quand on songe à la trempe de cette âme,
n'est pas le moins étonnant. Le don des larmes lutte à son
niveau contre l'endurcissement du coeur. Sous cette image
biblique on peut bien reconnaître l'expression de l'affirmation
de soi avec la tension volontaire et vitale qu'elle implique:
l'homme se dresse devant Dieu. Les larmes, au contraire, l'abais-
sent et l'orientent vers l'humilité. Elles sont, si l'on veut, le
retentissement sensible d'une motion spirituelle; mais il faut
ajouter qu'elles contribuent, en raison de l'unité du corps et
de l'âme, à renverser le mouvement qui avait conduit à la
position du péché. Elles entrent à leur tour dans le mouvement
de conversion.

Pour actualiser le mouvement de conversion constitué par
la mutation de la valeur du passé et renforcé par le brisement
sensible du coeur, un autre acte est nécessaire, dont on néglige
souvent l'analyse: l'aveu et la confession.

L'aveu est un élément essentiel du passage, par l'objectivation, du remords au repentir. Le péché ne peut s'éloigner
de moi, ou plutôt je ne peux m'éloigner du péché que si je
l'ai reconnu en en assumant la responsabilité: « l'objectivité
croissante du repentir se révèle surtout dans la confession, grâce
à laquelle notre faute devient de plus en plus un phénomène
étranger au sujet, et comme une chose de la nature: l'affirmation du crime par un moi qui en revendique la paternité
détache l'oeuvre de son auteur: l'aveu ne délivre pas, il est
le symptôme de la délivrance; il exprime que la mauvaise
conscience a achevé de mûrir ses péchés et qu'en les « reconnaissant » elle manifestera en somme qu'ils ne lui appartiennent
plus. Le pouvoir d'avouer, comme le pouvoir de pleurer, est
donc un signe et non point une cause. Les péchés déjà mûrs
exigent d'eux-mêmes le soulagement de l'aveu qui les drainera
au dehors: les voilà extériorisés, presque normalisés par cette
psychanalyse naturelle du langage »[37]. Ce sens de l'aveu explique l'insistance de l'Ecriture à son sujet. Ainsi le Psalmiste
reconnaît-il la libération que lui apporta l'aveu: « Je me taisais
et mes os se consumaient à rugir tout le jour ... Ma faute, je

---

[37] JANKÉLÉVITCH, *La mauvaise conscience*, Paris, Alcan, 1933, p. 120.

te l'ai fait connaître je n'ai point caché mon tort — J'ai dit: j'irai à Yahvé confesser mon péché — Et toi, tu as absous mon tort, pardonné ma faute » (Ps. 32, 3-5).

Une fois la volonté libérée de son attachement au péché par le mouvement d'objectivation puis de nouveau soumise aux valeurs élevées, il devient possible à l'homme spirituel de poursuivre son chemin. L'élan, que le péché détruisait ou affaiblissait, retrouve sa vigueur. Ce n'est pas qu'une libération totale se soit produite! Les tendances profondes et les instincts vitaux mal réglés peuvent encore infléchir les décisions. Désormais cependant, la conscience est rectifiée et appuie son dynamisme sur sa véritable situation spirituelle. Et c'est cette situation de l'homme dans le monde et devant Dieu que nous devons décrire.

Disponibilité et générosité.

Une telle situation ne peut être décrite qu'en termes théologiques s'appuyant sur la Révélation judéo-chrétienne. Certes, elle contient des éléments philosophiques puisqu'il s'agit de concevoir le déploiement de la liberté de l'homme et qu'on ne peut concevoir celle-ci en dehors d'une vision globale de sa nature et de son rapport à son entourage. Mais elle fait aussi appel à des éléments théologiques dans la mesure où la relation de l'homme au Cosmos s'inscrit dans celle de l'homme et du monde à Dieu même. La base de la vie éthique dépend de cette vision.

Or, pour la philosophie grecque, dont l'influence historique ne peut être niée, l'homme se situe dans un Cosmos dont l'harmonie l'enchante, mais qui demeure foncièrement hostile: car, enfin, il faudra souffrir et mourir. Le Grec conçoit la liberté de choix, la προαίρεσις, comme une liberté d'orientation de l'intention et de l'action pour les conformer à l'ordre du monde qu'elles doivent refléter: retrouver le grand Tout vivant pour les Stoïciens, rejoindre le monde noétique pour les Platoniciens. La perspective chrétienne est différente: le monde est donné à l'homme dans une communauté d'histoire; l'homme, lui, a rompu sa relation d'amour et d'obéissance à Dieu et, par là, a introduit l'hostilité dans le Cosmos qui lui est solidaire et dans son propre milieu humain (Gen. 2, 4 - 3, 24).

Le primat du Cosmos cependant commence à s'affaiblir pour la conscience moderne sous l'effet de l'évolution historique qui voit l'homme, en possession d'un progrès technique sans cesse accéléré, se dégager de plus en plus de la nécessité cosmique et renforcer constamment les moyens de communication grâce auxquels la communauté humaine prend conscience de son unité. Progressivement, en conséquence, l'attention éthique se porte sur la communauté des hommes; et le devoir moral regarde principalement son aménagement. Il rejoint, jusqu'à se confondre avec lui, le souci politique. Se distribuant selon quelques options fondamentales: la lutte des classes de type marxiste, l'acceptation optimiste des différenciations sociales, l'appui de structures nationales représentées par un Etat de type plus ou moins autoritaire, ce souci n'en demeure pas moins un dans son intention et conduit à la réduction de la vie éthique à sa dimension horizontale. Il faut construire la Cité. Or, quelles que soient la valeur et l'urgence de cet engagement, celui-ci n'est chrétien qu'à une double condition: qu'il dérive du message d'amour universel dont le Dieu de l'Alliance est la source et qu'il aboutisse à une Cité nouvelle dont la cité terrestre n'est que l'ébauche et la matière transfigurable.

Pris entre la nécessité d'assumer sa nature par laquelle il rejoint la nécessité cosmique et le souci politique de façonner l'histoire, le chrétien se trouve, de toute façon, renvoyé à sa situation devant le Dieu de l'Alliance, principe et fondement de son existence totale, placée sous le signe de l'accomplissement du Dessein de salut en soi et dans le monde.

Il y retrouve d'abord le sens de l'infinitude, et par là s'établit dans une disponibilité radicale, ouverte à toutes les possibilités d'orientation éthique.

Par quoi, en effet, serait restreinte cette disponibilité? Par les limites de la personnalité? Mais celles-ci ne font que conditionner la réalisation concrète du projet spirituel; elles ne peuvent étouffer l'appel à la vie divine, ni même empêcher l'accomplissement d'une vocation qui insérera la volonté infinie d'amour de Dieu dans des apparences parfois mesquines. Par des engagements socio-politiques? Mais nous avons remarqué qu'ils tenaient leur inspiration et leur sens d'une charité universelle découlant de Dieu dans le Christ. Leur structure n'étant pas déterminée par une prescription divine mais étant l'objet d'une étude rationnelle admettant le pluralisme, ils ne dispensent de la recherche ni de la volonté de Dieu sur chacun d'entre nous ni du sens ultime à leur donner.

Sans qu'il soit question, par conséquent, de nier tous les conditionnements sociaux et naturels de la disposition de soi, la décision par laquelle l'existence concrète est assumée n'en demeure pas moins l'objet d'un choix, de soi indéterminé. En ce sens tout d'abord que les conditionnements laissent certainement une marge de manoeuvre plus ou moins considérable: on peut choisir une profession ou un état de vie; on peut utiliser ses talents dans une perspective égocentrique ou altruiste; on peut opter pour tel ou tel engagement politique. Plus encore, du point de vue spirituel, l'indétermination porte non pas tellement sur le contenu des choix, mais sur le fait que ce choix est accepté ou refusé comme volonté de Dieu en laquelle la vie trouve sens et acquiert la plénitude. Supposons par conséquent qu'un engagement soit irrévocable, il peut encore devenir l'objet d'une option spirituelle dans la mesure où il est assumé comme vocation divine et demeure ouvert à de nouvelles déterminations concrètes: le mariage ou le sacerdoce assumés librement comportent encore, à l'intérieur de leur option essentielle, bien des efforts d'ajustement à la volonté de Dieu [38].

Si nous mettons maintenant l'idée de disponibilité radicale en relation avec les pulsions et les désirs qui, nécessairement, affectent la conscience spirituelle et tendent à déterminer les choix concrets, nous rencontrons une notion majeure de la spiritualité: l'indifférence. Déjà, pour les Stoïciens, il fallait que la volonté se rende indifférente à toutes les circonstances extérieures du déploiement de l'action. Chez les spirituels chrétiens, tout ce qui n'est pas Dieu et sa volonté clairement exprimée doit être tenu pour indifférent par rapport à l'unique fin qui est la possession de la vie divine. Ou encore, si l'on se place dans la perspective des choix qu'impose la vie, on dira que l'on doit se rendre indifférent à toutes les éventualités jusqu'à ce que l'une d'entre elles apparaisse comme la volonté de Dieu. La notion d'indifférence s'applique donc aussi

---

[38] Tel est le cas posé par saint Ignace dans les *Exercices spirituels*, n. 189; même dans la « réforme de vie » vaut le principe « chacun doit penser qu'il progressera en toutes choses dans la mesure où il sortira de son amour, de son vouloir et de ses intérêts propres », pour s'attacher à la volonté de Dieu.

bien aux réalités objectives qui se présentent comme objet d'un choix qu'à l'état subjectif de celui qui s'établit dans une disposition d'équilibre par rapport à des options possibles.

Le double aspect, objectif et subjectif, de l'indifférence ne présente pas seulement l'intérêt historique de rapprocher une conception stoïcienne d'une notion dont la fortune dans la spiritualité chrétienne doit presque tout à saint Ignace de Loyola. En précisant d'abord le sens objectif, on comprend mieux le sens moderne centré sur l'usage de la liberté [39].

Quel était le problème fondamental des Stoïciens? Alors que la doctrine aristotélicienne du bonheur supposait une hiérarchie des biens, respectivement nécessaires (même les biens matériels, la santé ou l'honneur) à la félicité humaine, les Stoïciens mettaient en lumière la nécessité de rompre la dépendance de l'homme par rapport aux biens extérieurs: si l'homme voulait atteindre le bonheur, celui-ci ne devait dépendre que de lui: une morale de l'intention conduisait à la véritable autonomie.

Mais les Stoïciens devaient alors répondre à une objection très forte du point de vue de la conception grecque de la nature: les tendances sont orientées vers une fin; en les frustrant de cette fin, on les rend vaines; l'existence humaine, privée de toute structure, devient absurde. A cela, les Stoïciens répondaient par une distinction importante: les tendances visent une fin particulière, un but (σκοπός) alors que l'être était orienté vers une fin universelle (τέλος) qui n'était autre que la réalisation de l'ordre de l'univers. Par rapport à cette fin, tout autre but se trouve subordonné. Dès lors les biens matériels ne peuvent plus être considérés comme indispensables; ils deviennent foncièrement indifférents. Le Sage s'accommode de leur absence aussi bien que de leur présence [40].

L'essentiel de cette doctrine tient à deux aspects complémentaires. D'une part, toutes choses se situent par rapport à une liberté autonome sur laquelle se fonde la valeur éthique;

---

[39] Sur la notion d'indifférence dans la spiritualité chrétienne, cf. art. *Indifférence* dans le *Dictionnaire de spiritualité* 7, 1688-1708. On peut regretter que l'article ne dise rien sur la notion objective d'indifférence chez les Stoïciens. On la retrouve pourtant chez Cassien (cf. *Conférences*, coll. sources chrétiennes, Paris, Cerf, 1955 t. I, 221-223).

[40] Ces paragraphes résument la présentation du Stoïcisme de R. A. GAUTHIER dans *Magnanimité*, coll. Bibliothèque thomiste, n. 28, Paris, Vrin, 1951, 121-128.

d'autre part la fin de cette liberté, n'étant rien d'autre que l'ordre cosmique, dérivant d'une Sagesse qui, chez Epictète se transformera en Providence universelle, possède un caractère d'infinitude et réduit toute autre fin intermédiaire au rang de moyen.

Ne pressent-on pas, ici, une transposition relativement facile dans la vision chrétienne? L'autonomie de la liberté est assurée; l'infinitude de la fin qui est vie éternelle et volonté divine apparaît davantage encore. Aussi bien ne peut-on s'étonner que Cassien ait assimilé cette doctrine et l'ait transmise aux générations suivantes: «Toutes choses en ce monde se rangent aux trois catégories suivantes: elles sont bonnes, mauvaises ou indifférentes (*bonum, malum, medium*). Nous devons savoir, en conséquence, ce qui est, à proprement parler, bon, mauvais, indifférent, afin que notre foi, soutenue par une science véritable, demeure inébranlable à toutes les épreuves. Or, du moins parmi les choses humaines, rien ne mérite d'être tenu pour bon, dans le plein sens du mot, que la vertu, laquelle nous conduit à Dieu par le moyen d'une foi sans mélange, et nous fait adhérer sans cesse à ce bien immuable. Il n'est de mal, au contraire, que le péché, lequel, en nous séparant de Dieu, qui est bon, nous unit au démon, qui est mauvais. Est indifférent ce qui, selon les sentiments et au gré de celui qui en use, peut se tourner en un sens ou en l'autre: ainsi les richesses, la puissance, l'honneur, la force physique, la santé, la beauté, la vie même ou la mort, la pauvreté, les maladies et autres choses semblables, qui, selon les dispositions et les sentiments de celui qui en use peuvent profiter indifféremment soit au bien soit au mal»[41].

Quoi qu'il en soit d'une transmission possible de la pensée stoïcienne par l'intermédiaire de Cassien, on la retrouve chez saint Ignace de Loyola où elle subit d'importantes transformations[42].

La première, sensible dans toute la tradition chrétienne, regarde le sens de la liberté. Affirmée comme libre-arbitre protagoniste du combat spirituel, elle ne prétend pas être une valeur suffisante à soi-même. Pour le chrétien, la démarche éthique ne se définit pas par une transcendance au monde

---

[41] CASSIEN, *Conférences*. Trad. E. Pichery. Coll. Sources chrétiennes, Paris, Cerf, 1955, t. I p. 221-222.
[42] IGNACE DE LOYOLA, *Exercices spirituels*, nn. 23, 169, 179, 189.

mais par une relation à Dieu dans la foi. Sans blesser la réelle
autonomie de la conscience ni sa dignité par rapport au monde,
la perspective chrétienne affirme une référence immédiate de
la liberté à la liberté divine; l'accomplissement véritable se
dessine dans l'obéissance et l'amour en vue de l'obtention d'une
vie éternelle.

Du fait que la liberté se situe d'abord par rapport à Dieu
et non par rapport au monde, il s'ensuit une seconde différence
concernant le sens et la valeur des biens de la nature. Ceux-ci
ne sont pas seulement occasion d'affirmation de l'autarcie comme
pour la conscience stoïcienne; ils se réfèrent à Dieu qui, par
ailleurs, en est l'auteur. Envisagés en eux-mêmes, il faut les
dire bons; ils ne deviennent indifférents qu'en faisant l'objet
d'un choix particulier que la conscience perçoit en concurrence
avec une fin plus haute. En se rendant indifférent à toutes
les créatures, comme y invite saint Ignace [43], on ne détruit
pas les désirs suscités par les tendances naturelles; on s'efforce
de les subordonner à un désir plus compréhensif: celui de la
vie éternelle et de l'accomplissement de la volonté de Dieu.
Le P. Bottereau [44] a donc raison d'insister sur l'importance du
désir premier de l'accomplissement de la volonté de Dieu et
de critiquer la conception du P. Rahner présentant l'indifférence comme une attitude orientée premièrement à la dévalorisation de la finitude des créatures. Cette dévalorisation n'apparaît qu'en fonction d'une préférence difficile accordée à la
volonté actuelle de Dieu. Pratiquement comme l'indique le
P. Lallemant dans sa *Doctrine spirituelle*, on ne sera indifférent
aux emplois extérieurs qu'en fixant son estime sur la vie intérieure; et on ne se détachera des grâces spirituelles qu'en s'at-
tachant à Dieu dans la nudité d'esprit [45].

Au fur et à mesure que se développe la disponibilité,
grâce au travail de l'indifférence qui assure la prévalence du
désir spirituel sur toute autre pulsion vitale, le sens de Dieu
s'enrichit et devient plus concret. Désormais, en effet, il ne
s'agit plus seulement d'une disponibilité générale mais d'em-

---

[43] Ignace de Loyola, *Exercices spirituels*, n. 23: « Pour cela, il faut nous
rendre indifférents à toutes les choses créées ».

[44] Bottereau, G., *Le rôle de « l'indifférence » dans la spiritualité ignatienne*, RAM, 45 (1969) 395-408. Cf. *supra* pp. 51-55.
   Idem., art. *Indifférence*, dans D. Sp., *loco citato*

[45] Lallemant L., *Doctrine spirituelle*, coll. *Christus*, Paris, DDB, 1959,
pp. 154-158.

brasser une volonté de Dieu entraînant des choix pratiques et des renoncements.

Puisque nous ne connaissons pas par avance le tout de notre vie et que chaque renoncement annule une possibilité, nous ne pouvons accepter un tel risque d'appauvrissement que si notre foi nous présente un Dieu aimant et soucieux de notre bonheur; Dieu est Providence. Ce mot cher aux Stoïciens recouvre la doctrine évangélique de la Paternité attentive de Dieu: Si Dieu a soin des oiseaux et des lis des champs, à combien plus forte raison aura-t-il soin de nous et, selon la parole de saint Paul, saura-t-il faire tout concourir au bien de ceux qui l'aiment! (Rom. 8, 28). En vérité, nous ne pouvons mesurer l'ampleur de la Providence divine qu'en contemplant son Dessein sur l'humanité tel que nous le présente l'hymne de *l'épître aux Ephésiens* (Ep. 1). Comme un refrain, y revient sans cesse la formule « par avance ». Tout est prédisposé pour notre salut et celui du monde. En cherchant et en accomplissant la volonté de Dieu, si difficile et déconcertante qu'elle puisse paraître, nous sommes certains de demeurer toujours enveloppés dans un amour attentif et efficace.

Complétant la notion de Providence, celle de vocation personnelle introduit une nouvelle justification à l'attitude de disponibilité. Considérer que la relation à Dieu se détermine dans une vocation, c'est introduire un critère du choix spirituel. De même, en effet, que l'amour humain subordonne toutes les conditions de sa réalisation à son expression et à son épanouissement, de même la relation inscrite dans la vocation personnelle permet-elle de considérer toutes les autres choses comme médiations par rapport à la fin. Dans cette perspective, tout renoncement s'inscrit dans un dessein plus vaste et une autre forme d'épanouissement: qui demeure fidèle à l'amour conjugal accède à une forme d'amour plus profonde et plus pleine; qui choisit la pauvreté ou la virginité pour le Royaume des cieux pénètre nécessairement dans une certaine sphère de vie spirituelle. Le désir de communion l'emporte, en droit et en fait, sur le désir de posséder et de s'affirmer.

On ne peut communier à Dieu sans voir s'élargir ses perspectives spirituelles. La conscience de l'appel divin à la sainteté et à la vie éternelle peut certes induire le commençant en une forme d'exaltation un peu présomptueuse et abstraite du réel: Il cherche, comme dit saint Bernard, « la maison de Dieu, son temple, sa cité, son épouse; je n'oublie pas, ajoute-t-il, mais je le dis avec crainte et respect: nous sommes tout cela. Nous le sommes dans le coeur de Dieu; nous le sommes en raison de son abaissement vers nous, non de notre élévation » [46]. Mais même si l'idée du commençant sur son existence apparaît trop aérienne et sans fondement suffisant, l'action intérieure de Dieu contribuera à dégager les bases solides de sa foi et de son élan spirituel. Le désir des grands accomplissements spirituels ne se révélera pas vain. Pour cela, il ne devra pas considérer ses propres forces, mais exercer avant tout la « magnanimité de sa foi » [47]. Il demeure très important de se faire ainsi une haute idée de sa vocation chrétienne car l'attraction des valeurs dégage et purifie l'agir spirituel.

Chaque fois que l'action de Dieu trouve une structure naturelle accueillante et homologue, elle se déploie avec plus de facilité et engendre plus de joie [48]. La magnanimité de la foi se manifestera d'autant plus que Dieu agira en un coeur généreux; selon l'avertissement de saint Ignace: « Pour le retraitant, il y a grand avantage à entreprendre les Exercices avec magnanimité et libéralité envers son Créateur et Seigneur. Qu'il lui offre tout son vouloir et toute sa liberté, pour que la divine Majesté se serve de sa personne et de tout ce qu'il possède, selon sa très sainte volonté » [49]. Un certain goût du risque doit

---

[46] Saint BERNARD, sermo 3 n. 8 *In dedicatione ecclesiae*, dans *Sancti Bernardi opera*, Roma, editiones cistercienses, 1968, t. V, p. 394.

[47] *Ibid.*, n. 9, p. 395.

[48] Sur ce principe de la vie spirituelle, saint François de Sales trouve certainement les expressions les plus justes lorsqu'il traite de la vie contemplative. Ses paroles peuvent s'étendre à toutes les relations entre l'ordre métapsychologique de la grâce et la psychè humaine: « Un grand religieux de notre âge a écrit que la disposition naturelle sert de beaucoup à l'amour contemplatif, et que les personnes de complexion affective et aimante y sont plus propres. Or, je ne pense pas qu'il veuille dire que l'amour sacré soit distribué aux hommes ni aux Anges en suite, et moins encore en vertu des conditions naturelles; ni qu'il veuille dire que la distribution de l'amour divin soit faite aux hommes selon leurs qualités et habilités naturelles : car ce serait démentir l'Ecriture, et violer la règle ecclésiastique par laquelle les Pélagiens furent déclarés hérétiques ... Il est pourtant vrai que ces âmes ainsi faites, étant une fois bien purifiées de l'amour des créatures, font des merveilles dans la dilection sainte, l'amour trouvant une grande aisance à se dilater en toutes les facultés du coeur; et de là procède une très agréable suavité, laquelle ne paraît pas en ceux qui ont l'âme aigre, âpre, mélancolique et revêche » (*Traité de l'Amour de Dieu*, livre XII c. 1, dans *Oeuvres*, Bibliothèque de la Pléiade, p. 949-950).

[49] IGNACE DE LOYOLA, *Exercices spirituels*, n. 5.

d'ailleurs accompagner la magnanimité. L'appel de Dieu, en effet, ne dévoile pas les étapes de sa réalisation selon un plan préétabli: il requiert la docilité actuelle et la confiance en un avenir qui demeure connu de Dieu seul.

En insistant, comme nous faisons, sur les dynamismes premiers de la recherche spirituelle, nous retrouvons l'enseignement le plus simple et le plus traditionnel. Selon les époques, on mettra en lumière tel ou tel aspect: ainsi parlera-t-on de l'impatience de Dieu, du désir de Dieu, ou avec Marie de l'Incarnation de la tendance vers Dieu. Origène avait déjà bien décrit ces commencements. Il faut, dans la recherche de Jésus, éviter d'aller au pas ou d'une allure nonchalante. Comme les bergers en route vers la Crèche, il faut se hâter. Pour reprendre ici les paroles d'un commentateur: il faut « à l'origine de notre recherche, une franche décision. Pas de montée spirituelle sans une rupture radicale avec le mal et une option sans retour pour l'unique nécessaire » [50].

Le service.

La Providence de Dieu ne dispose pas simplement toutes choses en général, mais chacune en particulier. Ou encore, pour revenir à une notion plus biblique, Dieu est le maître de l'histoire dans laquelle il actue son Dessein éternel. Tel est le noyau permanent et irréductible de la Révélation judéo-chrétienne. Bien loin d'être conçu comme une idée élaborée au terme d'un processus dialectique, Dieu se manifeste comme l'acteur total de l'histoire du salut: il en conçoit le plan et pourvoit à son exécution, en premier lieu au moyen d'hommes qui accomplissent sa volonté. La réponse de foi constitue l'acquiescement fondamental des hommes de Dieu et de tout le Peuple choisi; simultanément, elle est adhésion à Dieu qui se dévoile en sa parole et coopération à un Dessein qu'il fait connaître.

De cette foi vivante, dérive l'attitude complexe et riche du service.

Tout à fait commune selon son origine, l'idée de service s'enrichit lorsqu'elle s'applique aux relations avec Dieu. Si le

---

[50] BERTRAND, F., *Mystique de Jésus chez Origène*, coll. théologie n. 23. Paris, Aubier, 1951, p. 58.

serviteur-esclave de l'Antiquité n'était considéré que du point de vue de son utilité, sans voir reconnue sa dignité personnelle et sans être admis à une relation vraiment humaine avec son maître, le fidèle, tout en admettant son inégalité foncière, se sait objet de bienveillance et appelé à une coopération qui le valorise.

Pour trouver l'expression du sens de Dieu correspondant à cette première idée du service, adressons-nous aux spirituels qui acceptaient tout naturellement une société basée sur l'autorité royale, arbitraire quelquefois, mais enrichie par un rapport de dévoûment total à la personne du Roi: avec des nuances diverses, ce fut l'attitude d'un Ignace de Loyola, d'une Thérèse d'Avila, d'un Bérulle, qui transposèrent cette situation dans le domaine spirituel. Qu'il suffice de citer les paroles de la seconde; à travers l'attitude féminine apparaîtront mieux les composantes affectives de la relation au Dieu de majesté: « O mon Seigneur, ô mon Roi! Que ne puis-je décrire en ce moment la Majesté qui est votre apanage! Il est impossible de ne pas reconnaître que vous êtes par vous-même le Maître souverain. On est saisi d'effroi à la vue d'une telle Majesté. Mais l'effroi grandit, et grandit encore, ô mon Seigneur, quand on voit en même temps votre humilité et l'amour que vous portez à une créature comme moi. Une fois passé le premier sentiment d'effroi et de frayeur qui naît de la vue de votre Majesté, on peut s'entretenir avec vous et vous parler librement de tout ce qui nous concerne. Mais il demeure en l'âme une frayeur plus vive, celle de vous offenser; et cette frayeur ne vient pas de la crainte du châtiment, ô mon Seigneur; elle n'est rien auprès de celle de vous perdre vous-même » [51]. Ce texte, remarquons-le, regarde directement la Majesté divine telle qu'elle se manifeste en l'humanité du Christ, et, par la suite, dans le sacrement de cette humanité. Il exprime un rapport vivant et non une exaltation naissant d'une spéculation abstraite.

Le rapport vivant de l'homme à Dieu est constitutif de l'existence humaine. Il tend donc à se manifester à travers la condition incarnée et sociale de l'homme. Bref, le service de Dieu requiert une attitude cultuelle, une religion; et l'éducation du Peuple juif au véritable culte, à travers la prière des psau-

---

[51] THÉRÈSE D'AVILA, *Vie écrite par elle-même* c. 37, dans *Oeuvres complètes*, Paris, éditions du Seuil, 1948, p. 419-420.

mes, les sacrifices et les engagements sacrés constitue une part notable de la formation d'un peuple sacerdotal. Si aujourd'hui un courant théologique, offusqué peut-être par l'inflation de superstructures socio-religieuses, tend à séparer de l'expression cultuelle le rapport de foi, il n'en demeure pas moins contradictoire de vouloir éliminer de la foi au Dieu créateur qui appelle à son service, le noyau religieux. L'attitude d'adoration, fondement de toute autre prière, individuelle ou commune, constitue ce noyau. La véritable pierre de touche du rapport de l'homme à Dieu, c'est la prière. Qui croit au Dieu vivant, s'établit avec lui dans une relation personnelle; il prie donc nécessairement. Sa condition incarnée et sociale le porte ensuite, invinciblement, à des expressions extérieures et, bon gré mal gré, il retrouve une religion [52].

A travers la religion de l'Alliance, le deuxième aspect du service qui est l'obéissance à la volonté de Dieu manifestée dans la Loi, trouve son véritable sens. Non pas un acte de soumission à l'arbitraire despotique, mais accueil actif d'une intimation qui procède de la bienveillance et conduit à la vie: « La Loi de Jahvé est parfaite, convertissant l'âme; le témoignage de Jahvé est sûr, donnant la sagesse au simple. Les ordonnances de Jahvé sont droites réjouissant le coeur; le commandement de Jahvé est clair, illuminant les yeux » (Ps. 19, 8-9). En accueillant ainsi les préceptes de la Loi, le fidèle se proclame un authentique serviteur: « Aussi ton serviteur s'en éclaire, c'est un grand avantage de les observer! Qui peut discerner des peccadilles? Innocente-moi des fautes inconscientes, préserve aussi ton serviteur de l'orgueil, qu'il ne domine pas en moi! » (Ps. 19, 12-14).

Bien que les deux formes précédentes de service atteignent déjà les engagements concrets de la vie spirituelle, elles n'en demeurent pas moins au stade des prescriptions générales et requièrent un développement ultérieur jusqu'à la singularité de l'accomplissement du Dessein de Dieu.

Alors apparaît la figure du Serviteur où la primitive Eglise a reconnu le Christ. La description qu'en donne le Second Isaïe s'insère précisément dans le cadre d'une histoire sainte tout entière dans la main de l'unique Créateur et Rédempteur,

---

[52] Sans préjudice, bien entendu, de la manifestation expresse de la volonté de Dieu dans le Christ, d'instaurer une forme de culte basé sur le sacrifice eucharistique.

le Saint d'Israël (Is. 41, 14). Ce Serviteur, qu'il prenne les traits du Peuple élu, de quelque personnage repérable historiquement, ou ceux d'un Messie mystérieux, accomplit la volonté divine de salut.

Le premier trait, mis en valeur dans le premier poème du Serviteur (Is. 42, 1-7), regarde principalement l'accomplissement d'un jugement de grâce et non de condamnation. Dieu ne veut pas achever les blessés, mais les sauver; et il ne considère pas seulement le Peuple élu mais porte son regard sur toutes les nations. Le service de Dieu sera oeuvre de justice, une délivrance de tout mal et de toute obscurité.

Si l'oeuvre de justice se lève comme une aube sur les nations, le Serviteur, lui, vivra dans la peine et l'obscurité: « Il m'a dit: ' Tu es mon serviteur, Israël, toi par qui je me manifesterai glorieusement'! Mais, moi, j'ai dit: ' j'ai peiné pour rien, c'est pour le néant, c'est en vain que j'ai consumé ma force ' ». (Is. 49, 3-4). Décevantes étant les apparences, on ne pénètre comme acteur dans le Dessein de salut que par la confiance absolue en la force de Dieu. La condition essentielle demeure la docilité à l'enseignement de Jahvé et la soumission totale à l'accomplissement de la volonté divine, jusqu'aux outrages (Is. 50, 6).

Mais l'aspect le plus mystérieux de la figure du Serviteur nous est livré dans le quatrième poème d'Isaïe. De ce texte difficile, retenons les thèmes qui ont le plus marqué l'interprétation chrétienne et notre spiritualité. Le serviteur de Jahvé est humilié; il dépérit lentement « homme de douleur et familier de la maladie » (Is. 53, 3). Et surtout, l'oeuvre qu'il accomplit constitue ce qui sera appelé une rédemption: le Serviteur n'agit plus tellement sur les hommes; il se charge de leurs fautes pour les présenter à Dieu qui, en retour, justifiera les peuples: « Par sa connaissance, mon serviteur justifiera les multitudes, et c'est lui qui se chargera de leurs fautes » (Is. 53, 11). L'action, ici, reçoit un contenu insoupçonnable; elle est une mort vivifiante.

En concentrant sur la personne de Jésus tous les traits du Serviteur, l'Eglise primitive reconnaissait en son oeuvre de révélation et d'évangélisation tout comme en sa passion, l'accomplissement de la coopération prophétique et sacerdotale à l'oeuvre divine du salut. En Jésus, tout est accompli.

Mais en même temps que Jésus devenait le Serviteur par

excellence, il se proposait comme modèle de tout serviteur. Paul a eu conscience d'être lui aussi serviteur de Dieu [53], prolongeant ainsi l'oeuvre du Christ. Pour exprimer cette réalité, il emploie plusieurs termes: il est le servant et l'intendant des mystères de Dieu; l'ambassadeur du Christ, son esclave; il est le coopérateur de Dieu, le ministre de l'Evangile, participant des souffrances rédemptrices du Christ. Pour Paul et pour les apôtres, le service de Dieu consiste avant tout à coopérer, selon ses divers aspects, à l'oeuvre du salut.

Une telle spiritualité apostolique s'est maintenue constamment vivace à travers les siècles. Successeurs des apôtres, les évêques se donnèrent à la tâche de l'implantation des églises et à la mission. Leur élan se manifestait d'autant plus que, du point de vue de la mission, le monde restait en friche. Et l'on ne peut s'étonner de voir que, au fur et à mesure que les communautés chrétiennes s'établissaient, l'action épiscopale et sacerdotale s'orientait davantage vers leur administration et leur croissance. Il fallut que, simultanément, la chrétienté s'affaiblît et que s'élargissent ses horizons vers un nouveau monde pour que renaquît le souci de la mission. Alors l'idée de service, conçue jusqu'ici principalement au sens liturgique des bénédictins, devint le fondement d'une spiritualité missionnaire dont saint Ignace de Loyola est le représentant le plus important.

Pour dégager les composantes de cette spiritualité de service, qu'il suffise de reporter la page où le P. de Guibert la décrit de main de maître: « Car nous sommes ici au coeur même de la vie et de la doctrine spirituelle de notre saint. Mystique de service par amour, plutôt que mystique d'union et de transformation, avons-nous noté à propos des dons de contemplation infuse dont il a été comblé et qui dominent et orientent toute sa vie intérieure. Il n'en va pas autrement des enseignements spirituels donnés aux autres: dans les *Exercices*, la correspondance, les *Constitutions* aussi bien que dans le *Journal spirituel* c'est le même souci dominant de trouver la volonté de Dieu, de la trouver d'abord dans la docilité aux lumières et motions intérieures, sans renoncer cependant à aucun usage de la raison éclairée par la foi; c'est, pour l'ac-

---

[53] Cf. Cerfaux, L., *Saint Paul et le « serviteur de Dieu » d'Isaïe* dans *Recueil Lucien Cerfaux*, t. II, 434-454; Ch. A. Bernard, *Expérience spirituelle et vie apostolique en Saint Paul*, dans *Gregorianum* 49 (1968) 40-43.

complir, le même amour respectueux, ardent et confiant envers
le Souverain Seigneur et maître, le même sentiment de l'infinie
distance qui reste entre la Divine Majesté et nous, au milieu
même des plus vives effusions d'amour; c'est l'attachement
enthousiaste pour celui qui est à la fois le Serviteur de Dieu
par excellence et notre chef en qui nous servons Dieu, le
Christ, médiateur unique entre nous et le Père, unique modèle,
unique voie du vrai et parfait service » [54].

Il est clair que le service concret envisagé par saint Ignace
concernait surtout l'action évangélisatrice et sacerdotale. Mais
déjà on peut noter chez lui une notion élargie de l'évangélisation et du service. Dans une stratégie missionnaire à long
terme, certaines activités comme l'enseignement dans les collè-
ges, une présence compétente dans la recherche scientifique ou
un effort de pénétration dans les cultures non-chrétiennes, peuvent devenir des formes de service. Saint Ignace l'avait reconnu.
Et nous sommes devenus plus sensibles à cet aspect: le service
du Christ n'est plus principalement son service domestique et
liturgique, ni seulement le témoignage d'une vie de foi opérant
par la charité, ou la communication de la Parole et des sacrements; il atteint toute activité d'engagement au service des
hommes pour leur salut et leur promotion. Là encore, en effet,
est présent le Royaume de Dieu.

Quoi qu'il en soit, le sens de Dieu, Père bienveillant qui
fait pleuvoir sur les justes et les injustes, conduit à insérer
en toute vie chrétienne le souci du service. Certes, les formes
du service sont multiples; mais toutes supposent un engagement et une réponse à la volonté du Seigneur. Par là, on
rejoint l'idée du devoir à remplir. Le devoir naît de l'obligation d'accomplir la volonté de Dieu sous quelque forme qu'elle
se présente. L'idée de service ajoute une double précision:
d'une part l'inclination de l'amour à l'accomplissement de cette
volonté même difficile; d'autre part le modèle de la vie exemplaire du Christ pour rejoindre tous les hommes. Tout cela
enveloppé dans le sens authentique de Dieu.

---

[54] DE GUIBERT, *La spiritualité de la Compagnie de Jésus*, Roma, Insti-
tutum historicum S. I., 1953, pp. 167-168.

§ 3 — La foi concrète

Le processus entier d'approche de la vie spirituelle, de conversion et de développement s'est effectué à l'intérieur d'une situation caractérisée par la médiation du Christ et de l'Eglise. Du point de vue spirituel, cependant, on ne peut se limiter à considérer comme un pur fait cette situation qui est aussi de droit; il faut encore l'accueillir, l'assimiler et saisir qu'elle répond au mouvement qui aboutit à la jonction du monde spirituel transcendant et de l'existence concrète.

S'il est en effet une condition chrétienne de la vie spirituelle, elle doit se référer à l'union réalisée dans le Christ entre la nature divine et la nature humaine, union à laquelle nous participons par notre insertion dans le Corps mystique du Christ. Dégager les différents aspects de ce mystère de l'Incarnation conduirait aux vues les plus profondes et les plus étendues: cette Incarnation forme le centre même de l'histoire du salut; elle est la conjonction du temps et de l'éternité; l'assomption dans le Christ de la réalité matérielle et du dynamisme qui la traverse; la promotion de la réalité humaine dans la sphère divine; la sanctification de toutes choses et même, si l'on regarde la vie sacramentelle et liturgique, une sacralisation du Cosmos. Tous ces thèmes peuvent être l'objet d'une contemplation théologique. Pour ne pas nous étendre, dégageons simplement quelques aspects concernant plus directement la vie spirituelle.

On trouverait, par exemple, chez le P. Lallemant, un résumé des perspectives théologiques mises en valeur par l'Ecole française de Bérulle et de Condren; et il est bien remarquable qu'un livre comme la *Doctrine spirituelle*, au but essentiellement pratique, développe la doctrine de l'Incarnation pour fonder la recherche de l'union à notre Seigneur « par connaissance, par amour et par imitation » [55]. L'auteur insiste sur trois aspects de la personne du Verbe incarné et lui fait correspondre les conséquences qui en découlent pour nous [56]. Si le Christ est le Fils de Dieu, « proprement et véritablement », nous sommes, nous, les enfants adoptifs et « nous devons vivre comme lui

---

[55] Lallemant, L., *Doctrine spirituelle*. Le texte, formé de notes réélaborées par les disciples de ce jésuite du XVIIe siècle, a été réédité dans la collection *Christus*, Paris, DDB, 1959. Ici p. 269.

[56] *Ibid.*, pp. 272-274.

de la vie de Dieu, puisque, pour cet effet, il nous a rendus comme lui participants de la nature divine ». Le Christ est aussi l'image du Père; « nous devons être les copies de cette image; elle est notre modèle. Nous devons exprimer en nous les traits de sa ressemblance, ses vertus, son esprit, sa vie intérieure et sa vie extérieure ». Enfin, il est le Verbe de Dieu, sa parole; « nous devons être ses échos, et répondre fidèlement à toutes ses grâces. Il faut que nous soyons les échos de sa doctrine, de ses sentiments, de toute sa conduite ».

Ce que Lallemant exprime en termes quelque peu techniques, Origène le développait en un langage plus scripturaire et lui aussi ne se lassait pas d'énumérer les richesses du Christ auxquelles nous puisons pour notre vie chrétienne. En ces lignes, nous pouvons lire le meilleur d'une tradition ininterrompue: « Enumérons, en effet, les réalités auxquelles s'appliquent les noms qui dénomment le Fils de Dieu. Nous comprendrons que Jésus est une multitude de biens, ce Jésus que nous évangélisent ceux dont les pieds sont beaux. Car c'est assurément un bien que la lumière des hommes: tout cela précisément c'est ce que nous dit être le Fils de Dieu. C'est encore un autre bien, la vérité, si on la considère indépendamment de la vie et de la lumière. Un quatrième, en plus de ceux-là, la route qui conduit à la vérité. Tous ces biens, précisément, Notre Seigneur nous apprend qu'ils sont identiquement lui-même: 'Je suis la Voie, dit-il, la Vérité et la Vie' (Jn. 14, 16). Et comment ne serait-ce pas un bien, après avoir secoué la poussière de la mortalité, que de ressusciter et d'obtenir ainsi du Seigneur ce par quoi il est Résurrection, lui qui dit d'ailleurs: 'Je suis la Résurrection' (Jn. 9, 25). Bien plus, la porte aussi, par laquelle on arrive jusqu'au sommet de la béatitude est un bien: or le Christ dit: 'Je suis la Porte' (Jn. 10, 9). Et qu'est-il besoin de parler de la Sagesse, à qui 'Dieu, au commencement de ses voies, a donné l'être, pour le diriger dans ses oeuvres' (Prov. 8, 22) » [57]. L'accumulation des notions n'arrive pas à épuiser l'idée primordiale que le Christ est le tout de notre vie.

En recevant cet enseignement dans l'Eglise et en entrant en contact avec le Christ ressuscité, devenu Esprit vivifiant et

---

[57] Origène, *Com. in Joh.* I, 11; P.G. XIV, 40-41. Cité par Bertrand, *Mystique de Jésus chez Origène*. Coll. Théologie, n. 23; Paris, Aubier, 1951, p. 16.

opérant dans les sacrements, le fidèle ne fait que se situer dans le mouvement de descente de Dieu vers les hommes. Bien loin de considérer que la pureté de la vie spirituelle exigerait un dégagement des conditions historiques et sociologiques de la transmission du Message et de la communication vitale, le chrétien sait que l'Incarnation du Verbe, à un moment du temps et de l'espace, n'a pas constitué une limitation de la puissance divine ni sa dégradation ou son affaiblissement mais une insertion de la Plénitude dans le monde historique. Et sa foi lui affirme que, dans l'Eglise instituée par le Christ, la Parole et la vie l'atteignent encore dans leur pureté et leur efficience. Si l'union des deux natures dans le Christ se fait sans mélange ni confusion, l'Esprit-Saint, lui aussi, continue d'opérer pour l'illumination et la sanctification de ceux qui l'accueillent dans l'Eglise [58].

L'action du Corps mystique du Christ s'étend au-delà de la pure communication de la Parole et de la grâce sacramentelle; elle est oeuvre d'éducation de la conscience chrétienne et, bien que cette oeuvre ne se confonde pas avec la communication purement spirituelle, elle l'accompagne en vertu de la condition incarnée de l'Eglise.

Sans doute, doit-on alors répondre à une objection: puisque l'éducation de la conscience religieuse et morale dépend nécessairement de conditions sociologiques changeantes, ne devrait-on pas la rejeter pour s'en tenir au seul contact avec l'Esprit à travers la Parole et les sacrements?

Nous venons de remarquer que l'Esprit transcende les canaux qu'il emprunte et qu'il a lui-même disposés; à chacun, la grâce est donc communiquée dans sa pureté.

Mais il faut noter en outre qu'il est illusoire de vouloir échapper totalement aux conditionnements sociologiques. Qui

---

[58] Sur l'étendue du mystère de l'Incarnation, le P. Rousselot s'exprime ainsi: « Si saint Jean insiste d'une manière aussi décisive sur le mystère de l'Incarnation, sur sa réalité, c'est qu'il contient toute la foi chrétienne qui s'appuie sur trois principes: Le principe *dogmatique*, c'est-à-dire nos propres formes de pensées, infimes et animales élevées à la dignité d'exprimer avec pleine certitude les vérités mystérieuses qui concernent l'intime même de Dieu; le principe *ecclésiastique*, c'est-à-dire le salut mis à la portée des hommes par l'intermédiaire d'hommes enseignant, gouvernant, dispensant les choses saintes; le principe *sacramentaire*, c'est-à-dire l'emploi de la nature corporelle elle-même pour la collation de la grâce » (Art. *Intellectualisme* dans le *Dictionnaire apologétique* de A. d'ALÈS, t. II, col. 1076).

refusera la tradition ecclésiale, accueillera la parole et exer-
cera sa vie chrétienne en fonction de structures psycho-reli-
gieuses que le milieu sociologique de la famille ou d'autres
communautés lui aura léguées. Sa réponse spirituelle n'en sera
pas plus « personnelle » si l'on entend par ce mot une spontanéité supposée pure. Dans l'Eglise, par contre, il trouve un
milieu qui, dans son ensemble, demeure constamment animé
d'une foi sans défaillance et d'une charité vivante. Il puise
aux richesses qu'elle lui offre.

Quoi qu'il en soit de la valeur, en d'autres domaines, de
la docilité et de la confiance dans les autres, ces deux dispositions s'avèrent indispensables dans la vie spirituelle. On ne
peut en effet recourir sans discrimination à la spontanéité du
moi: celui-ci ne possède plus sa rectitude originelle et l'élan
vital qu'il assume participe simultanément du monde de péché
et du monde spirituel. En se confiant à l'Eglise, celui qui entre
dans la vie spirituelle reconnaît sa situation de pécheur et la
nécessité d'une libération, fruit d'une illumination de la conscience et d'une rectification de l'agir.

Dans le domaine de la prière, par exemple, la docilité à
la formation ecclésiale lui permet d'accéder aux formes les
plus hautes du sens du sacré et de la louange [59]; par la Liturgie,
il est constamment mis en contact avec l'ensemble du Mystère
du salut. Grâce à elle, son esprit de prière se purifie et s'élargit. De même, pour passer au domaine de l'action, on résoudra
plus facilement le problème fondamental qu'elle pose: comment vivre l'Evangile aujourd'hui? si l'on considère les solutions apportées par les saints au cours des siècles. Pour rejoindre le concret, il sera toujours nécessaire de se situer personnellement par rapport aux exigences de l'Esprit; mais on
sera aidé dans l'invention et le discernement des attitudes pratiques par l'étude des modèles que sont les saints. La caution
que leur apporte l'Eglise vise avant tout à susciter des lumières pour l'action, lumières plus tamisées certes que la splen-
deur du Verbe incarné, mais souvent plus facilement per-
ceptibles.

Il faut encore aller plus loin dans le souci de la recherche
et de l'accomplissement de la volonté de Dieu. Puisque, d'une

---

[59] Cf. CH. A. BERNARD, *La prière chrétienne.* Coll. *Essais pour notre temps*, DDB, 1967, pp. 301-307.

part, la réalité est si complexe et que les conditions subjectives de la vie spirituelle, d'autre part, mêlent sans cesse les pulsions mauvaises aux attraits spirituels, il importe de faire appel à l'assistance de l'Eglise au moyen du conseiller spirituel.

Ce besoin n'est pas propre à la vie chrétienne. En tant, en effet, que la vie spirituelle constitue un développement continu et irréversible, l'assistance d'un guide spirituel apparaît extrêmement utile, et on le retrouve en toutes les traditions [60]. Pour parcourir un itinéraire spirituel difficile, il est bon de régler sa marche sur un guide qui connaisse la signification d'une telle entreprise et qui soit, jusqu'à un certain point, un « modèle » réalisant concrètement un idéal entrevu. Par son expérience, il permettra d'éviter les obstacles, et d'économiser les forces. Toute vie spirituelle étant un combat entre la pesanteur naturelle et l'attrait des valeurs élevées suscite nécessairement des perplexités et reste à la merci d'egarements. En se mettant sous la conduite de quelqu'un, on marche plus aisément et avec plus d'assurance.

Dans la vie chrétienne, la relation du conseiller spirituel à celui qu'il aide trouve un nouveau fondement dans une situation théologique originale: l'un et l'autre veulent se soumettre à la volonté de Dieu qu'ils recherchent en fonction du présent et pour réaliser une vocation personnelle. Le père spirituel ne veut donc pas imposer sa conception particulière ou sa propre décision ni le fils spirituel renoncer à sa responsabilité. A ce dilemme, pas d'autre solution que la présence même de l'Esprit-Saint au coeur de leur relation interpersonnelle. Intérieur à l'un et à l'autre, l'Esprit est aussi intérieur au message évangélique qui fonde les principes de la décision tout comme il l'est aux circonstances qui exigent une décision. La relation spirituelle, par conséquent, même si elle intègre nécessairement des éléments psychologiques et psycho-sociologiques, dépasse ceux-ci et demeure capable de fonder un agir authentique selon la volonté de Dieu, compte-tenu de la condition humaine où quelque obscurité assombrit toujours les zones de clarté.

La forme même de cette relation en manifeste aussi l'originalité principale qui est de préserver la liberté de celui qui

---

[60] Cf. AA. VV. *Le Maître spirituel dans les grandes traditions d'Occident et d'Orient.* Coll. Hermès n. 4, Tournai, Desclée, 1967.

est aidé. C'est dire que l'expression du dialogue spirituel ne peut être autoritaire mais de l'ordre propre du conseil.

On objectera qu'autrefois le conseil prenait la forme d'une « direction » et s'apparentait facilement à une injonction. Le fait est indéniable; encore faut-il en saisir le contexte. Il faut songer en particulier qu'autrefois la mentalité chrétienne supposait un accord profond non seulement sur les principes de la foi mais sur la conduite pratique. Bien souvent, par conséquent, le directeur ne faisait qu'énoncer clairement des exigences dont le fondement objectif apparaissait contraignant; ou bien, si ce dernier faisait défaut, la finalité subjective de l'exercice des vertus, elle aussi acceptée d'un commun accord, justifiait les exigences, quoique de manière extrinsèque. Encore eût-il fallu, pour éviter tout abus, s'en tenir rigoureusement à un principe pédagogique qu'énoncera Scheler: « La limite de tous les faux-ordres pédagogiques (c'est-à-dire les injonctions fondées sur l'autorité et appliquées à tel individu pour telle situation particulière) consiste en ce qu'ils ne sont justifiés que dans la mesure où l'éducateur est convaincu que son élève, supposé mûr et développé, aurait fait *de lui-même* exactement ce qui lui est prescrit »[61]. Que certains directeurs aient cru trop facilement remplir cette condition est évident; laissons-leur du moins le bénéfice de la bonne foi!

Mais les conditions actuelles, plus difficiles, nous renvoient à une conception plus saine du véritable conseil spirituel.

La difficulté majeure de notre temps concerne la détermination d'une image communément reçue de la vie chrétienne. Non seulement on n'accepte plus une seule notion — nécessairement conformiste — de la vie sociale chrétienne, mais, par contrecoup, on refuse de fixer une image a priori de l'homme spirituel: qui se hasarderait encore, sauf en des cas rarissimes, à proposer une forme de sainteté que l'avenir ratifierait?

En plaçant le dialogue spirituel au plan du conseil, on évite l'extrinsécisme d'autrefois et l'on invite au contraire à un processus d'intériorisation. Parce que le conseil, général ou particulier, ne fait que proposer une solution, il éveille la réaction personnelle sans la contraindre. En se guidant, par

---

[61] SCHELER, M., *Le formalisme en éthique*, traduit par M. de Gaudillac, Paris, Gallimard, 7e édition p. 220. La parenthèse est ajoutée comme explication du texte. Les mots sont soulignés par l'auteur.

conséquent, sur le conseil, soit qu'il l'accueille en totalité, soit qu'il s'en serve pour former sa propre détermination, le fils spirituel se donne à lui-même sa propre loi. Bien loin par conséquent que la relation spirituelle détruise l'autonomie de la conscience, elle doit se fixer pour but de la susciter. Mais elle le fait en manifestant constamment les exigences de l'Esprit et en renouvelant la pureté de l'intention.

* *

Le premier moment spirituel de l'accueil se caractérise par une certaine indétermination, tant du point de vue de la connaissance de Dieu que de celui des attitudes pratiques.

Celles-ci ne sont fermes que dans le rejet du péché et la volonté de conférer au passé une nouvelle signification. La vie antérieure a perdu sa consistance. La nouvelle ne l'a pas encore véritablement trouvée. Dans ces conditions, l'attitude intérieure sera surtout celle de l'attente qui se manifeste dans une disponibilité totale et le désir de servir: cadre qui appelle d'autres déterminations plus précises.

Correspondant à cette exspectative, le sens de Dieu demeure général: il est le maître, le sauveur, le Dieu bienveillant et attentif. Cette indétermination empêche l'investissement prématuré de l'affectivité et sauvegarde la possibilité des choix plus précis qui devront intervenir. L'idée de vocation à la sainteté exerce sa fonction d'attrait et de purification; elle deviendra vocation à telle ou telle forme d'imitation du Christ, à telle ou telle fonction dans l'Eglise au service des hommes.

Cependant, il faut bien vivre: c'est dès maintenant qu'il faut se tenir sous l'influx vivifiant du Christ. Les principes généraux qui guident la vie spirituelle requièrent un complément dans la soumission confiante à la conduite de l'Eglise. Ainsi, le commençant se laisse-t-il former à la prière et sollicite-t-il un conseil spirituel qui lui permette de faire ses premiers pas sans trop de risques. Pour lui, la loi est la lampe qui le guide sur un chemin difficile. Avec simplicité et humilité, il accepte cette dépendance et cette hétéronomie initiales. Mais ce n'est qu'une étape. Il faut croître et rechercher une autonomie à laquelle le Seigneur lui-même appelle.

CHAPITRE SIXIEME

MATURITE ET ENGAGEMENT

Même si quelqu'un voulait maintenir sa vie spirituelle en l'état peu différencié que nous venons de décrire, la poussée de la vie le contraindrait à prendre parti.

D'une part, l'adulte s'insère toujours plus profondément dans son milieu social et, normalement, il est amené à prendre des responsabilités; il peut fonder une famille ou participer à la vie politique ou professionnelle. Plus généralement encore, au fur et à mesure qu'il prend conscience de la vie du monde et ressent sa solidarité avec les hommes qui l'entourent, il doit se poser le problème de sa responsabilité. A cela l'engage la loi même de charité qui ne saurait laisser quoi que ce soit hors de son influence.

Tout homme, d'autre part, qui s'avance dans la vie doit assumer le temps dans lequel se forge sa personnalité, et se construit son destin. Comme le remarque avec force Mme E. Amado Lévy-Valensi, « la morale est solidaire de toute une attention au temps qui sanctionne le passé dans le présent, fonde le présent sur la leçon de l'expérience, prophétise l'avenir et *lie* l'homme aux étapes de son histoire, à ses actes, à son prochain » [1]. Cette épaisseur de la durée, qu'accompagnent « l'épaisseur du corps » et « l'épaisseur de la conscience » [2], s'impose à celui qui ne veut pas subir son destin mais lui donner forme, ce qui est l'essence de la vie morale.

Ces deux aspects de l'engagement et de la maturité personnelle procèdent du même pas. N'est pas mûr qui ne sait prendre sa responsabilité vis-à-vis de soi-même et des autres; n'est pas adulte dans le Christ qui ne situe pas toute sa vie par rapport aux valeurs évangéliques.

---

[1] E. AMADO LÉVY-VALENSI, *Le temps dans la vie morale*, Paris, Vrin, 1968, p. 15.

[2] JANKÉLÉVITCH, Vl., *Traité des vertus*, Paris, Bordas, 1968, I, 31.

La recherche de la maturité éthique suppose donc une transformation orientée selon un système de valeurs. Mais il faut évidemment tenir compte d'une condition très simple: l'effectuation des valeurs n'est authentique que dans la mesure où les situations sont appréhendées en vérité. On ne peut se passer ni de la réflexion ni de l'expérience. Cette dernière est encore davantage tributaire du temps. Si nous considérons par exemple la relation au corps propre, il est clair qu'elle n'est pas acquise par la simple lecture d'un manuel de médecine. Il faut attendre d'avoir fait l'expérience de la faiblesse, de la maladie, de la manifestation des pulsions sexuelles pour pouvoir orienter convenablement son effort moral de contrôle et ajuster à ses forces l'efficacité de son action. N'en va-t-il pas de même dans l'ordre de la relation sociale et politique? Une certaine connaissance des personnes et de la complexité non seulement des situations sociologiques mais aussi des motivations qui inspirent les hommes peut seule permettre une participation éclairée à la vie professionnelle ou nationale. Tout cela requiert du temps; et c'est sans doute l'unique domaine où, incontestablement, l'âge apporte quelque profit!

Mais cette maturité que l'on recherche veut être une maturité chrétienne. Elle renvoie ainsi à un approfondissement doctrinal non moins qu'à un affermissement et un enrichissement de l'adhésion au Christ et à son message. Celle-ci présente différents aspects: l'Esprit-Saint en est le principe vivifiant, l'amour la source de ses motivations; le Dessein de salut en dessine le cadre théologique; le Christ évangélique enfin en apparaît comme la norme vivante. La maturation spirituelle doit donc conduire à une pénétration continue de l'ensemble du Mystère de foi.

Ce qui rend cet effort plus contraignant et plus difficile, c'est le fait que le monde où s'inscrit l'action pose des problèmes de plus en plus complexes à ceux qui veulent en maîtriser les manifestations techniques, économiques, sociales et politiques. En mettant ainsi à l'épreuve le savoir-faire et la sagesse des hommes, l'histoire interpelle le chrétien, qui est homme lui aussi. Mais l'interpellation se fait plus pressante du fait que la recherche de solutions techniques doit s'allier à la volonté de maintenir une inspiration évangélique et de porter sur les choses et les événements la lumière de la Révé-

lation telle qu'elle peut apparaître à la réflexion personnelle
ou commune.

Etant donnée l'interaction inévitable des deux pôles de
la relation chrétien/monde, le problème spirituel de la maturité éthique, s'enrichit d'une dimension que l'on met en valeur
aujourd'hui: l'engagement socio-politique. Nous allons donc diriger notre réflexion tant du côté du *sujet* qui se transforme
que *de son action sur le monde*. Ainsi tenterons-nous de satisfaire la requête d'unité caractéristique de la maturité spirituelle.

§ 1 — LE TEMPS COMME CROISSANCE ET ÉPREUVE

L'idée de durée nous est en un certains sens trop familière: qui s'émerveille de l'attente des moissons ou du secret
de la gestation ou du temps nécessaire à la croissance d'un
homme? Et pourtant, même si on tente continuellement de
réduire ces phénomènes à une explication mécaniste, ils témoignent de l'existence d'un élan vital irréductible et mystérieux. De toute façon, le temps sollicite la conscience pratique: il faut bien prendre sa vie en main. Si je refuse de le
faire, cette démission portera plus tard ses fruits amers, tout
comme la démission des éducateurs ou de la famille prépare
des lendemains pénibles. Et dans la perspective qui est ici la
nôtre, l'urgence d'analyser l'idée de temps spirituel s'impose
d'autant plus que nous nous trouvons confrontés à deux aspects de ce temps: décision et durée [3], car la vie spirituelle commence dans la décision et se développe progressivement.

Du point de vue spirituel, l'aspect le plus immédiatement
perçu est celui de l'instant de l'engagement. Une lignée continue de penseurs et de théologiens depuis Kierkegaard jusque
K. Barth et Bultmann insiste sur le recommencement ponctuel
de la décision de foi. Toute la vie chrétienne, selon la pensée
de Bultmann, dépend de la décision suscitée par le Message.
Sans cette décision de foi, le Message et la personne du Christ
appartiennent à la chronique du passé. Ils ne deviennent vi-
vants et compréhensibles qu'à travers la décision qui les ac-
tualise. Une telle perspective existentielle est nécessairement

---

[3] Nous avons déjà parlé (pp. 76-80) du temps comme *situation historique* de la vie spirituelle. Le présent recueille le passé et tient compte
du futur eschatologique. De plus, en tant que présent, il est relié à l'actualité éternelle de Dieu.

supposée en spiritualité. Mais suffit-elle? Ne doit-elle pas composer avec l'idée de permanence? Permanence de l'action de l'Esprit à travers toute l'histoire sainte, à travers la vie de Jésus parcourant les étapes du Dessein du Père, à travers la prédication de l'Eglise et la transmission du Message, à travers l'efficacité du baptême dont la durée se fonde sur la fidélité de Dieu? Ne faut-il pas admettre une durée qui est croissance marquée par les temps forts des décisions? Et, s'il en est ainsi, comment concevoir le rapport de l'acte décisif à la permanence vitale qui est croissance?

L'Evangile lui-même accrédite l'idée de croissance spirituelle. En comparant le Royaume de Dieu au grain de sénevé ou au levain (Mt. 13, 31-32), le Seigneur songe d'abord à la présence du Royaume dans le monde, mais les paraboles de l'accueil indiquent bien aussi que le Royaume fait en chacun de nous sa demeure. D'une manière encore plus précise, saint Paul oppose l'enfant à l'adulte (Ep. 4, 14) et se considère lui-même comme engagé dans une course à laquelle le Christ l'appelle. Certes, le terme est la vie éternelle, mais la vie présente l'anticipe déjà: « Non que je sois déjà au but, ni déjà devenu parfait; mais je poursuis ma course pour tâcher de saisir, ayant été saisi moi-même par le Christ-Jésus ... » (Ph. 3, 12; cf. I Cor. 3, 1-2).

Bien qu'il ne soit pas impossible de trouver une ligne progressive dans la vie spirituelle de saint Paul[4], il suffit de considérer que la tradition chrétienne non seulement a retenu l'idée de croissance, mais s'est accordée pour y distinguer trois grandes étapes que l'on peut caractériser de différents points de vue: foi-gnose-amour; enfant-adulte-gnostique[5]; ou d'une manière plus générale: purification-illumination-union. Ce schème présent chez Origène, Basile et Grégoire de Nysse s'appuie sur des textes platoniciens et persiste chez tous les auteurs spirituels, signe qu'il correspond à une expérience commune.

Il n'est pas nécessaire, pour notre propos, d'insister longuement sur la justification d'une telle conception. Essayons plutôt d'en dégager deux aspects importants.

---

[4] Cf. J. Lebreton, art. *Contemplation chez saint Paul*, dans *Dict. spir.* II, 2, col. 1698-1716. Spécialement col. 1707.

[5] Cf. J. Moingt, *La gnose de Clément d'Alexandrie*, R.S.R. 37 (1950), 216-217.

Le premier concerne la structure du temps vital. Dans tous les domaines, on remarque qu'une période plus ou moins longue de préparation précède un temps d'émergence qui est aussi un temps de crise. La croissance de l'enfant prépare l'explosion de l'adolescence, tout comme une longue insatisfaction peut préparer la conversion. Il est clair que le moment d'émergence fait l'objet d'une attention et d'une perception plus intenses; on ne peut en déduire que la préparation, si cachée soit-elle, n'en demeure pas une condition indispensable de possibilité. Et il faut ajouter que la prise de conscience de moments spirituels nettement qualifiés — comme sont par exemple la connaissance intérieure du péché, le propos de conversion, la pensée de la vocation — contient un caractère d'irréversibilité qui fait que l'on ne retourne plus jamais à l'état antérieur. Le penser est naïf; le vouloir est irréel. Il s'agit toujours d'assumer la situation présente avec un courage réaliste.

De ce premier aspect structurel du temps dérive celui qui concerne la relation entre les deux moments de préparation et d'émergence: le premier dispose au second. Mais en fait, cette notion de disposition d'un état antérieur en fonction d'un état postérieur, peut s'élargir à d'autres aspects de la durée spirituelle. C'est ainsi que les rapports entre nature et surnaturel peuvent entrer dans cette catégorie puisque, dans l'ordre logique tout au moins, l'ordre de nature qui accueille le surnaturel lui est présupposé. On raisonnera de même en ce qui concerne l'activité de l'homme en relation à son progrès spirituel. Elle ne peut en être une cause immédiate puisque l'augmentation de la grâce et des vertus théologales dépend de la liberté de Dieu. Elle ne peut non plus lui être indifférente car le don de Dieu suppose une correspondance active de l'homme comme nous en avertit la parabole des talents. Le mieux est donc de caractériser le rapport entre les moments successifs de l'évolution temporelle comme un rapport de disposition à un état ultérieur.

Se disposer à la croissance spirituelle.

C'est bien ainsi que s'expriment les grands auteurs classiques, notamment ceux du « siècle d'or » espagnol: saint Ignace de Loyola, sainte Thérèse d'Avila et saint Jean de la Croix. Il nous sera utile d'apporter ici le témoignage de leur doctrine pour corroborer et préciser notre argumentation.

Dans le texte de ses *Constitutions,* saint Ignace insiste sur la double disposition qui régit les rapports entre moyens humains et ordre surnaturel: d'une part, les dons naturels de l'apôtre tirent leur efficacité, dans l'ordre de la fin dernière à obtenir, des moyens spirituels mis en oeuvre; d'autre part, ceux-ci ont pour fonction d'unir l'instrument à Dieu et de le disposer à être régi par la main divine. Ce texte, visant d'abord le corps de la Compagnie, est d'une portée tout à fait générale: « Pour maintenir et développer non seulement le corps, c'est-à-dire l'extérieur de la Compagnie, mais aussi son esprit, et pour réaliser son but, qui est d'aider les âmes à atteindre leur fin suprême et surnaturelle, les moyens qui unissent l'instrument à Dieu et le disposent à bien se laisser conduire par la main divine, sont plus efficaces que ceux qui le disposent à l'égard des hommes; tels sont la bonté et la vertu, spécialement la charité, la pure intention du service divin, la familiarité avec Dieu notre Seigneur dans les exercices spirituels de dévotion, le zèle sincère des âmes sans chercher d'autre intérêt que la gloire de celui qui les a créées et rachetées. Ainsi en conséquence, on doit faire en sorte que tous les sujets de la Compagnie s'adonnent aux vertus solides et parfaites et aux choses spirituelles, auxquelles il faut attacher plus d'importance qu'à la science et qu'aux autres dons naturels et humains. Ce sont, en effet, ces dons intérieurs qui doivent donner aux dons extérieurs leur efficacité par rapport au but poursuivi » [6]. Remarquons que saint Ignace parle des dons naturels qui disposent à l'action envers les hommes. Pourquoi: disposent? Sinon parce que, dans ce cas aussi, l'action se trouve confrontée à une liberté extérieure qu'on ne peut vraiment contraindre: ni celle des hommes, ni celle de Dieu.

Saint Ignace se situait dans la perspective apostolique pour insister sur le caractère dispositif des vertus et capacités naturelles par rapport à l'efficacité surnaturelle de l'action. Dans l'ordre contemplatif, il n'en va pas autrement. Pour qui tend à l'union à Dieu, remarque sainte Thérèse d'Avila, un effort est requis pour s'y disposer: « Il y en a bien peu parmi nous qui arrivent aux dispositions requises pour que le Seigneur leur découvre (la perle de la contemplation). A l'extérieur, je

---

6 IGNACE DE LOYOLA, *Constitutions de la Compagnie de Jésus,* X, 2. Coll. Christus, Paris, DDB, 1957, t. I, p. 253-254.

l'avoue, nous allons bien, et nous pratiquons ce qui est nécessaire pour l'exercice des vertus; mais pour arriver à l'état
dont je parle, il faut travailler beaucoup, oui beaucoup et ne
nous négliger en rien »[7]. La même doctrine se retrouve chez
saint Jean de la Croix: Et, même si celui-ci insiste davantage
sur l'action efficace de Dieu, il rappelle la nécessité de se disposer à l'union: « Je dis que Dieu doit mettre (l'âme) en cet
état surnaturel, mais qu'aussi elle s'y doit disposer autant
qu'il est en elle — ce qu'elle peut faire naturellement, surtout
avec l'aide que Dieu lui donne »[8]. A vrai dire, tout état spirituel est toujours disposition pour un état supérieur suivant[9]:
le Seigneur dispose l'âme ou celle-ci, avec l'aide de la grâce,
se dispose elle-même.

On ne peut se flatter que l'emploi des mots: « disposition »,
« se disposer » apparaisse parfaitement adéquat pour désigner
la relation mystérieuse de la nature au surnaturel ou décrire
le mouvement du progrès spirituel. Il permet cependant, au
plan qui nous intéresse, de réserver l'entière liberté de Dieu
dans la communication variée de sa grâce: Dieu n'est contraint
à répandre ses dons ni par sa libéralité dans l'ordre de la
nature, ni par les désirs ou les efforts de l'homme; il demeure
libre. Mais d'autre part, on ne peut nier une cohérence profonde dans l'accomplissement temporel de son dessein: qui
exploite les talents confiés par Dieu, ou correspond à ses lois
et à ses désirs, s'oriente dans le sens de l'action divine et se
place sous la mouvance de la grâce. En disant qu'il se dispose
alors à un progrès spirituel, on insiste tout simplement sur
la fidélité de Dieu qui oeuvre avec continuité à l'accomplissement de son Dessein.

L'idée de fidélité divine[10] apparaît extrêmement riche. La
racine du mot hébreu qui la désigne se réfère avant tout à
l'idée de fermeté et de sécurité; mais elle suppose souvent la
bienveillance: « La *chesed* représente au sein des changements
inhérents à une révélation de Dieu dans l'histoire, l'élément
permanent qui permet à Yahweh d'être toujours fidèle à lui-

---

[7] Thérèse d'Avila, *Le château de l'âme*, Cinquième demeures, c. 1,
dans *Oeuvres*, éd. cit., p. 893.
[8] Jean de la Croix, *Montée du Mont Carmel* III, 2, dans *Oeuvres*,
Paris, DDB, p. 314-315.
[9] Id., *Vive flamme*, III, v. 3; *Ibid.*, p. 1038.
[10] Sur ce point, cf. E. Jacob, *Théologie de l'Ancien Testament*, Dela-
chaux Niestlé, 2ᵉ éd., pp. 82-85.

même » [11]. Pour Dieu même, il s'agit de surmonter toutes les fluctuations temporelles: aussi bien celles qui découlent d'un accomplissement progressif que celles qui ont pour cause les refus et les péchés des hommes. Une unique fidélité bienveillante assure la continuité du Dessein d'amour de Dieu. Au-delà du droit et d'exigences qui seraient inscrites dans la création, il faut faire appel à l'idée de grâce. Une fidélité éternelle « n'est pas seulement la manifestation de la fidélité divine dans le passé mais ' la grâce irrévocablement promise ' dont le roi David n'a été que le premier signe et dont le peuple attend l'accomplissement » [12].

L'épreuve du temps.

Cependant, en étant la condition de la croissance spirituelle le temps se manifeste bientôt comme le lieu de l'épreuve.

La raison la plus profonde en est sans doute la difficulté intrinsèque de la vie de foi. Tout entier disponible pour le service de Dieu, le spirituel commence maintenant à rechercher la forme concrète que doit prendre le service. Or, la foi ne lui en précise que certains contours. Dérivant de l'unique exigence de l'amour, les prescriptions de la Loi évangélique déterminent un cadre général qui s'impose à tous mais qui ne saurait dispenser de la recherche de l'application concrète: comment l'enfant acquerra-t-il son autonomie par rapport aux parents? Comment se conciliera la manifestation de l'amour conjugal avec les responsabilités parentales? Comment oeuvrer pour la paix tout en vivant dans un monde de violence? Les questions se multiplient à la mesure même de l'élargissement du sens de la responsabilité morale. Et le problème devient encore plus aigu dès qu'on entre dans le domaine social et politique: car la foi, ici, en dehors du maintien de quelques principes généraux, laisse un espace immense aux solutions techniques de la recherche rationnelle.

Si l'on s'en tenait à la difficulté naissant de l'obscurité et de l'indétermination de la foi, l'épreuve requerrait surtout de la patience; elle deviendrait rarement tragique. Mais la recherche de foi se combine avec le caractère ambigu du temps qui menace tout amour.

---

[11] *Ibid.*, pp. 83-84.
[12] *Ibid.*, p. 85.

Alors que l'amour, humain aussi bien que divin, dit ouverture, expansion et positivité du don, il s'accompagne inévitablement de motions contraires: le repliement sur soi, l'agressivité et même, mystérieusement, d'un vertige de destruction et de mort [13]. D'une manière plus courante, la succession des désirs en une personne se trouve rarement en parfait accord avec les réponses de l'autre; et, lorsqu'il s'agit de Dieu, l'obscurité de la foi maintient toujours une distance entre le désir et la possession. Bref, l'amour est menacé en son accomplissement et en son existence.

C'est aussi dans le temps que la vie morale voit naître les obstacles à la réalisation de son propos de charité. Si l'amour, en effet, dit liberté du don et se manifeste dans la spontanéité, sa liberté n'est pas inconditionnelle comme si l'essentielle décision intérieure pouvait s'actuer et se maintenir sans tenir compte de la pesanteur de la psychè et des résistances du milieu, choses et personnes. En d'autres termes, l'amour ne saurait durer sans se soumettre à un *ordo amoris*: Pour prendre quelques exemples, disons que l'amour humain exige le respect de l'autre et par conséquent la subordination du plaisir à la manifestation de l'union interpersonnelle, à la valorisation réciproque, au voeu de communiquer la vie; pour bannir l'égoïsme, toujours prêt à naître et à renaître, le meilleur moyen demeure la soumission au fondement objectif de *l'ordo amoris*. De même, à qui veut vivre son amour des hommes en vérité, il est nécessaire de tenir compte de *l'ordo amoris* qui est d'abord justice sociale, respect de la personne, souci de promotion; le cercle peut s'élargir de la relation parents-enfants au domaine social et économique ou aux rapports entre nations riches et pauvres, l'amour ne se manifeste authentiquement que s'il se soumet à des conditions objectives, quelles que soient par ailleurs les mutations que subit, au cours d'une histoire en continuel renouvellement, la prise de conscience de ces mêmes conditions.

---

[13] Sans doute est-ce dans ces motions qu'il faut situer la source des épreuves de blasphème et de révolte qui, selon saint Jean de la Croix, caractérisent les moments plus intenses de la nuit des sens.

L'effort moral.

En portant sur l'agir humain cette vue qui apparaît réaliste, nous fondons solidement l'idée d'effort moral tendu vers la maturité personnelle en fonction de l'amour.

Le but de l'ascèse n'est rien d'autre, en effet, que la libération de la charité. En supposant sa présence dynamique dans une personne, nous établissons du même coup une volonté de dépassement des limitations charnelles, égoïstes ou intellectuelles. Mais, comme le remarquait déjà Aristote, la volonté n'exerce pas sur les pulsions de toutes sortes une emprise despotique; elle agit plutôt avec la patience, qui n'exclut pas la détermination, d'un pouvoir politique analogue à celui des parents sur l'enfant. Cette oeuvre de libération s'impose. Sans doute n'atteindra-t-elle jamais la perfection; du moins, doit- elle y tendre continuellement.

Il faut en effet ajuster les pulsions inférieures et négatives à l'élan vers autrui: Dieu et le prochain. Même si en un premier moment, par conséquent, l'effort moral apparaît répressif, il ne l'est qu'en fonction d'une volonté profonde, présupposée, de vivre selon l'amour vrai, dont l'Evangile nous donne la formulation décisive. Comme on le voit, l'idée de spontanéité, au nom de laquelle on refuserait toute mesure répressive, se révèle ambiguë; elle peut se situer à des niveaux différents: la superficialité du caprice, la pulsion immédiatement biologique, l'impulsion profonde mais dévoyée, enracinée dans des désordres psychiques anciens, ou bien l'intériorité de la décision rationnelle, et finalement la motion de l'Esprit. En fait celui qui veut suivre la prudence rationnelle ou l'élan de l'Esprit n'arrivera jamais à éliminer les interférences des motions inférieures, mais il les affaiblira, les canalisera, les utilisera, en sorte que les actes qu'il pose par obéissance à l'amour vrai le conduiront à la maîtrise de soi.

Telle était sans aucun doute la perspective de la sagesse antique, surtout aristotélicienne et stoïcienne, lorsqu'elle dressait des catalogues de vertus. Une fois assigné à l'activité humaine un but suprême, l'effort moral tendait à orienter tous les mouvements éthiques en cette direction. Platon posait-il un idéal de justice, reflet de la rationalité idéelle, ou un idéal de contemplation par l'assimilation progressive au monde des Idées, il déterminait par là-même l'effort à pratiquer pour subordonner toutes choses à la réalisation de l'idéal. Tout en gardant l'idée platonicienne de la haute valeur de la contemplation, Aristote insistait sur un autre aspect de l'effort éthique: parvenir à l'actuation la plus intense de l'esprit ou, comme nous dirions aujourd'hui, de la conscience; en analysant les différents niveaux de l'activité de la conscience, étroitement unie à l'activité corporelle, il avait plus le souci d'établir une harmonie que d'imposer des renoncements; la vertu signifiait une force plus grande et, somme toute, une plus grande liberté. Quant aux Stoïciens, tout leur problème consistait à dégager une liberté rationnelle de plus en plus pure. Mais si on ne veut pas trop confondre leur position avec celle de nos existentialistes contemporains, il faut tenir compte du fait que la raison, pour eux, s'accordait à l'ordre ontologique de l'Univers. La perspective objective continuait à les rattacher à la sagesse grecque traditionnelle. Pour tous, les catalogues de vertus se référaient à l'analyse de la situation de l'homme dans le monde: celui des hommes et celui de la nature. L'effort moral tendu vers l'acquisition des vertus ne niait donc pas la liberté de l'esprit; il l'assurait en quelque manière par l'harmonie que le sage établissait progressivement et qui permettait d'orienter l'être humain vers la valeur la plus élevée.

En passant du rapport à l'entourage au rapport interpersonnel de la réciprocité des consciences, on change de registre mais sans abandonner la nécessité de surmonter le temps. Qui veut se donner à autrui selon des modalités d'amitié, de service, d'amour, de coopération, d'éducation etc..., retrouvera les pesanteurs et les conditionnements. L'acte de liberté grâce auquel on avait instauré ce rapport interpersonnel doit s'assujettir peu à peu toutes les résistances. Bref, une morale fondée sur la relation interpersonnelle, si elle ressent avec plus d'urgence le besoin de dégager sa source jaillissante, n'est pas dispensée de tracer des canalisations afin que le courant vivifiant arrive jusqu'aux terres à féconder. Assurer ces canalisations, inévitablement un peu rigides et logiquement disposées, c'est, du point de vue éthique, construire une conduite vertueuse. Celle-ci contraint apparemment la liberté. En fait, elle est une descente de la liberté dans une nature pulsionnelle qui ne se prête pas parfaitement à la transmission de l'élan spontané originel. En devenant vertueux, on libère les sources fécondantes; on en règle l'efficacité; on les relie à leur champ d'action. Et, en retour, l'écoulement plus régulier et plus abondant rend l'exercice de la liberté plus facile, plus agréable et plus intense.

La fidélité.

Quelles que soient, par ailleurs, les formes vertueuses, puisque toujours il s'avère nécessaire de vaincre la durée, toujours aussi, il faut en appeler à la fidélité. Jankélévitch remarque à son propos qu'elle n'est pas tant une vertu à part que le qualificatif de toute autre vertu: l'amitié, ou le courage, ou le dévoûment, seront fidèles: « On peut même penser que la Fidélité, vertu d'intervalle, n'existe pas au sens du substantif, mais seulement comme adjectif d'une autre vertu, d'une vertu fidèle ... La fidélité qui ne dit pas à quoi elle est fidèle est donc une petite vertu, une vertu mineure et en quelque sorte hypothétique; au sens stoïcien, un adiaphoron, une chose indifférente » [14]. On réservera cependant plus facilement le terme de fidélité pour qualifier la constance appliquée à une relation interpersonnelle. Tout comme l'amour, la fidélité apparaîtra alors une vertu inconditionnelle. Non pas que tous les éléments concrets d'un amour personnel soient bons inconditionnellement; mais le fait d'aimer une personne est toujours positif; lui demeurer fidèle, malgré les contradictions et les échecs, est toujours bon, sans préjudice cependant de la recherche de sa promotion.

Du point de vue spirituel, la fidélité dessine des contours encore plus fermes et plus constants. Plus qu'une fidélité à des choix particuliers, elle se réfère au choix fondamental de la foi et correspond à la fidélité de Dieu qui maintient son alliance avec le peuple et chacun d'entre nous. Comme la fidélité de Dieu surmonte le temps mauvais du péché de l'homme, ainsi notre fidélité doit-elle surmonter les périodes obscures et troublées de la foi. Le fondement d'une telle fidélité est la distance que l'on perçoit entre la solidité de l'être de Dieu reconnue par la foi et la conscience discontinue de son assistance concrète. Par là, la fidélité permet à Dieu d'affirmer malgré tout la permanence de son action et à l'homme de se

---

[14] JANKÉLÉVITCH, Vl., *Traité des Vertus*, Paris, Ed. Bordas, 1970, t. II, p. 409. Sur la vertu comme « recommencement continué », voir dans la même ligne de pensée, E. AMADO LÉVY-VALENSI, *Le temps dans la vie morale, op. cit.*, pp. 181-187, le chapitre sur la cohérence et la fidélité.

reconquérir dans la praxis. La fidélité transforme le temps dont les fluctuations sont ressenties comme destructrices, en moyen indispensable d'édification.

Nous avons insisté jusqu'ici sur la considération du temps dans la vie morale. Aucune autre en effet n'est plus importante pour caractériser la place que tient l'effort éthique dans la vie spirituelle. Il est banal sans doute de dire que celle-ci est temporelle. Rappelons en conclusion les conséquences de cette affirmation qui doivent demeurer présentes pour orienter correctement la praxis chrétienne. Le premier aspect concerne la modalité de la coopération de l'homme au don premier de Dieu; elle se résume dans l'idée de disposition qui maintient tant le caractère temporel de la praxis que la considération du rapport entre notre liberté et celle de Dieu. D'un point de vue plus général, il est clair que la considération de l'épaisseur temporelle de l'effort éthique suppose une transformation de l'agir humain basée sur l'acquisition des vertus; l'agir vertueux possède la stabilité et la force sans léser la liberté d'exercice. Enfin, en tenant compte de tous les obstacles que la durée suscite à la manifestation authentique et durable de l'amour, nous avons mis en valeur une attitude intérieure spécifiquement chrétienne: celle de la fidélité qui répond à la fidélité de Dieu.

§ 2 — LE MOMENT D'AUTONOMIE

L'épreuve du temps et l'appel à la fidélité qu'elle suscite se prolonge en une autre dimension, celle de l'autonomie rationnelle. Si, en effet, la décision de s'attacher au Christ découvre un sens nouveau de la vie et engendre un nouvel élan, il lui reste à se mettre à la découverte des structures de son actuation.

Déjà l'idée de vertu impliquait une recherche des structures. Si l'on s'en tient, par exemple, à la définition aristotélicienne: « La vertu est une disposition acquise, volontaire, consistant par rapport à nous dans la mesure, définie par la raison, conformément à la conduite d'un homme réfléchi »[15], on notera immédiatement que l'idée de mesure, établie de manière à la fois rationnelle et empirique, fondamentalement rela-

---

[15] ARISTOTE, *Ethique à Nicomaque*, II, 1106 b 35. Trad. Tricot.

tive à nous, les hommes, suppose l'étude et la découverte des structures de la vie humaine en toutes ses dimensions.

Plusieurs points de vue, alors, se présentent. Le plus ancien, celui qu'ont repris tous les auteurs ascétiques soucieux d'agir efficacement et donc « mettant la cognée à la racine de l'arbre » part du composé humain et du substrat biologique des passions. Celles-ci s'enracinent dans les pulsions vitales, nécessaires et facilement désordonnées; il faut donc les maîtriser, les contrôler, les orienter pour finalement les soumettre à un dessein plus haut. La situation est-elle tellement différente lorsqu'on passe à une morale des valeurs? Certes, avec Scheler, on rejette une perspective strictement objectiviste qui se heurte à la grande difficulté de la diversité des moeurs, source de relativisation de la norme morale; on fait alors appel à des sphères de valeurs davantage centrées sur le sujet et son intentionalité fondamentale: la sphère de l'agréable et du désagréable, les valeurs vitales, les spirituelles, et la sphère du sacré. Mais il s'agira toujours d'observer une hiérarchie entre ces différentes sphères de valeurs; de plus, à un moment donné et dans une culture particulière, l'effectuation des valeurs implique un certain contenu matériel qui forme le support obligé de la conduite éthique. Peu importe ici que la perception des valeurs soit plus affective que rationnelle; la conscience éthique n'en possède pas moins une autonomie par rapport à la conscience spirituelle. A l'intérieur d'elle-même, elle se conforme à une discipline pour répondre à la hiérarchie des valeurs qu'elle admet.

A supposer enfin que l'on s'en tienne à la sphère historique de la construction d'un monde, et que l'on tombe d'accord sur ses principes de mise en oeuvre, la personne comme sujet de la moralité se trouvera encore confrontée à la sphère de la vie privée et à celle de la vie familiale. Une telle construction, par ailleurs, présente divers aspects: économique, social, culturel, idéologique. La rationalité intervient pour en préciser le contenu et les structures.

Bref, du point de vue spirituel chrétien auquel nous nous plaçons, et sans même nous appesantir sur le fait que tout engagement historique comporte nécessairement une soumission à des normes universelles comme la dignité de la personne humaine et la considération de l'humanité en tant que telle, nous devons considérer que le sujet moral est renvoyé constamment à un moment rationnel pour actuer sa volonté de travailler à la vie du monde. Nous verrons que ce moment se subordonne en fait à une tension vers le Royaume à instaurer mais, au plan des structures qui commande la réalisation concrète de toute vie morale, une réflexion s'impose qui renvoie au jugement rationnel. Et nous en ressentons d'autant plus l'urgence que nous sommes plus sensibles au développement des techniques et à leurs exigences contraignantes.

La sécularisation.

On peut rapprocher de la notion commode de sécularisation la tendance à l'autonomie éthique. Elle se marquera tout d'abord au point de vue politique: l'état constituant une entité souveraine n'a pas à recevoir ses normes d'une autorité extérieure mais les recherche dans une concertation de citoyens responsables. De même l'homme n'a plus à se soumettre à une nature régie par des lois, mais il la domine techniquement et se trouve ainsi renvoyé à sa propre décision pour orienter sa vie. Il n'est pas jusqu'à la vie religieuse qui ne participe à l'autonomie de l'homme: gardons foi au Dieu qui s'est révélé, mais affirmons que tous les gestes et toutes les institutions que nous avons inventés ne sauraient s'imposer; pas de « religion » donnée une fois pour toutes. Bref, Dieu a renoncé à s'imposer; comme source normative du devenir humain, il s'est caché; pour nous, il est « mort ».

De telles positions doivent être soumises à une critique rationnelle et historique. Si l'on peut concéder facilement que l'Eglise comme institution ne peut se situer au même niveau que l'état, et ne peut par conséquent interférer dans ses décisions, il ne s'ensuit pas logiquement que l'état puisse légiférer sans tenir compte de normes universelles, que l'Eglise, elle aussi, défend et rappelle. Quant au rapport de la moralité à des conditionnements objectifs naturels plus ou moins contraignants, on ne saurait le définir de manière trop simpliste: l'abus objectiviste d'autrefois ne justifie pas pour autant un pur arbitraire dans le domaine, par exemple, de la sexualité, ou dans la disposition de ses facultés physiques et psychiques ou encore du respect de la vie. Enfin, nous pourrions remarquer que le ressentiment nourri contre des superstructures religieuses institutionnelles et soutenues par des étais juridiques

conventionnels ne doit pas conduire à la méconnaissance d'une
structure religieuse fondamentale fondée sur la fidélité à la
transmission du message et la communication de la vie divine;
la question est alors de reconnaître avec exactitude le contenu
de la volonté positive du Christ assistant son Eglise.

Mais, pour nous, ces discussions laissent intactes deux
vérités complémentaires: d'une part, Dieu a réellement laissé
l'homme au conseil de sa propre providence: « Au commencement, il a créé l'homme, et il l'a laissé dans la main de son
conseil » (Sir. 15, 14) [16]; et d'autre part les saints ont vécu
cette autonomie de l'homme non comme une « mort » de Dieu,
mais comme un moment de la relation au Dieu vivant, une
participation à sa sagesse. Quelques aperçus sur cette dernière
expérience vont nous permettre d'en montrer la richesse et
la diversité.

Réflexion et spiritualité chez saint Ignace.

L'un des meilleurs exemples, et des plus riches, de l'alliance du sens de Dieu et de l'autonomie de la réflexion pratique se trouve chez saint Ignace de Loyola. En lui se vérifie
ce qui, selon Bergson, caractérise le « mysticisme complet »
qui est celui des grands mystiques chrétiens: « Certes, nous
vivons dans un état d'équilibre instable, et la santé moyenne
de l'esprit, comme d'ailleurs celle du corps, est chose malaisée
à définir. Il y a pourtant une santé intellectuelle solidement
assise, exceptionnelle, qui se reconnaît sans peine. Elle se
manifeste par le goût de l'action, la faculté de s'adapter et
de se réadapter aux circonstances, la fermeté jointe à la souplesse, le discernement prophétique du possible et de l'impossible, un esprit de simplicité qui triomphe des complications,
enfin un bon sens supérieur. N'est-ce pas précisément ce qu'on
trouve chez les mystiques dont nous parlons? Et ne pour-
raient-ils pas servir à la définition même de la robustesse
intellectuelle? » [17]. Tous ceux qui ont étudié la vie de saint

---

[16] Nous nous situons ici dans le courant sapientiel qui canonise en
fait des tendances hellénistiques tout à fait compatibles avec la tradition hébraïque. Cf. A. M. Dubarle, *Les Sages d'Israël*, Paris, Ed. du Cerf,
1946, et notamment pp. 177-186.

[17] Bergson, H., *Les deux sources de la Morale et de la Religion*, Paris,
Alcan, 9e édition, 1932, pp. 243-244.

11

Ignace en sont tombés d'accord, pour admirer ou s'irriter: aux démarches les plus mystiques, le premier Jésuite joignait une attention constante à toutes les composantes de l'action, à la psychologie des hommes et aux circonstances sociales et politiques de son époque. Ce qui nous importe ici, c'est de comprendre de l'intérieur une telle attitude.

Sans doute conviendrait-il pour cela de se référer à l'événement qui, selon ceux qui ont connu saint Ignace de près, fut pour lui le commencement d'une époque spirituelle: étant assis sur le bord du ruisseau du Cardoner, il eut une vision: « Les yeux de son entendement commencèrent à s'ouvrir; non qu'il vît aucune vision, mais il comprenait et connaissait beaucoup de choses aussi bien spirituelles que de la foi et des sciences; et cela avec une si grande illumination que toutes les choses lui paraissaient nouvelles »[18]. Nous ne pouvons certes trop préciser quelles choses de sciences saint Ignace a connues, mais elles comprenaient certainement la théologie, selon l'acception du terme « letras » que nous avons traduit par sciences et qui signifie un moyen « pour aider à connaître et servir davantage Dieu notre Créateur et Seigneur »[19], et, avec elle, des données rationnelles dont nous dirions aujourd'hui qu'elles appartiennent aux sciences profanes.

Le sens de Dieu qui sous-tend cette vision inclusive de l'ordre de la création et de l'activité humaine dans le Dessein de salut nous apparaît plus clairement et complètement dans la *Contemplation pour obtenir l'amour* qui conclut les *Exercices spirituels*[20]. Saint Ignace voit en Dieu le principe actif d'où découle toute réalité dans le monde; et il est bien remarquable que son regard, à chaque moment, embrasse aussi bien l'ordre de la Création que celui de la Rédemption. C'est ainsi qu'il nous présente tout d'abord Dieu comme origine de tout don, ce qui nous introduit à une conception essentiellement dynamique du Dieu vivant, actuellement encore à l'oeuvre dans le monde (1° point, n. 234). Dieu maintient aussi tous les êtres dans l'existence selon leur degré de participation à l'Etre divin (2° point, n. 235), tout comme il maintient leur agir qui n'est

---

[18] *Fontes narrativi*, I, 30, p. 404. Ce texte se trouve dans *Le Récit du Pélerin*.

[19] IGNACE DE LOYOLA, *Constitutions*, IV, 1, n. 307. Trad. Courel p. 107.

[20] IGNACE DE LOYOLA, *Exercices spirituels*, nn. 232-237. Coll. Christus, Paris, DDB.

que la participation de l'agir divin (3° point, n. 236); enfin, il nous introduit pour ainsi dire au coeur de la Divinité et nous fait admirer « comment tous les biens et tous les dons viennent d'en-haut: par exemple, ma puissance limitée découle de celle qui là-haut est souveraine et infinie; et de même la justice, la bonté, la pitié, la miséricorde, etc... comme du soleil découlent les rayons, de la source coulent les eaux etc... » (4° point, n. 237). Ce thème de la participation que saint Ignace met au centre de cette contemplation nous réfère à un courant platonicien qui, à travers saint Augustin puis le pseudo-Denys l'Aréopagite, traverse toute l'histoire de la spiritualité.

Du point de vue expressément pratique, cependant, nous trouvons un autre texte ignatien plus important: celui qui règle la manière de faire élection dans le calme de l'activité rationnelle, c'est-à-dire selon le troisième temps de l'élection [21].

Il s'agit de faire un choix concernant un objet précis lorsque Dieu n'a pas fait connaître sa volonté soit en attirant indubitablement la volonté à une décision (premier temps) soit au moyen de la succession des mouvements affectifs dont le discernement conduit à une connaissance de la volonté divine (deuxième temps). N'ayant pu bénéficier d'aucun de ces deux temps d'appréhension de la volonté de Dieu, le retraitant aborde un troisième temps tranquille « au cours duquel l'âme n'est pas agitée par divers esprits et utilise ses puissances naturelles, librement et tranquillement » [22]. Saint Ignace indique alors deux procédés spirituels, le second venant compléter le premier plus précis et plus développé.

Que sont, dans la première manière de faire l'élection tranquille, ces puissances naturelles? Le regard de l'intention tout d'abord fixe l'objet du choix (n. 178). Il convient ensuite que l'affectivité se trouve dans l'état d'indifférence qu'elle recherchait depuis le début des *Exercices;* qu'elle ne soit pas troublée par des motions charnelles qui l'enferment dans sa subjectivité, mais qu'elle soit disposée à « sentir davantage » ce qui serait conforme à sa fin véritable, « la gloire et la louange de Dieu notre Seigneur et le salut de son âme (n. 179). Insistant encore sur cette pure inclination de la volonté vers

---

[21] *Ibid.*, nn. 177-188. Le P. Fessard dans *La dialectique des Exercices spirituels de saint Ignace de Loyola*, Coll. Théologie n. 35, Paris, Aubier, 1956, t. I, pp. 73-88, a donné un commentaire pénétrant de ces textes.

[22] *Ibid.*, n. 178.

la volonté divine [23], le Moi aborde alors la délibération rationnelle « en procédant avec exactitude et fidélité par l'intelligence et en choisissant selon la très sainte et bienveillante
volonté (de Dieu) » (n. 180). Finalement, après avoir méticuleusement précisé les points d'application de la réflexion à
l'alternative du choix (n. 181), saint Ignace résume l'essentiel
du processus spirituel rationnel: « Après avoir ainsi appliqué
à la question sous tous ses aspects l'intelligence et la réflexion,
regarder de quel côté la raison incline le plus. C'est selon la
plus forte motion de la raison, et non pas selon quelque
motion des puissances sensibles, que doit se faire le choix
sur l'objet en question » (n. 182).

Il est clair que, pour saint Ignace, la motion rationnelle,
opposée ici à la motion sensible, indique véritablement la volonté de Dieu et rejoint par conséquent la motion spirituelle
telle qu'elle pouvait apparaître dans les premiers temps de
l'élection. Le confirme la recommandation qui suit: « Après
avoir fait cette élection ou ce choix, celui qui l'a fait doit
aller avec empressement à l'oraison en présence de Dieu notre
Seigneur, et lui offrir cette élection, pour que sa divine Majesté
veuille la recevoir et la confirmer, si tel est son plus grand
service et sa plus grande louange » (n. 183). Mais surtout une
telle conclusion sur la valeur de la motion rationnelle s'intègre
parfaitement dans la problématique générale de l'élection ignatienne. Toujours il s'agit de percevoir une motion spirituelle
qui ne saurait manquer de la part de Dieu. Seuls diffèrent
les temps de la réalisation. Ou cette motion devient consciente
dans un instant, et c'est le premier temps de la communication divine; ou elle s'étale dans une alternance de mouvements
affectifs: consolations qui viennent d'en-haut, désolations qui
surgissent d'en-bas, et ce deuxième temps doit être l'objet
d'un discernement des esprits; ou enfin, aucune relation verticale ne semble perçue, encore que toujours invoquée; et
ce troisième temps horizontal ne saurait se passer d'une rela-

---

[23] La Seconde manière de faire une saine et bonne élection (nn. 184-
188) indique de façon plus détaillée comment on peut assurer la droite
inclination de la volonté « afin que l'amour qui me meut et me fait choisir tel objet descende d'en-haut, de l'amour de Dieu » (n. 184). Il s'agit
toujours d'éliminer les motions purement subjectives en se décentrant
par rapport à soi: on peut ainsi mettre à la place d'un autre, ou se considérer à l'article de la mort ce qui rétablit la véritable valeur des choses, ou se mettre sous le regard de Dieu au jour du jugement.

tion avec la volonté divine. Pour reprendre ici les termes du P. Fessard: « Le premier (temps) supposait une intervention décisive de la Liberté à la verticale du *Nunc*, déterminant le moyen et faisant franchir au moi immédiatement le milieu entre Avant et Après (du choix). Dans le ' deuxième Temps ', ce pôle de l'Etre s'estompait, mais simultanément surgissait celui du Non-être (la désolation est toujours de quelque manière manifestation du monde de péché qui est Non-être), afin que la tension entre haut et bas suffise à définir ce milieu. Par hypothèse, le ' troisième ' supprime cette tension pour laisser au moi toute l'initiative de choisir le moyen de poursuivre son devenir horizontal ... Mais la seule description de l'état où il se trouve ainsi ' indifférent ' l'avertit qu'il doit chercher de nouveau à *sentir* ce qui est *davantage* selon la fin. C'est dire que par l'intermédiaire de la balance (image dont saint Ignace s'est servi tout au long de sa description du Premier mode de l'élection selon le troisième temps), nous sommes renvoyés d'abord à l'opposition du bas et du haut, donc au ' deuxième Temps ', et, à travers lui, à ' l'attrait et au mouvement qui vient d'en haut ' comme principe déterminant de l'acte libre, bref à l'essence même du ' premier Temps ' » [24]. Ici le temps rationnel rejoint substantiellement le temps spirituel.

Ce qui apparaît plus clairement dans l'intensité spirituelle qui accompagne un choix d'importance majeure se retrouve au long de la vie en toutes les décisions qui tendent à rechercher et accomplir la volonté de Dieu. Une telle recherche peut, bien entendu, se faire en commun. Ce discernement communautaire n'en change pas la nature et on pourrait, à cet égard, appliquer un principe simple: à problème personnel, recherche personnelle; à problème commun, recherche commune. Encore faut-il que, dans l'un et l'autre cas, un climat de prière s'efforce d'assurer la rectitude de l'intention, le dégagement des passions et l'inspiration évangélique. Les techniques de révision de vie appartiennent à ce type. Elles aussi, à travers une délibération, tendent à participer activement au Dessein de sagesse de Dieu.

---

[24] FESSARD, G., *op. cit.*, pp. 80-81. Les parenthèses explicatives ont été ajoutées.

Décision et volonté de Dieu.

Alors se manifeste le problème précis: la délibération, personnelle ou collégiale, aboutit à une décision concernant une action objective; mais quel est le rapport exact de cette décision à la volonté de Dieu? S'agit-il d'un engagement personnel, on prendra facilement conscience que bien des éléments, qui plus tard apparaîtront, ne sont pas entrés suffisamment en ligne de compte; s'agit-il d'une action socio-politique, le pluralisme des options interdit de penser que la coïncidence objective du choix spirituel et du Dessein de Dieu soit toujours assurée. Et ce n'est pas une affirmation gratuite de « prophétisme » qui conférera l'évidence à des choix où entrent des passions. Bref, une « élection » en bonne et due forme ignatienne peut comporter une erreur objective; dès lors tout engagement qui se veut pur devient impossible.

La difficulté serait insurmontable si la praxis supposait l'évidence intellectuelle. En fait, la délibération aboutit à la connaissance d'une volonté de Dieu signifiée et non absolue. Au terme d'une prudente recherche spirituelle, les signes doivent, non engendrer une absolue certitude mais être suffisants pour soutenir un engagement. Dès lors, qui s'engage — supposons les cas majeurs d'un mariage, d'une vocation sacerdotale, ou une lutte politique — accomplit la volonté de Dieu connue de l'unique manière possible: à travers des signes [25]. Et nous pouvons alors nous appuyer sur la certitude que la fidélité divine accompagnera notre engagement de sa lumière et de sa force pour nous sanctifier dans l'accomplissement de la volonté de Dieu telle qu'elle nous est apparue.

Mais comment écarter le doute que l'on pourrait faire planer sur l'authenticité d'un engagement dont la finalité objective est contredite par l'engagement différent d'un autre chrétien? Il faut considérer d'abord qu'aucun engagement ne saurait contredire la loi évangélique sans détruire son authenticité. Outre ce critère négatif, il faut accepter le fait du pluralisme des options sociales et politiques. Le Royaume de Dieu étant caché, on ne peut déterminer avec évidence qu'il coïncide avec telle ou telle réalisation particulière. L'idéal serait sans

---

[25] La loi ou le commandement légitime sont aussi des signes de la volonté de Dieu. Sur cette doctrine de la volonté signifiée, cf. FRANÇOIS DE SALES, *Traité de l'Amour de Dieu*, liv. VIII, dans *Oeuvres*, Bibliothèque de la Pléiade, Paris, NRF, pp. 713-755; et supra p. 43.

doute que, de la confrontation des options, on puisse faire
apparaître à un moment donné la décision correspondant objectivement au bien commun. Mais cela n'est aucunement nécessaire pour justifier un engagement: il suffit qu'un tel engagement soit le fruit d'une recherche loyale contenue dans les
limites des exigences évangéliques. Il faudrait aussi considérer
qu'une action particulière s'inscrit dans un ensemble communautaire de décisions qui se compensent et d'où se dégage une
ligne générale. C'est l'ensemble qui réalise la volonté de Dieu.

Tout en se plaçant sur un plan différent de celui que nous
venons de considérer, saint Jean de la Croix fournit un argu-
ment, inattendu de sa part, pour renvoyer l'homme spirituel
au domaine rationnel. Voulant purifier le désir qu'ont certains de
connaître par inspiration les mystères de la foi et de la conduite divine, il remarque que, désormais, toute révélation est
contenue dans le Christ, mais surtout énonce un principe général: « Dieu est avec ceux qui s'assemblent pour savoir la
vérité, afin de l'éclaircir et confirmer en eux, appuyée sur la
raison naturelle » [26]. La première application de ce principe
regarde, dans le contexte, la direction spirituelle; mais cela
vaut de tout conseil et de toute délibération, notamment celle
qui porte sur les moyens d'exécution. Dieu, en effet, en a ainsi
disposé que « d'ordinaire, tout ce qui peut se faire par l'in-
dustrie et par le conseil humain, Il ne le fait ni ne le dit, encore qu'Il traite longtemps très familièrement avec l'âme » [27].
Cette défiance des « révélations » et des inspirations et cette
confiance en la médiation humaine découlent en fait du sens
de l'Incarnation: Dieu agit par la médiation des hommes, selon
toutes les dimensions de leur humanité.

Le courage.

Etant données les conditions d'inévidence de la praxis, nul
ne peut se dispenser du courage de l'engagement. Selon les
paroles de Jankélévitch, « il faut commencer par le commencement. Et ce commencement de tout est le courage. Il faut

---

[26] JEAN DE LA CROIX, *Montée du Mont Carmel*, II, 22, dans *Oeuvres*,
Paris, DDB, p. 251.
[27] *Ibid.*, p. 252. Voir aussi la maxime suivante: « L'âme qui, dans
l'aridité et la peine, se soumet à ce qui est raisonnable, est plus agréable
à Dieu que celle qui, manquant à ce qui est raisonnable, fait toutes ses
oeuvres avec consolation ». *Ibid.*, p. 1299.

dire que le courage est la vertu du commencement, de même
que la fidélité est la vertu de la continuation et le sacrifice
celle de la fin » [28]. Ce qui rend le courage plus nécessaire encore dans l'engagement spirituel, c'est que, par lui-même, celui-ci
comporte une part d'obscurité. La foi étant une « conviction
des choses qu'on ne voit pas » (Heb. 11, 1) et s'accompagnant
de l'épreuve du temps, en appelle à un courage sans cesse
renouvelé « Il faut du courage pour rester fidèle: ce qui veut
dire qu'à toute minute, pour persister dans sa continuation,
la fidélité exige de petits recommencements de courage; parmi
les caprices du changement, les tentations de l'oubli et de l'in-
gratitude, les épreuves de la souffrance, la fidélité est le courage continué ou la continuation du commencement » [29]. Courage et fidélité s'appellent donc l'une l'autre: « La culture morale commence toute petite dans l'instant du courage, puis elle
s'épanouit dans les moissons d'or de la fidélité » [30].

Le danger de sécularisme.

Le danger de la reconnaissance d'un domaine éthique autonome qui, pratiquement, embrasse tout l'ordre social et politique, précise sa menace au cours de l'histoire dans les idéo-
logies de combat antireligieuses. A leur encontre, le chrétien
élève une première barrière: il préserve sa vie intérieure et
sa religiosité privée. Mais cela ne saurait suffire, car on ne
peut établir d'absolue séparation entre la vie privée et la vie
sociale; sinon on abandonne l'objectif de l'unité spirituelle.
Un effort de liaison dialectique entre la vie intérieure et la
vie sociale s'impose toujours.

Dans l'hypothèse où cette tension ne dégénère pas en un
conflit extérieur, mais s'intériorise dans la conscience du chrétien, tiraillée entre l'autonomie rationnelle et la soumission à
la Loi évangélique, le problème demeure important et difficile.
Il faut éviter que le processus de sécularisation n'aboutisse à
un sécularisme pratique. Pour assurer la présence de la vie
spirituelle au sein de l'activité éthique, se présente le recours
à l'étude doctrinale et à la prière contemplative grâce aux-

---

[28] JANKÉLÉVITCH, Vl., *Traité des vertus*, p. 181.
[29] *Ibid.*
[30] *Ibid.*, p. 145.

quelles sera assurée la liaison de l'action dans le monde et de la vie selon l'Esprit.

Particulièrement difficile dans les domaines où les lois qui régissent les rapports économiques et les forces politiques sont mal connues, et où les mutations constantes prennent allure de révolutions, l'étude doctrinale ne s'impose pas moins. On peut certes insister sur la fonction critique de la foi par rapport au projet social: elle le contraindra à tempérer l'exigence d'efficacité technique par le souci des pauvres; elle reportera sans cesse le regard de l'homme vers l'horizon de la transcendance; elle insistera sur la dignité de la personne et la solidarité sociale [31]. Mais cette fonction critique risque de rester trop négative. Elle doit se compléter par une fonction inventive. Poussé par sa foi aux valeurs évangéliques, le chrétien, et l'Eglise elle-même, doit rechercher la possibilité d'une énonciation positive de mesures propres, dans des circonstances historiques particulières, à concrétiser les exigences de l'amour universel et à orienter par conséquent la praxis. Même si ces énonciations conjoncturelles impriment à la praxis une marque de précarité et d'à-peu-près, elles n'en représentent pas moins une ligne d'action dont l'effectuation s'impose à la conscience qui veut accomplir la volonté de Dieu telle qu'elle lui apparaît.

Conjointement à ce mouvement de descente vers le concret, s'en amorce un autre d'élévation vers Dieu, pour une affirmation plus vitale de sa transcendance. Affirmation d'autant plus nécessaire que l'engagement dans le monde est plus authentique et mobilise plus d'énergie.

Le premier effet de toute activité orante, qui est précisément élévation de l'âme vers Dieu, est d'engendrer dans la conscience le sens de Dieu [32]. En mettant la conscience spirituelle en relation avec Dieu, source de tout bien et fin de toute chose, la prière confère à l'ensemble de la réalité sa signification religieuse. Les approches se diversifieront: on reconnaîtra dans un bienfait reçu une attention spéciale de Dieu; on redressera, par une prière pénitentielle, une intention dévoyée; ou bien, dans une prière de louange et une contemplation de pure foi, l'âme s'appliquera à se tenir en présence

---

[31] Cf. Metz, J. B., *Pour une théologie du monde*, Paris, éd. du Cerf, 1971, pp. 122-145.

[32] Cf. sur ce point: Ch. A. Bernard, *La prière chrétienne*. Coll. Essais pour notre temps, DDB, 1967, pp. 209-270.

d'un Dieu qu'elle devine et accepte comme un au-delà de tout. Quel que soit cependant le degré de proximité où se situe le moi par rapport à Dieu, un continuel dépassement le porte à rejeter toutes les déterminations particulières pour n'adhérer qu'à la réalité transcendant tout concept et tout mode d'appréhension.

Plus profondément et plus mystérieusement encore, les vertus théologales qui s'exercent dans la prière opèrent une véritable transformation de la conscience. L'intelligence pénètre dans le monde spirituel en vertu de ce que les auteurs thomistes appellent une « connaturalité »: « Le don d'intelligence, par la motion et l'illumination du Saint-Esprit, perfectionne et aiguise l'intelligence, pour une perception et une pénétration des vérités qui lui sont proposées et ainsi elle les unit et les renforce sous un seul point de vue formel, dans le mode précisément de pénétrer et de saisir les réalités supérieures et celles qui lui sont ordonnées; et ceci s'opère par inspiration et mouvement affectif et par une connaissance quasi expérimentale de ces choses, car nous ne pouvons les expérimenter que par l'affectivité, en en ayant une juste et droite estime et en y ordonnant notre vie » [33]. On voit que la connaturalité affective qui établit l'âme en empathie avec le monde divin se réfère principalement à la charité. Et comme, à ce niveau spirituel, on ne peut séparer la connaissance de la praxis, l'intelligence se mue en sagesse. La praxis du chrétien devient adhésion et coopération à l'action divine. La source de ce déploiement fécond ne peut être encore que la charité: seule celle-ci nous connaturalise totalement à Dieu « qui est amour » (I Jn. 4, 8), un amour descendant pour nous sauver. C'est ce que contemplait un Guillaume de Saint-Thierry: « En Dieu, la souveraine bonté apparaît comme la raison explicative de toutes ses oeuvres et en particulier de l'oeuvre qui concerne tout spécialement l'homme: le salut, par la médiation du Christ. La sagesse divine a tracé ce plan et conduit sa réalisation. Etre initié à ce plan, en suivre le déroulement et l'accomplissement, voilà pour l'homme, participer à la sagesse divine » [34]. Bien loin, par conséquent, que l'union théologale à Dieu re-

---

[33] JEAN DE SAINT THOMAS, in q. 61, 1ae partis, disp. 2, art. XI, n. 4. Sur ce point, voir le chapitre suivant.
[34] M. M. DAVY, *Théologie et mystique de Guillaume de Saint-Thierry*, Paris, Vrin, 1954, t. 1, pp. 278-279.

tranche de l'obligation pratique, elle y renvoie en vertu de sa substance spirituelle: l'amour, de lui-même, tend à s'épancher et à se concrétiser.

A ce moment du cheminement spirituel, s'adaptent donc tout particulièrement les modes d'oraison méditatifs. Mais on voit déjà qu'ils tendent à dépasser les connaissances particulières pour une perception de Dieu plus générale et plus dynamique. Les thèmes centrés sur les attributs de Dieu acquièrent une importance croissante: la bonté divine, la Providence, la Paternité de Dieu. L'action en découle, non point par une déduction logique, mais comme un élan qui doit ensuite s'insérer dans les structures naturelles de sa réalisation. Les saints ont appliqué cette dialectique d'un élan spirituel en se contraignant à suivre toutes les démarches de la prudence rationnelle. Ainsi, leur foi rejoignait-elle le simple devoir humain, dans le courage et la générosité.

§ 3 — LE TEMPS DE L'ESPÉRANCE

L'idée que nous venons de développer d'une autonomie de la démarche rationnelle dans la vie spirituelle porterait facilement à une forme de sécularisme ou à une considération trop humaine de la vie spirituelle. En réalité, ce danger est évité radicalement si l'on songe que la démarche rationnelle est enveloppée dans celle plus générale de la recherche de la volonté de Dieu. Notre point de départ est spirituel ou, si l'on préfère, notre horizon est constamment théologique: il part de la situation de l'homme sauvé et transformé par Dieu. Mais l'on peut ajouter une autre considération. Du fait même que l'homme essaie de donner sens à la totalité de sa vie, et de mobiliser l'ensemble des forces dont il dispose, il en appelle nécessairement à une nouvelle attitude spirituelle: l'espérance comme vertu théologale, la confiance comme disposition psychologique correspondante.

De nos jours, la volonté d'action concrète plonge ses motivations profondes aussi bien dans l'exigence d'authenticité de la vie chrétienne que dans l'urgence de la situation historique: ainsi se trouve remise en valeur la catégorie d'espérance. Le premier aspect important regarde l'impact que doit exercer sur notre réflexion pratique l'idée du Royaume de Dieu qui se prépare et qui vient. En s'intéressant à la construction de

la Cité et en devenant politique, la théologie se met à la recherche d'une « intelligence de l'espérance », « *spes quaerens
intellectum* »[35]. L'espérance, en effet, n'est pas seulement attente passive de la vie éternelle, mais engagement dans l'histoire humaine en laquelle le Royaume définitif s'anticipe, s'instaure et se prépare. A cet aspect objectif, doit s'ajouter cependant la considération de la réalité subjective: l'espérance,
comme vertu, est aussi principe surnaturel d'agir et s'exprime
en des attitudes spirituelles. L'étude de cet aspect, tout en
demeurant actuelle, appartenait déjà à la théologie ancienne[36].
Du point de vue de la spiritualité qui est le nôtre ici, les deux
perspectives s'imposent.

La vertu d'espérance.

Subjectivement, le mouvement d'espérance s'accompagne du
sentiment de risque et d'insécurité[37]. On peut même dire que
c'est sous la pression de l'épreuve de la vie, qui accentue l'insécurité et accroît l'incertitude de l'atteinte du bien futur et
difficile, son objet propre[38], que l'espérance se détache peu à
peu de l'adhésion de foi pour prendre sa forme originale:
la foi est adhésion au Dessein de salut universel que Dieu révèle, l'espérance en regarde les réalisations particulières toujours
quelque peu aléatoires: mon salut propre, ou l'avenir d'un
projet, par exemple. Or, dans la mesure où la réalisation
concrète du Royaume comporte une ombre portée par l'obscurité de la foi, l'engagement qui la vise s'appuie nécessairement
sur un mouvement d'espérance. Même si un optimisme naturel
en facilite l'exercice, c'est contre le doute toujours à l'affût et
dans les circonstances les plus défavorables que l'espérance
affirme sa vigueur et son authenticité.

---

[35] MOLTMANN, J., *Théologie de l'espérance*, Coll. Cogitatio fidei, Paris,
Cerf-Mame, 1970.

[36] Sur les études récentes concernant l'espérance, on trouvera dans
Ephemerides Carmeliticae XX (1969), 127-149, un bulletin de Amatus de Sut-
ter, *L'espérance chrétienne. Littérature des dix dernières années*. Notons
en particulier, avec Moltmann déjà cité, EDMAIER, A., *Horizonte der Hoff-
nung*, Verlag Friedrich Pustet 1968. Pour la théologie thomiste, Ch. A.
BERNARD, *Théologie de l'espérance selon saint Thomas d'Aquin*, Paris,
Vrin, 1961.

[37] EDMAIER, A., *op. cit.*, p. 42 ss.

[38] Cf. Ch. A. BERNARD, *Epreuve et espérance*, R.A.M., 1958, 121-146.

Déjà, lorsqu'il s'agit d'un engagement ordinaire, un certain pari sur le succès permet seul l'entreprise. L'homme d'action vit d'espérance. Mais la décision spirituelle exige davantage. Elle procède en effet de la ferme résolution d'accomplir la volonté de Dieu. Celle-ci, connue seulement à travers des signes, ne s'impose pas avec évidence. Le risque se dévoile. Et il apparaît d'autant plus que les premiers pas de la réalisation peuvent requérir des renoncements profonds: qui s'engage dans la vie religieuse ou sacerdotale expérimente sans doute qu'il est soutenu par la paix intérieure, signe de la volonté divine, mais en même temps il est acculé au renoncement de biens immédiats dont l'attrait s'exerce légitimement. Certes, il a reçu la promesse du Seigneur de recevoir le centuple! Mais précisément, il s'agit d'une promesse, principe d'espérance d'un bien non encore possédé. Et nous savons par ailleurs la difficulté parfois héroïque à espérer qu'à travers les échecs et les épreuves intérieures, Dieu instaure son Royaume en nous; mieux encore, que, par nous, il continue à l'instaurer dans le monde. Seule pourtant, une telle certitude peut soutenir l'élan apostolique.

Une autre épreuve plus subtile peut assiéger l'espérance de celui qui s'appuie fortement sur les moyens naturels de l'action. Il sait que celle-ci est voulue de Dieu et se réfère au Royaume. Mais, s'il a déjà goûté les biens spirituels, substantiels et immarcescibles, tous les biens temporels, voire les progrès techniques les plus étonnants, lui apparaissent comme marqués d'un signe d'irréalité. Non pas qu'il nie l'être même des choses, mais elles lui apparaissent comme dévalorisées. Pour reprendre la même pensée en un registre différent: l'attachement à la vie corporelle peut être très profond et tenace et cependant s'accompagner du sens de la caducité; on expérimente en quelque sorte sa propre mortalité. Il ne s'agit aucunement d'un sentiment morbide, mais plutôt du courage lucide de celui qui regarde en face la pensée de sa mort. De manière analogue, l'élan vers l'action, vivace et efficient, peut coexister avec le sentiment de la vanité de toutes choses. D'où la tentation de se détacher de la praxis et de l'abandonner.

Comment surmonter spirituellement une telle épreuve? La seule voie qui évite la désertion et le périlleux « divertissement » pascalien, où l'on ne peut que gaspiller son âme, est celle de la foi en l'Amour et de l'espérance. Lorsqu'il éprouve

douloureusement la distension radicale de sa condition incarnée et de son insertion dans le monde, le Moi doit porter son
regard vers l'Amour éternel qui enveloppe toute vie et le dé-
cours du monde. « Tout est grâce », disait sainte Thérèse de
Lisieux; tout est don de l'Amour premier. Même si, par conséquent, le Moi ne perçoit plus le comment de l'intégration de
toutes choses dans le Dessein de Dieu, qu'il s'élève par la foi
jusqu'à cette certitude et y puise le dynamisme de son espérance. C'est un fait que, dans l'histoire des doctrines théologiques, les thèmes de l'espérance, de la Providence et de la
prière se sont toujours trouvés intrinsèquement liés: « En Dieu,
dit saint Thomas, ne peuvent se trouver ni défaut ni ignorance,
car *tout est à nu et découvert à ses yeux* (Heb. 4, 13), ni impuissance, car *sa main n'est pas trop courte pour sauver* (Is.
59, 1), ni manque de bonne volonté car *Yahvé est bon pour
ceux qui espèrent en lui, pour l'âme qui le cherche* (Thr. 3, 25),
et c'est pourquoi l'espérance qui se confie en Dieu ne confond
pas celui qui espère (Rom. 5, 5) » [39]. L'espérance ne peut décevoir puisque Dieu exerce sa Providence inlassable. Et, puisque
la prière a pour fonction principale de produire l'adhésion au
Dessein de Dieu s'accomplissant dans le monde, la croissance
dans la vie de prière fait pénétrer toujours plus dans la confiance
en la Providence et entraîne une croissance parallèle de l'authentique espérance.

L'espérance objective.

On pourrait craindre qu'en accordant la primauté au mouvement subjectif d'espérance, le chrétien ne se replie sur soi.
Alors vaudraient à plein les critiques adressées par les tenants
de la récente théologie politique aux diverses formes de pié-

---

[39] Cf. sur ce point, Ch. A. Bernard, *Théologie de l'espérance selon
saint Thomas d'Aquin*. Coll. Bibliothèque thomiste, Paris, Vrin, 1961.
pp 65-69; 128-133.
    L'opposition que l'on met actuellement entre le thème de la Provi-
dence et celui de la Promesse est un peu forcée. Certes la notion stoïcienne de Providence, qui se résout en fait dans un monisme nécessaire,
ne coïncide pas avec l'idée d'un amour prévenant de Dieu. Déjà Epictète
cependant la vivait en un sens de relation interpersonnelle. Mais la réalisation des promesses du salut et de la Résurrection des morts suppose bien que Dieu, le Premier et le Dernier, remplit aussi tout l'entre-
deux, laissant à chaque être de s'intégrer en son Dessein selon sa condition propre de déterminisme ou de liberté.

tisme pour qui le salut consiste dans la relation d'intériorité que le Moi établit avec Dieu qui l'interpelle. Se renouvelant constamment, le piétisme pousse à s'éloigner des engagements sociaux et à accepter les situations de fait qui pour lui effleurent seulement la vie véritable: « Retirée de la réalité sociale par réflexion, la subjectivité perd le contact avec le réel de la société et détourne de ces conditions extérieures les forces mêmes dont elle aurait besoin pour leur donner forme humaine et pour en porter la responsabilité pour l'avenir [40]. Le grand danger demeure alors, par cette « retraite dans l'intériorité » de livrer ce monde « à un abandon qui, tôt ou tard, s'étendra également à la sphère spirituelle artificiellement mise à part » [41].

Moltmann a bien montré qu'une telle attitude provenait d'une méprise sur la véritable espérance. Les réalités eschatologiques qu'elle vise ne sont pas étrangères à ce monde matériel et social nécessaire à la véritable valorisation du Moi. Comme le Moi se prolonge en un corps et, par sa médiation, entre en relation avec les autres Moi et la communauté pour s'y accomplir, de même est-il appelé à inscrire la plénitude eschatologique qu'il anticipe — et dont, vitalement, il participe déjà — dans sa vie concrète au service des autres. Le Christ, semblablement, est le même qui travailla sur terre, passa par la mort et est ressuscité. « Premier-né d'entre les morts », en lui se transforme déjà le monde. Appelé à suivre le Christ, le chrétien se doit certes de puiser le sens du réel et des réalités sociales et politiques en tendant vers la plénitude du monde ressuscité; mais il affirmera authentiquement ces valeurs non en se dégageant du monde mais en s'y engageant dans une lutte transformatrice.

Pour apprécier cette doctrine, il faut la situer dans son contexte théologique. En fait, Moltmann polémique contre la théologie dialectique et notamment celle de Bultmann. Celui-ci insiste bien sur le fait que l'eschatologie est déjà présente, mais il la ressent comme une détermination de l'existence appelant une décision: il faut, du péché, passer vers Dieu qui se révèle en Jésus-Christ; en même temps que la Résurrection de vie, la Croix est présente comme mort au péché. Et le

---

[40] MOLTMANN, J., *Théologie de l'espérance*, p. 363.
[41] H. PLESSNER, cité *ibidem*.

paradoxe du Christ mort et ressuscité signifie qu'à chaque
instant la décision se renouvelle; mais il n'y a pas de continuité temporelle, pas d'attente, pas de transformation. Au contraire, pour Moltmann, le Mystère pascal signifie que l'existence
temporelle du Christ dès son entrée dans le monde, s'orientait
vers la Résurrection. Et de même pour nous. L'attente de la
Résurrection reflue vers la vie présente pour la valoriser: « Si
la foi attend ' la délivrance du corps ', la résurrection corporelle et l'anéantissement de la mort, elle se met à ressentir
une profonde solidarité corporelle avec ' le soupir de la création ' (Rom. 8, 20 ss): solidarité dans la soumission à ' la vanité ',
comme aussi dans l'espérance universelle. Alors le monde ne
se présente pas au croyant sous l'angle de la ' loi '; il n'est pas
seulement ' le monde ', au sens de la possibilité déficiente de
' se-comprendre-selon-le-monde '; au contraire, le croyant perçoit le monde dans la perspective eschatologique de la promesse. Le monde même est soumis avec lui à ' la vanité ' —
avec une espérance. L'avenir que lui ouvre la promesse du
Dieu de la Résurrection est offert à la création en même
temps qu'à lui, à lui en même temps qu'à la création. La
création même est ' en chemin ' et l'*homo viator* marche en
compagnie de la réalité dans une histoire ouverte à l'avenir » [42].
Toute l'histoire se retrouve donc solidaire du destin de l'homme.

Cette argumentation se renforce si l'on tient compte d'autres perspectives davantage mises en valeur par les théologiens
catholiques. Sa difficulté, nous l'avons déjà noté, réside dans
le fait que la rupture de niveau entre le monde futur et le
monde présent ne permet guère une déduction positive des
formes d'actions qui, dans le monde présent, préparent le
monde futur: on se trouve renvoyé à la recherche rationnelle
des modes les plus efficaces d'inscrire dans la réalité personnelle et sociale les exigences du commandement de la charité
et de la dignité des personnes. Du point de vue de l'action
personnelle, la théologie catholique avait, pour assurer la continuité à travers la rupture, élaboré la notion de mérite: basée

---

[42] Moltmann, J., *ibid.*, p. 71. Comme on le voit, la relation objective
au monde est considérée comme constituant de l'existence humaine:
« Alors apparaît (...) également le caractère existentiel de toutes les affirmations objectives de l'homme; les affirmations objectives ne sont absolument pas des affirmations oublieuses de soi et de l'existence: elles
se fondent sur l'élévation existentielle de l'homme à l'ouverture au monde
grâce à l'esprit » (*Ibid.*, note p. 230).

sur la présence de la charité, l'activité méritoire assurait un prolongement de l'action personnelle dans le monde futur tout en écartant la continuité pure et simple puisque la récompense dépend de la liberté de Dieu fidèle à ses promesses. Mais l'idée de mérite risque d'apparaître quelque peu extrinsèque à l'action elle-même, et de nourrir un occasionnalisme propice aux formes de piétisme. Un complément s'avère nécessaire, et c'est la doctrine de l'Incarnation qui le fournit.

En s'incarnant, le Verbe de Dieu assume la condition de Serviteur et il se soumet à l'exigence d'un accomplissement temporel soulignée par l'*Epître aux Hébreux*: « Tout Fils qu'il était, il apprit de ce qu'il souffrit ce que c'est que d'obéir; après avoir été rendu parfait, il est devenu pour tous ceux qui lui obéissent principe de salut éternel » (Heb. 5, 8-9). L'obéissance jusqu'à la mort débouche dans la Résurrection par la puissance du Père. Mais, du fait que Jésus crucifié est le Fils, son unité personnelle maintient une continuité ontologique depuis sa venue dans le monde jusqu'à l'Ascension et la Session à la droite du Père en passant par l'événement pascal. Et nous, en tant que membres du Christ, nous participons à cette destinée. Certes, la possibilité demeure, pour chaque personne libre, de se séparer du Christ et de ne plus avoir part à la Résurrection de vie. Si nous considérons cependant l'Eglise dans son ensemble, et ceux qui demeurent unis au Christ par une vie de grâce dans la foi, l'espérance et la charité, nous comprenons, non seulement que tout membre vivant du Christ sera sauvé, mais que, par la médiation de l'Eglise et de l'humanité, c'est tout le Cosmos qui deviendra « nouveaux cieux et nouvelle terre » (II P. 3, 13). La solidarité de l'humanité avec le Cosmos qui soutient son existence s'exerce en effet tant au plan de l'être qu'à celui de l'action. En oeuvrant dans le monde, l'homme renforce sans cesse une communauté de destin inscrite dans la création.

§ 4 — CONCLUSION: *Homo viator*

L'étude du difficile problème de la croissance de la vie éthique a mis en relief le double aspect de la temporalité qui en est la condition: d'une part, elle affecte le sujet qui acquiert peu à peu sa forme spirituelle; d'autre part, elle renvoie à une insertion dans l'histoire toujours plus authentique.

Si la réflexion théologique se doit d'approfondir les questions relatives au sens du processus historique et aux modalités de la coopération du chrétien à son mouvement, elle rencontre cependant, nécessairement, la considération subjective. Nous l'avons vu principalement du point de vue de l'espérance: la détermination de son contenu et le dynamisme qui naît de la considération eschatologique supposent concrètement une disposition spirituelle qui est la vertu d'espérance. Considérée comme proprement théologale, elle se caractérise par la présence en son sein du sens du risque inévitable et du recours à la force divine.

D'un point de vue plus général encore, le recours au sujet s'impose. En effet, l'action qui se déroule dans le milieu historique s'exerce dans le respect de l'autonomie du domaine humain, particulièrement selon ses dimensions sociales et politiques. L'espérance, qui inspire et soutient l'action, bien loin de mépriser ou de négliger le moment rationnel et autonome de la praxis humaine, le suppose et en confirme la validité: elle donne sens à la vie et à l'activité de l'homme. On rejoint alors le problème de la formation du sujet spirituel. Certes, la conversion a produit une nouvelle ordination de vie; désormais le Moi renonce aux pulsions mauvaises égocentriques pour servir Dieu dans une visée de sainteté. Son projet contient fondamentalement une acceptation de la Loi évangélique et le propos d'une action informée par l'amour. Mais il reste à actuer le propos. Et voici le chrétien invité à mobiliser toutes ses forces, intellectuelles, affectives et volontaires. La recherche de l'action efficace et droite requiert la formation de dynamismes stables; en d'autres termes, le développement de l'homme spirituel appelle une transformation vertueuse.

La question capitale suscitée par ce double aspect de la croissance spirituelle se réfère directement et explicitement à la dialectique de la rencontre de l'humain et du divin.

Subjectivement, il s'agit d'abord d'assurer la coexistence organique d'une espérance théologale appuyée sur la force de Dieu et d'une promotion humaine, fruit des efforts personnels conjugués avec ceux du milieu. De plus, à l'intérieur même de la vie spirituelle, une nouvelle dialectique s'est dessinée entre l'initiative divine qui suscite et accroît la communication de vie surnaturelle, et la coopération de l'homme qui se dispose à recevoir un nouvel accroissement. Nous avons décrit cette dialectique à partir du schéma temporel préparation/émergence; et nous l'avons caractérisée par l'aspect de disposition. Ce terme maintient les exigences complémentaires d'une authentique vie spirituelle chrétienne: elle est simultanément un don de Dieu et une activité humaine informée par la grâce.

Une semblable dialectique humano-divine ne s'impose pas moins du point de vue du contenu de la praxis. N'ayant d'autre matière que la vie concrète des hommes, elle dessine des cercles de plus en plus étendus allant du rapport interpersonnel familial ou amical aux domaines du service professionnel, social, politique, et, finalement, s'étend à l'ensemble de l'humanité saisie dans sa solidarité. Or, cette relation se profile sur un horizon divin d'une double manière. D'une part, elle appelle un horizon eschatologique comme l'unique accomplissement de l'histoire humaine. Moltmann indique bien, contre toute tentative de réduction de l'histoire à une finalité immanente, qu'il faut, à l'histoire, une fin transhistorique: « L'espérance eschatologique devient de la sorte une force *historique* suscitant des utopies créatrices, par amour pour l'homme qui souffre et pour son monde qui n'est pas réussi, et à la rencontre de l'avenir de Dieu, inconnu mais promis. En ce sens, l'eschatologie chrétienne pourra s'ouvrir au « Principe Espérance » (centré sur l'accomplissement de l'humanité), et elle recevra du « Principe Espérance » l'obligation de mieux marquer son propre profil » [43]. Et d'autre part, la pensée d'un au-delà de l'histoire introduit un nouveau principe d'évaluation des réalités terrestres. On n'échappe pas en effet à la nécessité de situer ses attachements vitaux: si l'on tend vers la vie éternelle à réaliser, on donnera à cet *eschaton* le poids de la réalité; par là-même, on se détachera quelque peu de toute autre réalité dont on reconnaîtra la caducité. Et l'expérience spirituelle nous enseigne que plus l'union à Dieu anticipe pour la conscience la possession des biens éternels, plus aussi se fortifie le détachement du monde.

Cette dernière remarque n'annule-t-elle pas tout le progrès que nous avions voulu noter dans la valorisation des valeurs humaines? Ne revenons-nous pas à un dualisme stérilisant:

---

[43] MOLTMANN, J., *op. cit.*, p. 395. La parenthèse explicative est de nous. Le « Principe Espérance » renvoie à l'ouvrage de E. Bloch qui porte ce titre et qui restreint la fin de l'espérance à un avenir terrestre.

l'humain et le divin se juxtaposeraient et s'opposeraient plus
qu'ils ne s'appelleraient réciproquement?

Précisons bien sur quel plan nous nous situons maintenant.
Il ne s'agit aucunement de nier la position ontologique des
deux domaines: l'humain et le divin. Le débat se situe au plan
de la conscience spirituelle et, à ce plan, ce qui nous conduit
à insister sur cette opposition, c'est ce que nous pourrions
appeler le réalisme spirituel. En fait, la conscience spirituelle
est limitée. L'affectivité qui nous fait sortir de nous-mêmes,
pour adhérer à la réalité qui se propose à l'acceptation ne
peut, dans un premier temps, s'attacher à deux réalités qui
ne s'incluent pas parfaitement. Vouloir ignorer cette vérité, c'est
s'exposer pratiquement à bien des mécomptes. On croira rendre
gloire à Dieu en s'immergeant dans une action sociale ou en
recherchant son épanouissement personnel, mais on oubliera,
avec trop de facilité, que le sens de Dieu qui fournit le
contrepoids dialectique à l'attachement temporel doit se purifier et s'approfondir sans cesse. Un effort est nécessaire pour
lutter contre la pesanteur du repli sur soi et de la complaisance en soi. D'autant plus que cette pesanteur s'aggrave du
poids des péchés. La conversion libératrice, jamais achevée,
est toujours à reprendre.

En vérité, l'aporie que nous venons de souligner n'apparaît
définitive que si on oublie précisément l'idée du développement
de la vie spirituelle.

Que se passe-t-il dans l'expérience spirituelle?

Le premier phénomène que nous observons est que la
vie théologale, qui touche à la véritable infinitude par sa participation à Dieu, dilate peu à peu la conscience spirituelle.
L'enveloppement que nous avons souligné de l'ordre humain
par la disposition divine devient de plus en plus présent à la
conscience spirituelle. Au début de l'expérience, l'antinomie
apparaissait insurmontable; et même le recours à des moyens
humains était ressenti comme une diminution du rôle de Dieu.
Au contraire, en progressant, comme nous l'enseignent un saint
Ignace et un saint Jean de la Croix, l'enveloppement se fait
de plus en plus intime et continu. A la limite, tout semble
revêtu de la grâce et de la miséricorde divine. Au plan vécu,
l'antinomie est surmontée.

Elle l'est encore d'un autre point de vue. Le sens de Dieu
s'enrichit pour développer une dimension plus personnelle.

Certes, les vertus théologales de foi et d'espérance, dont nous avons suivi jusqu'ici le développement, supposaient une relation personnelle à Dieu. Il faudra l'accentuer encore. Une troisième étape se présente donc pour la vie éthique: celle de l'amour et de la communion. C'est à partir de cette nouvelle réalité dont l'importance ne cesse de croître que nous pourrons arriver à surmonter définitivement l'antinomie de l'humain et du divin. L'amour en effet tend à établir une relation réciproque d'égalité. Certes, l'égalité entre Dieu et l'homme demeure une visée. Mais l'amour la réalise de quelque manière.

CHAPITRE SEPTIEME

COMMUNION

L'idée de communion est déjà apparue à deux moments importants de cette étude: la décision spirituelle, tout d'abord, impliquait une prédominance de la communion sur la loi et conduisait la vie éthique, à travers l'accomplissement des commandements, jusqu'à l'adhésion à la personne du Christ; ensuite, ce moment de communion apparaissait comme la caractéristique essentielle de l'éthique évangélique[1]. Il nous reste maintenant à en considérer le déploiement en lui-même. La préférence de principe accordée à la communion porte ses fruits et opère une transformation reconnue par tous les auteurs spirituels.

On n'enregistre non plus aucune divergence sur le principe actif de la transformation morale: celle-ci découle de l'emprise croissante de la charité. Ou encore, selon une autre manière de s'exprimer qui insiste davantage sur la communication divine, d'une docilité plus constante et plus souple aux motions de l'Esprit-Saint.

Plus difficile apparaît le problème du rapport entre le moment rationnel, analysé au chapitre précédent, et ce nouveau moment tout entier centré sur Dieu qui se révèle et se communique en Jésus-Christ. L'autonomie rationnelle doit composer avec l'accueil d'un message qui nous parvient par la médiation du Verbe incarné. Il serait bien étonnant que les attitudes éthiques ne soient pas affectées en leur ensemble par cette relation au Verbe assumant la forme de Serviteur et communiquant la vie divine aux membres de son Corps. Tout le paradoxe évangélique, fondé sur l'Incarnation, tient en quelques sentences, mais décisives: « Tout homme qui s'élève sera abaissé, et celui qui s'abaisse sera élevé » (Luc 14, 11); « Qui veut

---

[1] Cf. c. 3 § 1, pp. 53-61, et c. 4 § 2, pp. 87-93.

sauver sa vie la perdra, mais celui qui perd sa vie à cause de moi la sauvera » (Luc 9, 24). Comment s'effectue ce renversement des valeurs? Quelle en est la figure exacte? Répondre à ces questions nous portera au coeur de l'éthique spirituelle.

§ 1 — Le moment interpersonnel

Lorsque la relation à Dieu se fonde sur la prise de conscience de la manifestation de l'agapè divine, il est bien clair que la réponse d'amour tend à rejeter toute autre considération. Mais on mutilerait la vie spirituelle si on ne tenait compte du caractère personnel de la foi et de l'espérance; elles aussi se meuvent dans une sphère interpersonnelle: elles nous mettent en relation vivante à Dieu par la médiation du Christ.

La foi.

L'évangile de Jean, par exemple, insiste tout particulièrement sur la libre adhésion au Christ, propre à la foi. Portant sur la personne même du Verbe incarné dont on confesse le mystère, l'acte de foi sert de support à une relation personnelle avec le Christ. La parole de Jean: « Celui qui croit au Fils de Dieu a ce témoignage en lui » (I Jn. 5, 10) fait d'ailleurs écho à celle de saint Paul: « Que le Christ habite en vos coeurs par la foi » (Eph; 3, 17). La possession du témoignage du Père et de l'Esprit, selon saint Jean, et l'inhabitation paulinienne du Christ accentuent constamment la personnalisation de la vie de foi aussi bien du côté de son objet que du côté du chrétien qui adhère à Dieu dans le Christ. A cela ne s'opposent ni l'obscurité même de la foi ni la nécessité de la médiation des formules dogmatiques. En ce qui concerne en effet le langage, saint Jean de la Croix montre clairement que l'adhésion de foi ne s'arrête pas à lui, mais pénètre jusqu'à la substance spirituelle qui est le Dieu vivant se révélant dans son action salvatrice: « La foi nous donne et communique Dieu même mais couvert sous l'argent de la foi (les propositions de foi), et nonobstant, elle ne laisse de Le donner en vérité » [2].

---

[2] Jean de la Croix, *Cantique spirituel*, st. 12, dans *Oeuvres spirituelles*, DDB, 1949.

Et nombreux sont les mystiques qui ont fait leur la parole d'Osée: «Je te fiancerai à moi pour toujours, je te fiancerai à moi en justice et en jugement, en piété et en miséricorde! Et je te fiancerai à moi en fidélité, pour que tu connaisses Jahvé» (Os. 2, 21-22). Ils retenaient cette parole dans la traduction plus prégnante de la Vulgate: «C'est dans la foi que je t'épouserai». Pour le chrétien, la foi est le milieu spirituel de la relation à Dieu. Sa condition douloureuse et obscure peut en voiler la substance; elle ne saurait la détruire; au contraire, elle purifie l'adhésion à Dieu en qui l'on croit[3].

Grâce à cette adhésion se développe, au long de la vie spirituelle, le contenu du partage de la vie du Christ. Trouvant son origine dans la décision de conformer sa vie à celle du Christ et à son message, elle en appelle continuellement à un acte de foi portant sur la personne du Christ: celui-ci est maître de sagesse et porteur du salut non seulement parce qu'en la condition de Serviteur, il vit dans la sainteté de l'Esprit, mais parce qu'en sa condition de Verbe de Dieu, il communique lumière, force et vie à celui qui, adhérant à lui dans la foi authentique, devient membre de son corps mystique, ou, selon l'expression de l'*Epître aux Hébreux*, entre dans sa maison (Heb. 3, 5-6).

L'espérance.

Plutôt que d'insister sur ce thème important mais connu de la foi personnelle, arrêtons-nous davantage sur l'aspect personnel de l'espérance.

---

[3] Citons ici le témoignage de Marie de l'Incarnation: «Or, comme la foi n'est point dans le sentiment, j'avais gravées en ma mémoire les paroles qui m'avaient été dites de l'intérieur: C'est dans la foi que je t'épouserai. Cela m'était d'un si grand poids que j'eusse voulu ne rien goûter de peur d'aller contre la pureté de cette foi. C'est pourquoi les aridités ne m'affligeaient point, étant ainsi abandonnée à celui qui me nourrissait de foi, et je m'estimais plus riche en ma pauvreté spirituelle qui si j'eusse eu toutes les joies imaginables.

Cela me faisait élever le coeur vers cette bonté infinie, lui disant: J'ai la foi, ô mon grand Dieu, je sais que vous êtes, et en cela je me contente. Mon plaisir était de le regarder ainsi, et si l'on m'eût demandé mes pensées, j'eusse répondu: Je me contente en celui qui remplit tout. Cet état est d'une grande pureté et met l'âme dans une simplicité qui ne se saurait dire, où elle jouit dans une grande simplicité de son Dieu, dans lequel elle est comme dans son centre». (*Ecrits spirituels*, DDB, 1929, t. 1, p. 200.

Du point de vue du contenu objectif de l'espérance, nous avons noté que les études modernes se complaisaient à la considération du terme de l'histoire. Selon Moltmann, l'espérance est fondement théologique parce qu'elle fait refluer sur la compréhension de l'ensemble du Mystère l'intelligence de la fin à laquelle tend sa réalisation. Mais il est assez remarquable que cette perspective ignore à peu près complètement celle plus traditionnelle qui mettait en valeur le caractère personnel de la fin: Dieu tout en tous, Dieu à posséder dans une saisie comblante [4].

On peut rattacher cette différence de perspective à l'opposition des attitudes contemplative et opérative. Pour fonder l'action transformatrice dans le monde, il faut que se retrouve dans le terme la réalité historique transfigurée. Au chapitre précédent, nous avons justifié cette vision des choses. En oublierons-nous pour autant la perspective aux fondements scripturaires plus assurés et qui voit en la vie éternelle, terme de l'espérance, une participation à la vie divine? L'expérience spirituelle, ici, est d'un autre type. Ce qui porte cette tradition théologique, fondée sur l'aspiration ardente à la vision du Père, c'est beaucoup plus le sens de la grandeur et de l'immensité mystérieuse de son être et de son amour, que le mépris d'un monde frappé de caducité.

Saint Jean encore insiste sur ce désir contemplatif: « Seigneur, disait Philippe à Jésus, montre-nous le Père, et cela nous suffit » (Jn. 14, 8). Cette vision du Père, en effet, constitue l'essence de notre vie d'enfants de Dieu: « Voyez quel grand amour nous a donné le Père que nous soyons appelés enfants de Dieu » (I Jn. 3, 1); et comment Jean conçoit-il la manifestation de cette filiation? Sinon dans la transformation de tout notre être par la vision du Père: « Ce que nous serons n'a pas encore été manifesté. Nous savons que lors de cette manifestation, nous lui serons semblables, parce que nous le verrons tel qu'il est. Quiconque a cette espérance en lui se rend pur, comme celui-là (Jésus) est pur » (I Jn. 3, 2-3). Dans ce même mouvement de pensée se situe la théologie paulinienne. Lorsque l'auteur de l'*Epître aux Hébreux* nous dit que « la foi est la substance des choses qu'on espère » (Heb. 11, 1), il rejoint assez

---

[4] Sur ce point, voir notre étude *Théologie de l'espérance selon saint Thomas d'Aquin*. Coll. Bibliothèque thomiste, Paris, Vrin, 1961, spécialement pp. 43-49 et la conclusion pp. 160-164.

rigoureusement les paroles de Paul: « Notre salut est objet
d'espérance et voir ce qu'on espère, ce n'est plus l'espérer:
ce qu'on voit comment pourrait-on l'espérer encore? » (Rom.
8, 24; cf. 5, 2; I Cor. 13, 12; II Cor. 5, 7). La vision, en effet,
bien loin d'être pour les auteurs anciens, un mode d'objectivation abstraite, signifie une opération spirituelle d'extase, d'union
et de communication. Leur désir de voir Dieu ne peut naître
que d'un amour répondant à un premier amour.

Ce mouvement d'amour vers la pleine saisie de Dieu provoque une rupture dans l'attitude éthique. On l'observait déjà
dans la perspective historique pour laquelle la fin dernière
demeurait en suspens ou, selon une expression de J. B. Metz,
constituait une « réserve eschatologique » [5]. De là, une attitude
simultanément critique et constructive dans l'ordre socio-politique. Rendue concrètement possible par le développement
technique et les bouleversements révolutionnaires, l'idée d'une
transformation de la société et de la civilisation peut devenir
matière d'une théologie politique. Mais celle-ci ne devrait pas
évacuer la perspective plus ancienne qui voit dans la vie éternelle non seulement une rénovation cosmique, mais une plénitude personnelle et une libération de la misère du péché. La
tradition patristique n'ignorait pas le problème de la libération; elle le concevait même d'une manière plus radicale en y
voyant une délivrance des puissances mauvaises, le péché, la
haine et la mort, que l'affranchissement, toujours incertain et
partiel, des servitudes sociales ne fait que préfigurer.

Revenons-nous ainsi à une perspective de relation bipolaire
Je-Tu qui risque continuellement de désolidariser le croyant
de son prochain et du monde? Non! Du moins si nous prenons
garde que la libération des puissances mauvaises et la pleine
saisie de Dieu comportent par elles-mêmes un aspect communautaire. La puissance de péché, de mort et de haine est à
l'oeuvre dans le monde et c'est bien elle qu'il faut détruire
en soi et autour de soi; Dieu est le Père de tous, et vouloir le
posséder, c'est, après avoir abattu le mur de la haine, désirer
le rassemblement de la famille humaine.

Par la personnalisation de son terme, l'espérance voit son
élan s'enrichir et s'affermir. Cette perspective, en effet, est

---

[5] METZ, J. B., *Pour une théologie du monde*, Paris, éd. du Cerf, 1971,
p. 138.

plus radicale que la perspective historique; elle l'englobe en insistant sur les problèmes fondamentaux du salut de l'humanité: la libération de la mort et la plénitude de la vie. Mais surtout celle-ci s'anticipe dans l'expérience spirituelle et, par là, se concrétise en quelque façon. Qui entre dans la purification profonde expérimente la véritable libération que saint Paul, par exemple, situe à un autre plan que l'affranchissement de la condition d'esclave (I Cor. 7, 17-24; Eph. 6, 5-9). De manière plus décisive encore, l'élan vers la possession de Dieu en inaugure la présence. Dans le fidèle, la vie divine se manifeste comme la vraie vie: le regard est purifié, la volonté fortifiée, le coeur entraîné: « Vous êtes morts, dit saint Paul, et votre vie est désormais cachée avec le Christ en Dieu; quand le Christ sera manifesté, lui qui est votre vie, alors vous aussi vous serez manifestés avec lui pleins de gloire » (Col. 3, 3).

Il demeure que la visée du terme de l'espérance oriente objectivement son mouvement. Mais un autre problème se pose en raison de sa transcendance. De quelque manière, en effet, qu'on l'exprime: vision de Dieu, résurrection des morts, transfiguration du Cosmos, achèvement de l'histoire, il faut concevoir le terme comme l'effet d'un acte nouveau de Dieu. Il est absolument transcendant et l'homme, par conséquent, a besoin du secours divin pour s'y disposer et entrer en sa possession.

Subjectivement, la nécessité du secours divin, constitutif de la vertu d'espérance, se laissera percevoir de bien des manières. Le plus souvent, le sentiment du risque du péché et de sa faiblesse congénitale rend l'homme conscient de son incapacité radicale.

Bien des psaumes d'espérance décrivent les divers aspects de la faiblesse de l'homme et multiplient ainsi les motifs de recours au Dieu tout-puissant. Les dangers extérieurs et les machinations de l'impie accroissent l'insécurité (Ps. 4; 91); le silence et l'inaction apparente de Jahvé font germer le doute dans l'âme du pauvre abattu (ps. 77); le jugement tarde et l'on se demande si Dieu rendra justice aux hommes pieux et punira les méchants (ps. 11; 52). Mais le Psalmiste sait que Dieu récompensera ceux qui auront vécu droitement, à l'ombre de ses ailes (ps. 1; 128). Le sens de la fidélité de Jahvé envers qui l'aime ne fait que rejoindre en fait la certitude fondamentale de la prédilection de Jahvé pour le Peuple choisi. L'espoir de restauration définitive du psaume 85 retrouve les accents éclatants du *Livre de la Consolation* (Is. 40-55), et l'attente de la rénovation de Jérusalem (ps. 87; Is. 54; 60) prépare les visions apocalyptiques.

La prière des psaumes ayant inspiré constamment celle des chrétiens, ses accents résonnent encore dans la spiritualité de confiance des pauvres et des petits. Les voies d'enfance spirituelle, si en honneur au XVII° siècle, celles de l'abandon, ou l'insistance d'un P. de Foucauld sur la pauvreté et la vie cachée témoignent de la permanence et de la vitalité de cette tradition. N'en citons ici qu'un représentant privilégié par sa pureté et par sa force: sainte Thérèse de Lisieux [6].

Ce que nous voudrions mettre rapidement en relief, c'est le caractère éminemment personnel de son recours à Dieu par la confiance. Adolescente, elle ressentait la faille profonde laissée en son psychisme par la mort de sa maman; en la nuit de Noël 1886, Jésus lui communiqua la force qu'il avait voilée sous la faiblesse du Serviteur: « En cette *nuit* où Il se fit *faible* et souffrant pour mon amour, il me rendit *forte* et courageuse, Il me revêtit de ses armes » [7]. Et lorsque, désemparée d'être conduite par une voie spirituelle peu comprise de son entourage, un prédicateur la rassure, il la « lance à pleines voiles sur les flots de la *confiance* et de l'*amour* qui l'attiraient si fort » [8]. Chez elle, la confiance crût au fur et à mesure que sa relation au Père devenait plus intime; elle reprend la parole d'Isaïe: « Comme une mère caresse son enfant, ainsi je vous consolerai, je vous porterai sur mon sein et je vous balancerai sur mes genoux » (Is. 66, 12). Bien loin, désormais, de pleurer sur sa faiblesse, elle expérimente que celle-ci lui attire grâce, lumière et force; ce qui plaît à Dieu, dit Thérèse, « c'est de me voir aimer ma petitesse et ma pauvreté; c'est l'espérance aveugle que j'ai en sa miséricorde » [9]. Confiance et amour: ce seront les derniers mots tracés au crayon par une main épuisée [10]. La rencontre des deux termes n'est pas fortuite. Contrainte pour ainsi dire à la confiance par le sentiment de la différence

---

[6] Cf. Conrad de MEESTER, *Dynamique de la confiance*. Coll. Cogitatio fidei, Paris, éd. du Cerf, 1969.

[7] SAINTE THÉRÈSE DE L'ENFANT JÉSUS, *Manuscrits autobiographiques*, Lisieux, 1957, p. 107.

[8] *Ibid*, p. 201.

[9] *Lettres*, Editions du Carmel de Lisieux, 1948, p. 341.

[10] *Manuscrits autobiographiques*, p. 313.

entre son aspiration infinie vers Dieu et son incapacité radicale, elle ne peut que faire confiance à l'amour prévenant du Père. Et plus elle aime « papa, le bon Dieu », plus aussi elle entre dans la certitude que « tout est grâce » [11]. Elle peut donc conclure l'appel à entrer dans sa « petite voie » par ces paroles décisives: « C'est la confiance et rien que la confiance qui doit nous conduire à l'amour » [12].

Par ce bref énoncé d'une doctrine simple et profonde, on voit combien la vie spirituelle concrète unit des mouvements divers: foi, espérance, charité s'appellent mutuellement et leur trait d'union n'est rien d'autre que l'unique relation personnelle qu'elles tendent à instaurer entre l'âme et Dieu. Le moteur d'une telle convergence ne peut être que la charité, lien de la perfection et consommation de la relation interpersonnelle. Certes, l'on sait que l'absence de charité ne détruit pas toute adhésion à la Parole de Dieu ni toute sollicitation de son aide; tous les canaux ne sont pas obstrués même si l'eau vivifiante ne parvient plus jusqu'au coeur pour lui donner la plénitude. Dans l'ordre spirituel, cependant compte essentiellement la relation vivante: « La charité est la vigueur de la foi; la foi est la force de la charité. Elles méritent leur nom et portent leur fruit lorsqu'entre elles demeure un lien indissoluble. Là où elles ne sont pas présentes ensemble, elles font ensemble défaut puisqu'elles sont l'une pour l'autre soutien et lumière jusqu'à ce que la récompense de la vision comble le désir du croyant et que soit vu et aimé sans altération ce qui maintenant n'est pas aimé sans la foi ni cru sans l'amour » [13]. Ou suivant une pensée plus prégnante encore de saint Thomas: « Selon la parole d'Ambroise (*super Lucam* 17, 6), charité et espérance comme en un cercle sacré s'influencent réciproquement: lorsque quelqu'un a été introduit à la charité par l'espérance, son espérance devient plus parfaite, sa crainte plus chaste, comme aussi sa foi plus ferme. Et c'est pourquoi lorsqu'il dit que l'espérance procède de la charité, il ne parle pas de la naissance première de l'espérance, mais de l'influence seconde: une fois infuse en nous, la charité nous fait espérer et croire plus parfaitement » [14].

---

11 *Novissima Verba*, Lisieux, 1926, p. 28.
12 *Lettres*, p. 342.
13 Léon le Grand, Sermo 45. P.L. 54, 289-290.
14 *De Spe*, a. 3 ad 1.

La charité.

Centre indiscuté de l'éthique chrétienne, en effet, la charité en résume toutes les richesses et les unit dans une perspective personnaliste: tout est relation au Dieu d'amour.

Dans le langage de saint Thomas, la charité est une amitié fondée sur la communication de la béatitude divine [15]. Tout est dit dans cette formule, pourvu que l'on sache en déployer le contenu. Car l'amitié ici n'a pas le sens restreint qu'on lui accorde d'habitude, mais elle signifie la relation interpersonnelle le plus profonde de bienveillance réciproque. Une telle bienveillance suppose l'ouverture mutuelle et la communication des biens. Dieu, lui, veut communiquer sa vie, qui est béatitude en soi et pour nous. Il est possible, certes, de chercher à définir la composante formelle de la béatitude; et saint Thomas l'a considérée comme satiété de l'intelligence par la vision. Mais l'on peut aussi considérer l'ensemble de ses aspects; alors on dira qu'elle est fruition, vie éternelle, communion de l'humanité en Dieu. Quel que soit le point de vue souligné, la charité retient toujours deux éléments essentiels pour notre propos: elle fonde une relation interpersonnelle et elle engage une opération transformante de Dieu.

Mais si la charité demeure éternellement, elle exerce dès maintenant sa fonction inspiratrice et transformatrice. Pour reprendre, là encore, le langage de saint Thomas, la charité est la forme des vertus; elle donne à leur activité le cachet proprement chrétien et les rend fécondes pour la vie éternelle.

Pour bien comprendre cette doctrine, il faut, avec le P. Gilleman [16], insister sur la considération concrète de la vie morale. Une vision abstraite définit surtout des structures objectives statiques: ainsi la chasteté réglera l'activité sexuelle, comme la tempérance le boire et le manger; une vue plus concrète renvoie d'une part à l'unité du sujet qui pose l'acte et d'autre part à l'unique fin de la vie chrétienne. Alors la chasteté devient l'expression d'une relation à autrui et la tempérance celle d'un rapport au monde sensible. On ne détruit donc pas la structure vertueuse lorsqu'on la considère accomplie dans une vie de charité, mais on lui donne son sens

---

[15] II.II. 23. 1.
[16] GILLEMAN, G., *Le primat de la charité en théologie morale*, Coll. Museum lessianum, DDB, 2° édition 1954.

plénier et on met en lumière l'élan foncier dont elle procède. Or, il est bien remarquable que le progrès dans l'union à Dieu s'accompagne d'une conscience plus profonde de l'unité qui se forme de toutes les vertus: « En cet état (d'union), les vertus sont tellement liées entre elles, si fortifiées les unes avec les autres et unies en une perfection consommée de l'âme, que non seulement il n'y a aucun endroit par où le diable puisse entrer, mais qu'aussi elle demeure tellement remparée que pas une chose du monde, ni haute ni basse, ne la peut inquiéter, molester ou émouvoir » [17]. Saint Jean de la Croix ici décrit une expérience; mais il n'oublie pas, quelques pages plus loin, de noter que cette unité procède de l'amour: « Toutes ces vertus sont en l'âme comme teintes en amour de Dieu, ainsi qu'en un sujet où elles se conservent bien et sont comme trempées en amour; parce que toutes et chacune d'elles enflamment toujours l'âme d'amour de Dieu, et en toutes choses et toutes sortes d'actions se meuvent avec amour vers plus d'amour » [18].

La charité confère donc à l'agir sa véritable infinitude. Structurellement, en effet, les vertus morales comme la prudence ou le courage consistent dans le maintien de l'action en un certain équilibre, ni trop ni trop peu. Elles demeurent, en somme, des vertus bourgeoises. Mais leur intégration dans une vie spirituelle, tout entière animée de l'amour de Dieu et du prochain et tendue vers un accomplissement transcendant, leur confère une dimension vraiment divine. Toute vie, pour décevantes qu'en puissent être les apparences, s'en trouve radicalement valorisée. Ainsi s'exprime la sagesse des saints: au lieu de jeter les hommes dans l'agitation et la dispersion perpétuelles, ils les invitent à découvrir le noyau d'amour qui se cache en toute occupation voulue de Dieu.

Plus que le contenu, importe donc la modalité de la vie éthique. Nombreuses sont les expressions quelque peu paradoxales de cette vérité. Lorsqu'une sainte Thérèse de Lisieux offre ses efforts de malade « pour un missionnaire », elle transfigure ce qui pourrait n'être qu'un acte d'énergie. Agir par amour devient la consigne fondamentale en cet état de la vie spirituelle. Qu'on n'en conclue pas cependant que l'on se con-

---

[17] JEAN DE LA CROIX, *Cantique spirituel*, st. 16 dans *Oeuvres*, DDB, p. 796.
[18] *Ibid.*, p. 798.

damne à une vie mesquine! Car celui qui ne cherche que
la volonté de Dieu est capable d'entreprendre de grandes
choses; délivré de la pression de l'opinion d'autrui, il jouit
d'une grande liberté. Par l'infini de la charité, il brise la
limite d'une action sans grande valeur objective peut-être;
et, comme dit Pascal, il fait les petites choses comme les
grandes « à cause de la Majesté de Dieu qui les fait en lui ».
L'héroïsme est au bout du chemin.

Il n'y a pas, quant au fond, de réelle différence entre
l'affirmation de l'action de Dieu en nous et le primat de la
charité. La théologie classique d'un saint Thomas, en effet,
n'hésite pas devant des formules qui présentent la charité
comme une « participation du Saint-Esprit » [19]. L'Esprit comme
Personne n'étant rien d'autre que l'amour du Père et du Fils,
l'amour divin que, selon saint Paul, l'Esprit-Saint répand dans
nos coeurs (Rom. 5, 5), nous fait participer au Saint-Esprit
lui-même, créant en nous une ressemblance, nous faisant entrer
dans la vie divine et nous portant à la manifestation de l'amour
de Dieu pour les hommes. Nous arrivons ici au sommet de
la personnalisation de la vie éthique chrétienne: elle est manifestation en nous et dans le monde de l'Esprit d'amour.

§ 2 — L'ABAISSEMENT DE L'AMOUR

Le mouvement de l'éthique chrétienne nous emporte jusqu'au sein de Dieu, jusqu'à la contemplation de l'amour incréé
et la participation de la vie divine.

Pourtant, cette remontée jusqu'à la source de l'agir ne
constitue qu'un mouvement second. Car le mystère de Dieu
révèle une autre dimension: Dieu lui-même s'est abaissé vers
les hommes; l'amour est sorti de soi. Le mouvement de la
praxis se trouve renvoyé vers les autres et vers le monde,
objets de l'amour de Dieu.

Bien que cette pensée soit fondamentale pour la foi chrétienne, elle ne dévoile pas facilement toutes ses implications.
Du point de vue éthique, la praxis chrétienne ne peut plus
s'en tenir à une perspective anthropologique pure; elle doit

---

[19] « La charité est en nous par l'infusion du Saint-Esprit qui est
l'amour du Père et du Fils, et dont la participation en nous est la charité créée elle-même » (II.II. 24. 2).

renverser la direction de son regard et partir de Dieu qui se met en relation avec le monde par l'Incarnation de son Fils.

Pour bien comprendre ce changement, il faut se détourner quelque peu de l'idée de Dieu obtenue au terme d'une ascension dialectique et qui apparaît nécessairement comme un au-delà de tout, échappant au devenir puisqu'il le fonde. Ou plutôt, il faut compléter cette idée juste par une notion de Dieu plus propre à la Révélation judéo-chrétienne: Dieu est maître de l'histoire et ami des hommes. Les deux aspects doivent composer ensemble, comme le notait déjà saint Irénée: « Selon sa grandeur, Dieu est inconnu de tous les êtres faits par lui: car personne n'a scruté son élévation, ni parmi les anciens, ni parmi les contemporains. Cependant, selon son amour, il est connu de tout temps grâce à celui par qui il a créé toutes choses: celui-ci n'est autre que son Verbe, notre Seigneur Jésus-Christ, qui, dans les derniers temps, s'est fait homme parmi les hommes afin de rattacher la fin au commencement, c'est-à-dire l'homme à Dieu. Voilà pourquoi les prophètes, après avoir reçu de ce même Verbe le charisme prophétique, ont prêché à l'avance sa venue selon la chair, par laquelle le mélange et la communion de Dieu et de l'homme ont été réalisés selon le bon plaisir du Père. Dès le commencement, en effet, le Verbe a annoncé que Dieu serait vu des hommes, qu'il vivrait et converserait avec eux sur la terre et qu'il se rendrait présent à l'ouvrage par lui modelé »[20]. La nouvelle présence du Verbe à sa Création est une présence dynamique qui témoigne que, désormais, Dieu lui-même s'est inséré dans l'humanité et le monde; il a ouvert la sphère divine pour y introduire les hommes et, par là, les sauver.

Cette ouverture de Dieu aux hommes s'origine en fait dans la communication du Père au Fils et à l'Esprit. Le Père se dit dans sa Parole, et toute production au-dehors laisse percevoir un écho de cette unique Parole jusqu'à ce que, en Jésus, ce soit le Verbe lui-même qui raconte le Père. Mots, gestes, actions, toute manifestation de Jésus sera parole sur le Père. Semblablement, lorsque l'Esprit d'amour accordera ses dons aux hommes, il ne fera que transposer dans le temps le mouvement de la donation éternelle du Père et du Fils dans l'amour.

---

[20] Irénée, *Contre les hérésies*, IV, 20, 4. Coll. sources chrétiennes, n. 100 t. II; pp. 636-637. Paris, Cerf, 1965.

Par elle-même, la descente de Dieu vers l'homme devrait déjà nous déconcerter profondément. Mais plus encore son abaissement jusqu'à la mort de la Croix. Si Dieu vient vers nous, pourquoi n'apparaît-il pas dans sa gloire? Il eût dû cheminer sur terre, transfiguré. En réalité, le fait même d'aller jusqu'au bout de l'abaissement apporte une lumière décisive sur le mystère de Dieu qui est amour. Le propre de l'amour étant de sortir de soi, il tend de lui-même à s'abaisser, à se vider de soi, et, s'il était possible, à se perdre. C'est pourquoi le Père a tellement aimé le monde qu'il lui a donné son Fils unique (Jn. 3, 16) et celui-ci de lui-même a donné sa vie (Jn. 10, 17). En prenant la forme du Serviteur qui offre sa vie en rançon pour une multitude et en laissant son Coeur ouvert, le Christ a manifesté radicalement et une fois pour toutes le mystère de l'Amour.

Arrêtons quelques instants notre méditation sur l'amour manifesté par le Christ en sa Passion [21]. Avant tout, il est un amour total. Toute l'existence du Fils s'exprime dans sa relation au Père. Pour la théologie classique, la relation de filiation constitue la Personne du Fils en sorte que le Fils n'existe qu'en regardant le Père de qui il reçoit communication de la Divinité; pour saint Jean, il est clair que le Fils devenu Serviteur exprime lui aussi par ses paroles, ses actions et ses états qu'il est tout entier relatif au Père: « Ma nourriture, dit-il, est de faire la volonté de Celui qui m'a envoyé » (Jn. 4, 34). Cette volonté, précisément, sera de boire le calice de la Passion et de donner sa vie: « Personne n'a un plus grand amour que de donner sa vie pour ceux qu'il aime » (Jn. 15, 13). Le don de la vie est irréversible; qui a donné sa vie a joué le sens même de son existence dans un acte sans repentance possible. On ne peut concevoir une désappropriation plus totale.

En se vidant de lui-même dans une oblation d'amour, le Christ reconnaît qu'il tient tout ce qu'il est du Père: la Divinité qui lui est communiquée et son Humanité créée, unie hypostatiquement au Verbe. Pour nous aussi, la désappropriation totale de notre vie, ou comme disent les auteurs du 17° siècle, son anéantissement, correspond à la reconnaissance du don radical de Dieu: la position dans l'existence par la création. Et cette

---

[21] Cf. A. Vanhoye, *La personne humaine et ses relations dans le Nouveau Testament*, dans *Studia missionalia*, Roma, PUG, 19 (1970) 315-334.

position dans l'existence est continuée sans cesse par un acte de Dieu. Or, la reconnaissance de la dépendance totale envers Dieu, de qui chacun tient l'être et la vie, fonde l'attitude religieuse. Lorsque, par conséquent, l'*Epître aux Hébreux* interprète toute l'économie du Christ en termes de sacerdoce et de sacrifice, elle ne fait que donner sa valeur suprême à la fonction cultuelle exercée pendant des siècles par le Peuple de Dieu: « C'est pourquoi, en entrant dans le monde, le Christ dit: ' Tu n'as voulu ni sacrifice ni oblation; mais tu m'as façonné un corps. Tu n'as agréé ni holocaustes ni sacrifices pour les péchés. Alors, j'ai dit: Voici, je viens, car c'est de moi qu'il est question dans le rouleau du livre, pour faire, ô Dieu, ta volonté...' Il abroge le premier régime pour fonder le second. Et c'est en vertu de cette volonté que nous sommes sanctifiés par l'oblation du corps de Jésus-Christ, une fois pour toutes » (Heb. 10, 5-10). La Croix se dresse donc comme la suprême manifestation de l'amour révérentiel du Christ envers son Père.

L'infini de l'amour.

Par cette relation à Dieu, l'amour qui s'offre accède à l'infinitude. En effet, bien que l'esprit et le coeur de l'homme soient radicalement capables d'infinitude, puisqu'ils exercent connaissance et amour sur un fond d'être infini, de fait cependant, l'amour bien souvent ne va pas jusqu'au bout de son élan. La tendance possessive, naissant du besoin de complétude, restreint continuellement le mouvement de sortie de soi.

Comment surmonter cette limitation? Dans l'ordre chrétien, le dépassement est assuré à partir de l'élan spirituel lui-même puisque la charité comme participation de l'Esprit-Saint élève le coeur humain à une dimension divine; elle l'est aussi dans son terme qui est Dieu s'ouvrant à l'homme. Dans le cas de l'oblation du Christ, l'infinitude se manifeste en outre sur un mode tout à fait particulier. L'amour humain, en effet, si pure soit son oblation, demeure grevé d'une limitation radicale: qui est entré dans la mort, s'en remet à autrui pour perpétuer l'efficacité signifiante de son sacrifice; il a perdu le mode d'être qui lui permettait de s'insérer dans l'Univers: ainsi, par exemple, du sacrifice de Jan Palacz. Le Christ, lui, reçoit du Père un mode nouveau de vie dans la Résurrection: « Etabli Fils de Dieu avec puissance selon l'Esprit de sainteté,

par sa résurrection des morts » (Rom. 1, 4). Son acte d'amour
ne subsiste pas seulement comme souvenir exemplaire mais
reçoit une efficacité spirituelle dans un nouveau mode d'être
et d'action sur le monde: « Après avoir été rendu parfait, il
est devenu pour tous ceux qui lui obéissent principe de salut
éternel (Heb. 5, 9).

Le Second Isaïe avait déjà noté la valeur rédemptrice du
sacrifice du Serviteur; et son texte nous introduit à un nouvel
aspect de l'amour du Christ: il possède l'infinitude du fait qu'il
s'étend à toute l'humanité: « S'il offre sa vie en expiation, il
verra une postérité, il prolongera ses jours et ce qui plaît à
Jahvé s'accomplira par lui. Après les épreuves de son âme,
il verra la lumière et sera comblé. Par ses souffrances, mon
Serviteur justifiera des multitudes en s'accablant lui-même de
leurs fautes » (Is. 53, 10-11). Du fait que le Christ est le Verbe
incarné, il peut embrasser dans son amour l'humanité concrète
et la représenter auprès de Dieu. Pour nous aussi, le critère
de l'authenticité de l'activité éthique est bien qu'elle embrasse
virtuellement l'humanité. L'universalité de la visée doit demeurer comme l'horizon de toute action. Dans la conscience du
Christ, cette universalité est concrètement réalisée. L'amour
dont il vit et témoigne ne peut être qu'universel.

En entrant à son tour, par la foi et la charité, dans le
mystère de l'amour du Christ, le chrétien participe à sa plénitude et en vit les différents aspects. Seulement, qu'on ne se
méprenne pas; Ce n'est qu'au terme d'un long cheminement
que le chrétien approche de la plénitude concrète de cet amour.
Autre chose est d'en capter le rayonnement, autre chose de s'en
laisser investir de plus en plus profondément.

Il ne serait pas très utile de reporter ici les témoignages
que les saints nous donnent de leur participation à l'infinité
de l'amour divin. Choisissons-en un, très ferme, mais peu connu,
de sainte Catherine de Sienne.

Elle remarque d'abord que l'amour divin s'insère sur la
disposition naturelle du coeur de l'homme: « Nous avons reçu
de Dieu la disposition à l'amour en même temps que notre
être; car nous avons été créés par amour et c'est pourquoi,
en même temps que notre liberté, nous devons présenter et
offrir à Dieu cet être qu'il nous a donné par amour et, au
moyen de l'amour, recevoir l'amour, c'est-à-dire l'amour général que Dieu offre à chaque créature et les dons et grâces

particulières que l'âme sent descendre en elle. Alors nous invitons Dieu à déverser sur nous le feu et l'abîme de sa charité sans prix au moyen d'un éclat de lumière surnaturelle et une plénitude de grâce qu'accompagne un merveilleux vêtement de vertus » [22]. Conformément à la pensée de saint Thomas, Catherine insiste sur la disposition du dynamisme créaturel à l'infusion de la charité.

La véritable charité ne peut être qu'une participation de celle du Christ: « Quels sont ceux-là qui sont revêtus du vêtement nuptial de la charité, demande Catherine au Christ? — Ils sont un autre moi-même parce qu'ils ont perdu et renié leur volonté propre, se sont revêtus de la mienne et s'y sont conformés » [23]. Ils ont ainsi dépassé la possessivité de leur amour, génératrice de tristesse: « Pour être revêtu de la charité du Christ, il faut se dépouiller, se dépouiller, dis-je, de tout amour-propre et complaisance au monde, de toute négligence et de toute tristesse désordonnée et confusion d'esprit qui dessèche l'âme [24].

Nous trouvons aussi chez Catherine de Sienne l'expression profonde et originale de la relation entre l'amour du prochain et l'authenticité de l'amour de Dieu. Elle illustre cette doctrine johannique (I Jn. 4), en faisant remarquer que notre amour ne devient parfaitement désintéressé que dans la mesure où il s'adresse au prochain. Notre amour pour Dieu, en effet, nous vaudra toujours une récompense et demeure de notre part une réponse dûe à un amour prévenant. Dès lors, comment pourrons-nous aimer Dieu sans rechercher notre intérêt? « Pour manifester l'amour que nous avons pour lui, nous devons servir et aimer toute créature raisonnable, étendant notre charité aux bons et aux méchants, et à toute sorte de personnes, à ceux qui ne nous sont d'aucune utilité et nous méprisent comme à ceux qui nous sont utiles. Dieu, en effet, ne fait pas acception de personnes mais regarde les saints désirs; il étend sa charité sur les justes et sur les pécheurs » [25]. Au regard de la foi, le prochain s'identifie de quelque manière

---

[22] CATHERINE DE SIENNE, *Lettre 186*, dans *Il messaggio di Santa Caterina da Siena, dottore della Chiesa*, a cura di un missionario vincenziano. Roma, 1970, 242.

[23] *Dialogue* n. 1; *Ibid.*, p. 243.

[24] *Lettre 52, Ibid.*, p. 244-245.

[25] *Lettre 94; Ibid.*, p. 259.

à Dieu: « Il est vrai que vous ne pouvez rendre à Dieu un bienfait ou un service puisqu'il n'a besoin d'aucun de nos services; mais il nous a donné un moyen pour que nous puissions lui être utiles indirectement et ce moyen c'est le prochain que nous pouvons servir pour la gloire et la louange de son saint Nom: Dieu, en effet, considère comme fait à lui-même ce que nous faisons au prochain » [26].

Que ce terme ne soit pas donné dès le commencement de la vie spirituelle, la sainte nous l'indique en faisant remarquer la nécessité, pour y arriver, d'une longue méditation du Christ crucifié: « Souvenez-vous que vous ne parviendrez jamais à cette union entre vous si vous ne tenez pas devant votre regard, comme objet constant de méditation, le Christ crucifié, vous efforçant de suivre ses traces. En lui, vous trouverez ce véritable amour, en lui qui vous a aimés d'un amour gratuit et spontané » [27].

Nous voici au coeur de l'éthique chrétienne. Tout entière centrée sur l'amour, elle suppose une doctrine fondée non sur une élaboration humaine, mais sur un événement dont Dieu est l'acteur: le Verbe de Dieu assume une humanité particulière en Jésus pour s'unir à soi tous les hommes et leur manifester l'amour du Père. Mais son rôle ne se borne pas à une révélation de l'amour; il réconcilie les hommes au Père et les rend capables, à leur tour, de participer à cet amour. Alors, s'amorce un mouvement spirituel décisif; la vie chrétienne consiste à intégrer de plus en plus profondément en soi l'amour divin. Cette intégration ne s'effectuera pas sans lutte ni conversion. De naissance, en effet, l'homme est porté vers un amour possessif: il veut jouir du monde, utiliser les autres, s'imposer à eux, n'accepter Dieu qu'à certaines conditions, ou même le rejeter. Quelle attitude prendra-t-il devant cet événement d'un Dieu qui se donne par amour et s'identifie au prochain? Toutes les relations qui constituent la base de sa vie éthique vont changer de sens en prenant leur point de départ non plus en nous mais en Dieu qui vient à nous.

---

[26] *Lettre 259*; *Ibid.*, p. 260.
[27] *Lettre 292*; *Ibid.*, p. 263. Remarquons que sainte Thérèse de Lisieux a « découvert » la charité la dernière année de sa vie. Cf. *Manuscrits autobiographiques*, Lisieux, 1957, pp. 263 ss.

§ 3 — LA CONVERSION DES RELATIONS

La relation à Dieu.

Change d'abord la relation à Dieu. Ce n'est pas, bien sûr, que le chrétien ne reconnaisse pas théoriquement sa relation à Dieu; mais, concrètement, cette reconnaissance demeure grevée de bien des imperfections et déviations dont saint Paul décrit les types fondamentaux dans l'épître aux Romains.

Le Juif reconnaissait la bienveillance gratuite de Jahvé à son égard, mais était tenté de considérer son élection comme sa propriété; par là, il se fermait à la possibilité d'une intervention divine nouvelle et universelle, il manifestait sa jactance en s'appuyant sur des oeuvres. De même nous: après avoir reconnu que nous tenons tout de Dieu, nous sommes tentés de nous confier en nos propres oeuvres et d'attendre que le Seigneur satisfasse nos désirs. Le Païen, lui, s'appuyant sur les forces vitales qui fondent son être, connaît Dieu au terme d'un élan enraciné dans la nature; cette connaissance demeure confuse et tâtonnante; elle met souvent obstacle au discernement de l'intervention divine dans l'histoire. A son exemple, nous nous formons des images et des idoles de Dieu qui ne sont que les projections de nos élans naturels: biologiques, sociologiques, intellectuels.

La conversion consistera avant tout à accueillir le Dessein d'amour universel de Dieu dans l'événement de l'Incarnation: « En ceci consiste Son amour: ce n'est pas nous qui avons aimé Dieu, mais c'est Lui qui nous a aimés et qui a envoyé son Fils en victime de propitiation pour nos péchés » (I Jn. 4, 10). Puisque ce don se renouvelle à chaque instant dans le Christ, à chaque instant nous l'accueillons dans l'ouverture de la foi: « Nous, nous avons cru à l'amour » (I Jn. 4, 16). L'attitude chrétienne fondamentale est ouverture et accueil à l'action d'un Dieu qui agit constamment dans l'histoire, celle du monde et celle de chacun. Elle refuse le pélagianisme ou l'arrogance des oeuvres.

La relation au monde.

Il est certainement plus difficile et plus complexe de définir la relation chrétienne au monde. Car alors s'articulent entre eux divers couples de forces. D'une part, l'homme reçoit pouvoir sur la nature et le voici engagé, par son travail, dans une oeuvre de transformation et d'achèvement du monde. D'autre part, la relation à la nature se trouve englobée dans un ensemble plus vaste, le monde de l'histoire. L'humanité concrète tisse une trame toujours plus serrée d'échanges culturels, sociaux, politiques. Chacun doit en même temps s'y affirmer comme personne et s'y intégrer comme membre. Un principe général de subordination du monde de la nature et de l'histoire à la promotion des personnes se pose déjà à ce niveau. Enfin, et ce n'est pas l'aspect le plus facile à intégrer dans une anthropologie chrétienne, tout l'ordre de l'histoire reçoit son sens du terme qu'il poursuit: il s'agit de construire et de manifester le Royaume qui n'est pas de ce monde: « Puis ce sera la fin, quand le Christ remettra la royauté à Dieu le Père, après avoir détruit toute Principauté, Domination et Puissance ... Et quand toutes choses lui auront été soumises, alors le Fils lui-même se soumettra à Celui qui lui a tout soumis, afin que Dieu soit tout en tous » (I Cor. 15, 24-28).

Pour décrire l'attitude chrétienne vis-à-vis du monde, bien des auteurs ont pris comme centre de référence le sujet lui-même et les pulsions qui assurent son insertion dans le monde. Voie classique qui avait surtout pour but de s'attaquer à la racine subjective de tous les déviationnismes dans le rapport au monde: l'instinct propriétaire ou, d'une manière plus générale, l'amour-propre. Sainte Catherine de Gênes, par exemple, oppose cet amour-propre à l'amour nu de charité qui se tient dans la vérité de son être créaturel: « Et de même que l'amour-propre ne peut savoir ce que c'est que l'amour nu, ainsi l'amour nu ne peut comprendre comment, dans ce qu'il connaît en vérité, il y ait ou puisse y avoir de la propriété. Il ne voudrait à aucun prix qu'il existe une chose qu'il puisse dire sienne. La raison en est que cet amour nu voit toujours la vérité et même ne peut voir autre chose. Or la vérité est, de sa nature, communicable à tout le monde, elle ne peut appartenir en propre à personne. L'amour-propre, au contraire est à lui-même un empêchement, il ne peut ni croire ni voir la vérité. Et même, s'il croit la posséder, il la tient pour ennemie, une étrangère lointaine et inconnue » [28]. En refusant radicalement tout instinct de propriété, qui s'étend à toutes sortes de biens,

---

[28] Sainte Catherine de Gênes, trad. de P. Debongnie, coll. Etudes carmélitaines, DDB, 1959, p. 83.

même spirituels, le chrétien devient capable d'établir avec le monde des rapports objectifs plus authentiques.

On ne peut limiter, en effet, l'instinct de propriété aux seuls biens matériels. L'affirmation de soi poursuit une dialectique interne. Puisque le rapport aux biens de la nature fonde les rapports économiques, sociaux et politiques, n'est-il pas nécessaire que le renoncement aux premiers entraîne des mutations dans les seconds? Sur ce point, saint Ignace ne fait que reprendre les leçons de l'Ecriture aussi bien que de l'expérience, lorsqu'il décrit ainsi la dialectique de l'avoir, du paraître et du pouvoir: « Considérer le discours que (Lucifer) tient (aux Anges mauvais): ils doivent tenter tout d'abord par la convoitise des richesses, comme c'est le cas le plus fréquent, afin qu'on en vienne plus facilement au vain honneur du monde, et enfin à un orgueil immense. De la sorte, le premier échelon est la richesse, le second l'honneur et le troisième l'orgueil; et par ces trois échelons, il amène à tous les autres vices » [29].

L'idée d'une dialectique subjective globale est importante en ce sens qu'elle rappelle fortement que l'éthique spirituelle tend à des attitudes unifiées: l'idée de pauvreté, par exemple. Elle nécessite cependant une analyse plus poussée. Car, de fait, l'attitude du chrétien devant le monde ne peut se réduire à une disposition subjective: il participe nécessairement à un mouvement historique qui vise à la maîtrise de l'humanité sur la nature et qui entraîne une appartenance à des cercles socio-politiques plus ou moins étendus; or, toute participation entraîne des obligations objectives.

La limitation objective.

Il faut donc arriver à distinguer, avec saint Ignace, les dispositions subjectives évangéliques et les conditions objectives de l'insertion dans le monde historique. En ce qui concerne les premières, elles ne reçoivent pas de limitation: la pauvreté en esprit et le détachement croissent en fonction du progrès des vertus théologales, et suivent le mouvement infini d'abaissement du Verbe: « Afin d'imiter le Christ notre Seigneur et de lui ressembler effectivement davantage, je veux et je choisis la pauvreté avec le Christ pauvre plutôt que la

[29] IGNACE DE LOYOLA, *Exercices spirituels*, n. 142. Trad. COUREL, coll. Christus, DDB, 1963.

richesse, les humiliations avec le Christ humilié plutôt que
les honneurs, étant égale la louange et la gloire de la divine
Majesté; et je préfère être regardé comme un sot et un fou
pour le Christ, qui le premier a passé pour tel, plutôt que
comme un sage et un prudent en ce monde » [30]. Mais le problème de l'attitude concrète n'est pas encore résolu. Il faut
tenir compte, en effet, de la restriction: « Etant égale la louange
et la gloire de la divine Majesté ». Cette condition ne peut se
situer qu'au plan objectif — au plan des dispositions personnelles, tout ce qui rapproche de la condition du Serviteur est
hommage à Dieu. — N'est-il pas clair que l'invitation à l'humilité ne tend pas à abolir toutes les différences objectives des
fonctions et des responsabilités sociales? Il convient donc, pour
résoudre le problème de la relation au monde, de tenir compte
des nécessités du bien commun comme de la vocation personnelle. Je peux désirer, comme l'indique saint Ignace « que
Dieu veuille me choisir » [31] pour une vie plus proche de celle
du Seigneur humilié. Il ne m'appartient pas de le décider arbitrairement.

Quel que soit, en effet, le degré de renoncement aux biens
matériels ou à l'estime d'autrui, il comporte toujours une limite
objective: l'usage des biens sera réglé par la nécessité de se
sustenter et par les exigences de la charité envers autrui. Plus
ce rapport à autrui est contraignant, pour qui a la responsabilité d'une famille ou exerce l'apostolat par exemple, plus
aussi l'utilisation des biens doit être mesurée par une « caritas
discreta » [32], capable de discerner le désir de l'Esprit. Tout
usage des créatures se subordonne à la charité: « Quand je
distribuerais tous mes biens en aumônes, quand je livrerais
mon corps aux flammes, si je n'ai pas la charité, cela ne me
sert de rien » (I Cor. 13, 3). Fondamentalement, c'est la charité
qui pousse au désir d'une rupture avec la relation propriétaire aux richesses de la nature; désir infini en son élan mais
toujours mesuré concrètement. Il en irait de même avec l'estime d'autrui. La joie parfaite serait d'être rejeté de tous ses
frères pour ne vivre qu'en Dieu. Mais même saint François
d'Assise, qui jouissait de l'amour de ses frères, ne pouvait

---

[30] *Exercices spirituels*, n. 167.
[31] *Ibid*, n. 168.
[32] Expression chère à saint Ignace; cf. *Constitutiones Societatis Iesu*,
VI, 3.

que pressentir un tel état. L'exigence objective mesure toujours le détachement effectif.

La relation aux personnes

Au plan plus complexe de la relation familiale, on retrouve le même mouvement dialectique entre l'infinitude du propos de chasteté et son exercice concret. Le premier se fonde sur le respect absolu de soi et d'autrui comme êtres spirituels, le second sur la nécessité d'une communication corporelle pour l'expression de la relation interpersonnelle. Notons tout de suite que l'union sexuelle n'est qu'un mode de la communication de l'amour interpersonnel. Là où elle fait défaut, pendant les fiançailles ou dans la vieillesse, on ne peut conclure qu'il n'y a pas amour proprement dit; et d'autre part, là où la chasteté a renoncé à toute communication strictement sexuelle, la charité fraternelle et l'amitié utilisent encore, dans une certaine mesure, la médiation de la présence corporelle. Toute forme concrète de chasteté consiste par conséquent à *proportionner* les expressions sensibles de la relation interpersonnelle à la nature de celle-ci.

La relation du couple n'échappe pas à cette norme. Certes, en ce cas, le rapport sexuel et ce qui l'accompagne fait partie intégrante de la communication interpersonnelle, mais il demeure subordonné à la relation et à la promotion des personnes comme telles. L'amour est incarné; mais son sens transcende l'expression charnelle. D'un point de vue tout à fait général, on dira donc que la communication corporelle trouve son sens dans la reconnaissance et la promotion de l'autre en son être personnel; le désir qui forme le support de la relation amoureuse s'oriente ainsi vers l'amour de bienveillance. On doit même ajouter que la véritable promotion des personnes inclut le voeu de fécondité non seulement en vue de la naissance d'une nouvelle personne mais parce que chacun des membres du couple tend à s'accomplir sous le mode paternel ou maternel.

Serait-il réaliste de se dissimuler les difficultés toutes particulières que rencontre la réalisation du propos de chasteté? Dans une première étape, il faut reconnaître que l'intégration et le contrôle des pulsions sexuelles pous les ordonner à l'expression de l'amour véritable requièrent un effort soutenu.

Et cela, même en dehors du cas où des événements malheureux ne sont pas venus perturber un développement toujours
quelque peu aléatoire. Ensuite, comme le marque l'Ecriture,
la relation homme-femme se trouve doublement faussée: « Ton
élan sera vers ton mari et, lui, il te dominera » (Gen. 3, 16).
Le désir sexuel déborde le désir de la procréation; chez l'homme, il se colore d'une manifestation de la volonté de puissance
à laquelle répond dialectiquement, chez la femme, une tentative de récupération de la domination par la séduction. Une
conversion profonde s'avère donc nécessaire pour que l'amour
devienne don réciproque et symétrique dans le respect de la
différence. Le signe en sera précisément la fidélité totale dans
la pérennité du don. On voit par là que la doctrine évangélique du mariage indissoluble ne fait que traduire le sens
authentique de l'amour humain se convertissant continuellement dans la charité.

Avec le P. Vanhoye résumons sur ce point la doctrine néo-
testamentaire: « Au lieu d'un amour possessif, l'apôtre propose l'idéal de l'amour oblatif: ' Maris, aimez vos femmes comme le Christ a aimé l'Eglise: il s'est livré pour elle ' (Eph.
5, 25). Les épouses ne sont pas, pour autant, invitées à revendiquer l'égalité des sexes, pas plus que les serviteurs ne le
sont à contester l'autorité des maîtres. Elles doivent au contraire se soumettre à leurs maris, comme l'Eglise se soumet
au Christ (Eph. 5, 21-24; I P. 3, 1-6). Mais les maris réfréneront
leur instinct de domination et au lieu d'asservir leurs femmes,
ils apprendront à se dévouer pour elles et à les respecter profondément, car elles sont, tout comme eux, héritières de la
grâce de Vie (I P. 3, 7). Ainsi la vie conjugale se voit-elle orientée, par le Christ mort et ressuscité, vers la perfection de la
charité » [33].

Plus paisible peut-être, mais nécessaire pourtant, apparaît
la conversion du rapport parent-enfant. Protecteurs naturels de
l'enfant, les parents doivent consentir à transformer peu à
peu leur relation de dévoûment protecteur, où entre toujours
quelque instinct de propriété et de domination, en une acceptation de l'autonomie recherchée et péniblement acquise. Là
encore, la conciliation est nécessaire: « Enfants, obéissez à
vos parents dans le Seigneur: cela est juste. Honore ton père

---

[33] VANHOYE, A., *La personne humaine et ses relations dans le Nouveau
Testament*, dans *Studia missionalia* 19 (1970) 332.

et ta mère, tel est le premier commandement auquel soit atta-
chée une promesse: Pour que tu t'en trouves bien et jouisses
d'une longue vie sur la terre. Et vous, parents, n'exaspérez
pas vos enfants, mais usez, en les éduquant, de corrections
et de semonces qui s'inspirent du Seigneur » (Eph. 6, 1-4). Aux
conflits normaux de l'adolescence puis à la séparation consé-
cutive à la fondation du foyer, les parents doivent répondre
par l'établissement de nouvelles relations; les enfants doivent
parvenir à se poser devant eux en éliminant la rivalité.

Le rapport socio-politique introduit à son tour des problèmes difficilement solubles. Dépendant pour une part du
rapport économique, il ne s'y réduit cependant pas. L'analyse
marxiste sur ce point est justement contestée même dans
l'ordre de l'opposition dialectique des classes. Au plan des
conduites individuelles, la réduction apparaît encore plus ar-
tificielle.

Dans notre hypothèse de réflexion, en effet, nous considérons le chrétien qui se trouve plus ou moins engagé dans
des rapports de classe, mais nous supposons qu'il veut vivre
ces rapports en fonction des valeurs évangéliques. Un premier
effort l'appelle donc à exercer ses responsabilités selon des
normes de justice sociale et il doit déjà lui-même en apprécier
les conditions techniques d'application. Mais surtout, qu'il ait
part à la direction de l'entreprise ou à la défense des travail-
leurs, il doit assumer une responsabilité objective. Même s'il
se sent prêt personnellement à un type de comportement ac-
cordé à ses dispositions et à ses convictions, il doit tenir
compte non seulement des intérêts qu'il représente mais de
l'opinion de ses mandants. Une telle tension se vérifierait à
tous les niveaux de la responsabilité.

Du point de vue spirituel, il importe avant tout que le
responsable, ayant assuré la rectitude éthique de son comportement objectif, agisse dans un esprit de service. A la tentation
de jouir de son autorité, puis de confondre son action avec son
affirmation personnelle, il doit substituer un détachement profond. Une telle attitude vaut de toute forme d'exercice de
l'autorité, politique ou religieuse. Et l'expérience montre à
suffisance combien une telle attitude de service est difficile;
ne faut-il pas constamment séparer les raisons objectives de
l'action de ses intérêts personnels?

On voit à quel point le souci de vivre selon la loi évan-

gélique de charité implique une conversion des relations de
la personne. Pour mieux éclairer ce problème, il ne sera sans
doute pas inutile, en terminant, de considérer le propos de
la vie religieuse de renoncer de droit à la propriété, à la famille, à la responsabilité socio-politique. Le contraste permettra une meilleure compréhension.

Nous avons déjà remarqué que le renoncement de droit
ne saurait être totalement effectif: il faut bien se sustenter;
le renoncement à la fondation d'un foyer ne supprime pas
toute relation affective; le service exclusif de Dieu ne signifie
pas que l'on a cessé totalement d'être un citoyen ou que l'on
évitera toute affirmation de sa propre liberté. Mais l'intention
fondamentale demeure bien le total renoncement de coeur afin
de couper court à tout surgissement des pulsions possessives.
Le rapport effectif au monde se trouve mesuré par la seule
nécessité tout en entraînant un effort constant de détachement
du coeur qui se veut pauvre de tout hormis de la volonté
de Dieu. En d'autres termes [34], l'attitude de la vie consacrée comporte un moment fondamental de renoncement à toute médiation naturelle pour s'établir le plus purement possible dans
une relation de service exclusif de Dieu. Alors que la vie
ordinaire vise un service de Dieu par la médiation du travail, des relations affectives privilégiées et la participation
à la vie de la cité, la vie consacrée s'établit d'emblée dans
une relation essentielle à Dieu et à l'ensemble des hommes
par une disponibilité radicale. Ce n'est que dans un second
moment qu'elle retrouve des relations effectives au monde.
Mais alors elle prend soin d'en limiter l'expression au strict
nécessaire et surtout de la subordonner au primat absolu de
la relation personnelle à Dieu au service de tous les hommes.
De plus, puisque la vie consacrée dans l'Eglise appartient à
l'ordre du signe, elle inclut dans ses manifestations concrètes
l'expression de la transcendance de la vie évangélique et, par
là-même, rappelle continuellement l'urgence de la conversion
au Christ.

---

[34] Cf. Ch. A. BERNARD, *Le projet spirituel*, Rome, Presses de l'Université Grégorienne, 1970, 298-302.

§ 4 — Vie évangélique et sens de Dieu

De la présentation de la vie religieuse comme renversement du sens dans la relation de l'homme spirituel au monde, se dégage une idée importante: le progrès spirituel sous-tend et produit cette conversion du rapport au monde. Bien des théologiens accepteraient cette pensée. Elle implique pourtant des conséquences trop peu remarquées.

La plus fondamentale est qu'une situation donnée, supposons: la pauvreté, *change de signe* selon le contexte spirituel où elle s'insère.

Considérons la situation de pauvreté telle qu'elle est vécue dans le tiers-monde ou par le sous-prolétariat. Du point de vue éthique, il faut la juger négativement. Tout d'abord, en effet, elle est le fruit d'une injustice sociale: les nations riches et les classes aisées exploitent l'impuissance actuelle de leurs partenaires; d'un état de fait, elles s'efforcent d'aboutir à un état de droit. Mais ce « droit » contredit la justice voulue de Dieu et s'appuie sur un système de valeurs aussi simple que contestable: le profit et l'ordre établi. De plus, la situation de pauvreté empêche des individus et des peuples de développer leurs virtualités éthiques et culturelles. Ce qui contredit encore l'égalité foncière de tous au regard de Dieu.

Il faut donc admettre, en un premier moment, que le droit — et, en conséquence, le devoir d'actualisation — existe de dépasser les situations injustes de pauvreté. Les prophètes d'Israël ont recueilli le cri des pauvres et l'ont répercuté. Les pauvres eux-mêmes, dans la mesure où ils prennent conscience de pouvoir changer leur situation, s'orientent vers une action efficace, encore que celle-ci ne constitue pas une norme suprême, même en l'ordre social. Mais plus un individu ou un peuple souffre de la misère et de l'humiliation, plus aussi l'action devient urgente et justifiée.

Cependant, quand interviennent d'autres valeurs et notamment la valeur évangélique de pauvreté, que devient cette urgence? Perd-elle toute sa force? Demeure-t-elle au contraire sans changement en sorte que l'Evangile, lui aussi, serait révolutionnaire?

La réponse ne saurait être simple. Selon le principe général que nous avons admis de l'autonomie des valeurs humanistes, il faut maintenir la nécessité de la lutte contre toute injustice et l'effort vers une promotion des personnes et des peuples.

Ce devoir, répondant à une volonté générale de Dieu, ne saurait disparaître devant une autre instance éthique. En particulier, on ne voit pas comment un peuple pourrait renoncer à son développement puisqu'un tel effacement ne saurait profiter à l'humanité concrète qu'il contribue à enrichir.

Tout, pourtant, n'est pas résolu par l'affirmation des droits imprescriptibles de la justice. La question rebondit, notamment lorsqu'on se place au point de vue de l'éthique personnelle: Dieu n'a-t-il pas proclamé la béatitude des pauvres? N'est-il pas étrange de s'insurger contre une situation de béatitude?

Il conviendrait tout d'abord de bien interpréter l'idée de béatitude. Suivant sur ce point l'interprétation de Dom Dupont, il faudrait distinguer deux moments: dans un premier temps, Dieu se penche sur les pauvres qu'il veut protéger et favoriser; dans un second temps, le fidèle accepte et même recherche sa situation de pauvreté. « Le présupposé fondamental de ces béatitudes se trouve dans une certaine conception du Règne de Dieu et de la manière dont Dieu entend exercer sa justice royale en faveur des pauvres, des opprimés et de tous ceux qui souffrent. L'intervention divine imminente sera conforme à la conduite qu'on peut attendre du Roi idéal, protecteur et défenseur des malheureux. Essentiellement ' théologique ', cette perspective s'intéresse aux pauvres en tant qu'ils permettent à Dieu de manifester ses dispositions à leur égard et la sollicitude dont il les entoure en raison même de l'idée qu'il se fait de ses attributions royales. L'optique ' théologique ' qui assure à ces béatitudes leur insertion dans le cadre du ministère de Jésus et de sa proclamation de la bonne nouvelle a très tôt cédé le pas à une réinterprétation ' anthropologique '. L'attention se porte alors, non plus sur la conduite que Dieu suivra lors de l'établissement de son Règne, mais sur celle que les hommes ont à adopter pour avoir part aux bienfaits du Règne. A ce point de vue, le privilège des pauvres ne s'attache plus à la détresse et aux souffrances qui leur attirent la sollicitude royale de Dieu, mais à des dispositions spirituelles qui font d'eux des hommes profondément religieux et leur valent la récompense eschatologique » [35].

---

[35] J. DUPONT, *Les Béatitudes*, coll. *Etudes bibliques*, Paris, Gabalda, 1969, t. II, pp. 379-380.
De même, le P. GUILLET, *Jésus-Christ, hier et aujourd'hui*, p. 32:

L'interprétation « anthropologique » devait d'autant moins tarder à s'imposer qu'elle était déjà préparée par le courant spirituel des « pauvres de Jahvé ». Eux acceptaient leur situation de pauvreté en se reposant sur la certitude de foi d'être l'objet de la bienveillance de Jahvé.

Voilà précisément le point à souligner: une spiritualité de pauvreté n'est possible que si elle est soutenue par une foi profonde en un Dieu bienveillant et attentif. Dans le Sermon des béatitudes, saint Matthieu, qui représente ici la tradition spirituelle a bien soin d'inscrire son « Bienheureux les pauvres en esprit » (Mt. 5, 3) dans le contexte très large d'une spiritualité nouvelle. Ainsi lorsqu'il place en face du choix: « Vous ne pouvez servir Dieu et l'argent » (Mt. 6, 24), il ajoute: « Voilà pourquoi je vous dis: ne vous inquiétez pas pour votre vie ... Dieu ne fera-t-il pas plus pour vous, gens de peu de foi? » (Mt. 6, 25. 30). La pauvreté en esprit ne peut atteindre à l'abandon à la Providence divine que si elle s'accompagne d'une foi proportionnée. On ne peut chercher d'abord le Royaume que si, dans la foi, l'on se sait enveloppé de la toute-puissante miséricorde de Dieu.

La pauvreté spirituelle.

Sur cette base va pouvoir se développer une spiritualité chrétienne de la pauvreté.

Elle apparaîtra en premier lieu comme un moyen et un signe de salut. En tant, en effet, que le Christ a accompli la Rédemption par une voie de pauvreté, toute pauvreté volontaire en vue du Royaume devient participation au Mystère rédempteur: « Vous connaissez la libéralité de notre Seigneur Jésus-Christ, comment de riche il s'est fait pauvre pour vous, afin de vous enrichir par sa pauvreté » (II Cor. 8, 9). A la fonction proprement ascétique de la pauvreté, qui concrétise le détachement des biens visibles, s'ajoute une fonction rédemptrice cachée dans une participation au mystère de la

---

« Prenons-y garde: le pauvre n'est pas bienheureux d'être pauvre, mais de voir s'ouvrir le Royaume de Dieu; l'affamé n'est pas bienheureux pour sa faim, mais pour la charité qui le rassasie. Les Béatitudes ne peuvent donc autoriser le chrétien à se résigner à la misère des hommes; elles l'obligent au contraire à un effort sans relâche pour prouver qu'elles sont vraies en faisant pressentir par ses gestes la générosité de Dieu ».

Passion qu'inaugure le dénûment de Noël. Et, par là, cette pauvreté devient un signe pour ceux à qui la Rédemption s'adresse. Un P. Chevrier ou, plus récemment, un P. Loew, ont bien compris que la communication de l'Evangile aux pauvres requérait un partage de leur vie. Et cela non seulement pour surmonter des barrages psychologiques, mais, plus profondément, pour manifester la préférence de Dieu pour les pauvres et participer à la descente de grâce qu'elle comporte.

D'une manière plus mystique, on pourrait rechercher à travers une vie pauvre une conformation au Christ pauvre. Saint François d'Assise a pu recevoir le titre de « Poverello »; le P. de Foucauld a exprimé avec éclat que la pauvreté comme moyen de conformation à Jésus pouvait constituer le centre d'une spiritualité. L'amour du Christ pauvre pousse à embrasser la pauvreté: « Je ne puis concevoir l'amour sans un *besoin*, un *besoin impérieux* de conformité, de ressemblance et, surtout, de partage de toutes les peines, de toutes les difficultés, de toutes les duretés de la vie. Etre riche, à mon aise, vivre doucement de mes biens, quand Vous avez été pauvre, gêné, vivant péniblement d'un dur labeur: pour moi, je ne le puis, mon Dieu je ne puis aimer ainsi. (...) Pour moi, il m'est impossible de comprendre l'amour sans la recherche de la ressemblance et sans le besoin de partager toutes les croix » [36]. Le besoin de partage naît de l'union profonde au Christ. Puisque la grâce qui nous fait vivre spirituellement est une participation de la grâce du Christ, il est normal qu'elle produise en nous les mêmes effets qu'elle produisait en lui; et, tout comme elle l'inclinait à se vider de toute richesse pour communiquer la vie divine, ainsi nous pousse-t-elle à embrasser une pauvreté rédemptrice.

L'analyse que nous venons de mener au point de vue de la pauvreté s'appliquerait en fait à tout l'ordre de la vie morale. Elle définirait notamment les rapports dialectiques qui doivent s'instaurer entre le moment humaniste de la vie éthique et son moment évangélique.

Du point de vue humaniste, il s'agit toujours d'obéir à une loi de développement et d'épanouissement pour les individus comme pour les sociétés. Une telle loi dérive de la

---

[36] Charles de FOUCAULD, *Retraite à Nazareth*, dans *Ecrits spirituels*, Paris, de Gigord, 1923, pp. 106-107.

disposition du Créateur. Elle s'impose donc à tous. Pourtant, elle ne saurait constituer la norme définitive. A partir du moment, en effet, où Dieu lui-même se dépouille de sa forme divine pour revêtir celle du Serviteur, devient possible un mouvement de renoncement à des valeurs qui, sans être vidées de leur contenu, changent néanmoins de signe pour qui entre plus à fond dans le mystère de l'Incarnation rédemptrice.

Une telle démarche n'est valable qu'à condition de se situer à son juste moment: lorsque toute justice est accomplie. Nous devons supposer, en effet, que la recherche de la volonté de Dieu s'est exercée d'abord dans l'accomplissement des préceptes: saint Ignace ne remarque-t-il pas que le troisième degré d'humilité qui pousse à l'imitation du Serviteur de Jahvé suppose les deux premiers qui consistent à respecter les commandements de Dieu, que leur matière soit grave ou légère? Mais pour qui s'est déjà purifié et engagé de toutes ses forces à vivre en rectitude pour soi et pour les autres, arrive le moment où le Seigneur le convie à des renoncements. D'abord intérieurs, ces renoncements sont proposés à tout chrétien qu'inspire l'esprit des béatitudes. Puis, selon les possibilités concrètes de chacun et ses responsabilités effectives, un certain détachement fait sentir ses exigences.

S'il ne s'insère pas dans un contexte général de progrès, le détachement court le risque de contrarier la vie spirituelle plutôt que de l'aider: pour émonder, il faut tailler soigneusement, non pas couper à tort et à travers. La seconde condition pour une véritable ascèse de dépouillement sera qu'elle réponde à un besoin intérieur de conformation au Christ. Seul celui qui trouve dans son union au Christ l'inspiration et la force de renoncer à ce qui constituerait une forme normale de développement expérimente un épanouissement à un plan supérieur et s'affermit dans la paix et la joie. Au contraire, les renoncements prématurés ou disproportionnés aux forces spirituelles réelles engendrent la tristesse et conduisent à des processus involutifs [37].

---

[37] Une application de ce principe s'impose dans les périodes de formation spirituelle. Tout en maintenant la totalité des exigences d'une vie évangélique, il ne faut pas estimer trop vite que ceux qui se forment possèdent une vie spirituelle qui leur permette de concrétiser immédiatement tous les renoncements. De nos jours, la pédagogie doit être plus souple et suppose un rythme plus lent qu'autrefois: alors, la force du cadre éducatif permettait d'anticiper le but à atteindre; aujourd'hui

Progrès éthique et progrès spirituel.

On ne saurait donc concrètement dissocier le progrès éthique du progrès spirituel. La vérité de la vie évangélique ne se découvre pleinement qu'à ceux qui s'efforcent de se mettre sous la mouvance de l'Esprit.

L'expérience montre suffisamment que le moyen privilégié pour ouvrir à l'esprit évangélique est la prière contemplative. Par elle, la conscience adhère au Mystère du salut pour se l'approprier et se laisser transformer. Sous quelque forme, en effet, que la prière se présente, il s'agit toujours de se situer devant Dieu qui nous sauve en se révélant. Que l'application de l'esprit accentue le mouvement d'adhésion personnelle à Dieu, ou l'intelligence des mystères, toujours une certaine transformation spirituelle s'ensuit qui ouvre la voie au progrès éthique.

Nombreux sont les aspects de cette transformation. Les Pères de l'Eglise n'ont pas craint de présenter la contemplation comme source de toutes les vertus et accomplissement de la sainteté dans l'union à Dieu [38]. Insistons plutôt ici sur un aspect moins mis en lumière: la prière contemplative confère au monde spirituel un poids de réalité toujours plus grand; la vie éthique en sort fortifiée et dilatée dans le déploiement de la charité.

Quoi qu'il en soit de la conscience de l'obligation et du sens du devoir qui caractérisent la vie éthique surtout en ses commencements, au fur et à mesure que celle-ci se développe, elle libère son élan et devient créatrice. Il ne s'agit plus seulement d'éviter les péchés ni même d'assurer la pure rectitude de l'action mais d'être sel de la terre et lumière du monde: « Personne, a dit Jésus, n'allume un flambeau pour le mettre sous le boisseau, mais on le met sur le chandelier, afin qu'il éclaire tous ceux qui sont dans la maison. Il me semble que ce flambeau représente la charité qui doit éclairer, réjouir, non seulement ceux qui me sont les plus chers, mais tous ceux qui sont dans la maison » [39]. La maison de sainte Thérèse

---

il faut tenir compte davantage de l'état spirituel personnel et du degré d'assimilation de la discipline.

[38] Cf. Ch. A. BERNARD, *La prière chrétienne*, coll. Essais pour notre temps, DDB, 1967, pp. 149-160.

[39] S. THÉRÈSE DE LISIEUX, *Manuscrits autobiographiques*, Lisieux, 1957, pp. 264-265.

de Lisieux ne se réduisait pas au Carmel, mais embrassait le monde entier.

Déjà présente à toute ouverture du coeur vraiment fraternelle, l'universalité active de la charité acquiert, en fonction de la vie spirituelle, un *nouveau visage, plus concret.* L'atteinte de Dieu, en effet, réalisée dans une expérience authentique, estompe, sans le faire disparaître, son rôle de garant de l'amour universel pour mettre en relief celui de principe d'unité de l'humanité et de source de l'amour.

Dieu contient spirituellement l'humanité en ce sens qu'après lui avoir donné l'existence, il la maintient dans l'être par un acte sans repentance de sa volonté. Or, en son fond, cette volonté est amour bienveillant: « Il fait lever son soleil sur les méchants et sur les bons; et tomber la pluie sur les justes et sur les injustes » (Mt. 5, 45). De plus, cet amour s'est constamment soucié d'interpeller les hommes en renouvelant avec eux une communication de connaissance et de vie: « Après avoir, à maintes reprises et sous maintes formes, parlé jadis aux Pères par les prophètes, Dieu, en ces jours qui sont les derniers, nous a parlé par le Fils, qu'il a établi héritier de toutes choses, par qui aussi il a fait les siècles. Resplendissement de sa gloire, effigie de sa substance, ce Fils qui soutient l'univers de sa parole puissante, ayant accompli la purification des péchés, s'est assis à la droite de la Majesté dans les hauteurs » (Heb. 1, 1-3). Le premier don, qui est celui du Fils, s'achève par l'effusion de l'Esprit en sorte que, désormais, Dieu prend place dans l'histoire et fait sa demeure dans le coeur de ceux qui l'aiment: « Dieu envoya son Fils, né d'une femme, né sujet de la loi, afin de racheter les sujets de la loi afin de nous conférer l'adoption filiale. Et la preuve que vous êtes des fils, c'est que Dieu a envoyé l'Esprit de son Fils qui crie: Abba, Père! » (Gal. 4, 4-6).

A partir du moment où s'opère une union profonde à Dieu, la réalité de foi que nous venons de décrire devient l'objet d'une perception plus directe. L'Amour se manifeste en quelque sorte comme la substance de Dieu d'où dérive tout autre amour. Telle est la doctrine du grand contemplatif qu'est saint Jean et que tout mystique fait sienne: « Celui qui n'aime pas n'a pas connu Dieu car Dieu est Amour. En ceci s'est manifesté l'amour de Dieu pour nous: Dieu a envoyé son Fils unique dans le monde afin que nous vivions par lui. En ceci consiste Son amour: ce n'est pas nous qui avons aimé Dieu, mais c'est Lui qui nous a aimés et qui a envoyé son Fils en victime de propitiation pour nos péchés. Bien-aimés, si Dieu nous a tant aimés, nous devons, nous aussi, nous aimer les uns les autres » (I Jn. 4, 8-10). En s'exclamant un jour: « Vous n'êtes que l'Amour » [40], sainte Thérèse de Lisieux ne faisait que reprendre la doctrine johannique. Le sens exclusif qu'elle donne à l'expression traduit la simplification de la visée spirituelle: les multiples aspects du Mystère de Dieu se rattachent à ce centre.

D'une manière plus décisive encore, et qui apparaît comme la singularité même de l'éthique chrétienne, l'amour de Dieu qui contient toute l'humanité atteint celle-ci à travers l'humanité du Christ. Désormais, les hommes ne forment plus qu'un seul Corps, celui du Christ. Ils sont le Christ même comme le donne clairement à entendre le discours de saint Matthieu sur le jugement dernier: « Ce que vous avez fait au plus petit d'entre mes frères, c'est à moi que vous l'avez fait » (Mt. 25, 40).

Dans l'Eglise, fut toujours concrètement vécue cette identification du Christ à tous ses frères, et, plus particulièrement, aux pauvres et aux petits. Les innombrables dévoûments qui se succèdent dans l'Eglise depuis que Jésus a lancé sa parole étonnante se fondent sur la reconnaissance, dans la foi, de la présence du Christ en tous. Mais cette présence s'enrichit d'un nouveau mode complétant celui de l'identification dans le Corps mystique: tout comme Dieu se tient unis tous les hommes en son amour, ainsi le Coeur du Christ contient-il lui aussi tous les hommes. Vaste comme le monde, il attire tout à lui.

L'expérience spirituelle, cependant, ajoute à cette dimension théologique de l'amour une dimension subjective, elle aussi sans limite. Car l'énergie spirituelle qui se déploie dans la charité du chrétien dérive de l'énergie infinie du Christ. Selon la parole de l'épître aux Romains, « la charité a été répandue dans nos coeurs par l'Esprit-Saint qui nous a été donné » (Rom. 5, 5). Cet Esprit est l'Esprit du Christ; si bien que l'expérience spirituelle fait réaliser que l'amour dont nous aimons vient du Christ, ou, pour parler, avec sainte Thérèse de Lisieux, sur un mode plus personnaliste, que le Christ lui-même aime en nous: « Ah! Seigneur, je sais que vous ne commandez rien

---

[40] *Le Cantique éternel*, 1º mars 1896, dans *Histoire d'une âme*, Lisieux, 1953, p. 361.

d'impossible, vous connaissez mieux que moi ma faiblesse, mon imperfection, vous savez bien que jamais je ne pourrais aimer mes sœurs comme vous les aimez, si vous-même, ô mon Jésus, ne les *aimiez* encore *en moi.* C'est parce que vous vouliez m'accorder cette grâce que vous avez fait un commandement *nouveau.* — Oh! que je l'aime puisqu'il me donne l'assurance que votre volonté est d'*aimer en moi* tous ceux que vous me commandez d'aimer! ... Oui je le sens, lorsque je suis charitable, c'est Jésus seul qui agit en moi » [41].

Si le Christ aime en nous, notre amour se déploie selon le mode même d'aimer que le Christ est venu nous enseigner. Le passage de l'amour du prochain fondé sur la fraternité originelle à l'amour chrétien s'effectue, là encore, par la médiation du Christ: « Lorsque le Seigneur avait ordonné à son peuple d'aimer son prochain comme soi-même, il n'était pas encore venu sur la terre; aussi sachant bien à quel degré l'on aime sa propre personne. Il ne pouvait demander à ses créatures un amour plus grand pour le prochain. Mais lorsque Jésus fit à ses apôtres un commandement nouveau, *Son commandement à Lui,* comme il le dit plus loin, ce n'est plus d'aimer le prochain comme soi-même qu'il parle, mais de l'aimer comme *Lui, Jésus, l'a aimé,* comme il l'aimera jusqu'à la consommation des siècles » [42]. Le Christ, pour sainte Thérèse, en même temps qu'il fonde l'amour universel en fournit aussi le modèle: « Personne n'a un plus grand amour que de donner sa vie pour ceux qu'il aime » (Jn. 15, 13).

Il n'y a pas d'autre sommet du progrès éthique que cette universalisation de l'amour et sa concrétisation dans la visée du Christ présent en tous les hommes. Les expressions de saint Paul, sur ce point, sont décisives: « N'ayez de dettes envers personne, sinon celle de l'amour mutuel. Car celui qui aime autrui a de ce fait accompli la loi. En effet, le précepte: *Tu ne commettras pas d'adultère, tu ne tueras pas, tu ne voleras pas, tu ne convoiteras pas* et tous les autres se résument en cette formule: *Tu aimeras ton prochain comme toi-même.* La charité ne fait point de tort au prochain. La charité est donc la loi dans sa plénitude » (Rom. 12, 8-10). En tout manquement,

---

[41] S. THÉRÈSE DE LISIEUX, *Manuscrits autobiographiques,* p. 265. Les mots sont soulignés par l'auteur.

[42] S. THÉRÈSE DE LISIEUX, *Manuscrits autobiographiques,* p. 265.

en effet, on peut remarquer une préférence de soi, de ses
intérêts, de ses pulsions, de ses passions, au don de soi pour
autrui. En dehors même du tort que l'on peut causer directement à autrui, la préférence de soi est signe que le coeur
n'est pas passé à l'universel. Quoi qu'il paraisse, la personne
qui agit selon ses propres intérêts se ferme de quelque manière
à autrui. Au contraire, qui s'ouvre totalement pour se laisser
pénétrer et animer de l'amour du Christ ne s'appartient plus;
il donne sa vie pour ceux qu'il aime, les hommes, ses frères.

CONCLUSION: LA VIE DANS L'ESPRIT.

La lente transformation qui conduit de la lutte purificatrice au don de soi dans l'amour obéit à une logique interne
d'unification et de personnalisation en rendant la praxis toujours plus constamment et concrètement évangélique. De cette
logique vivante, est-il possible de déterminer le principe dynamique?

Pour découvrir ce principe, il faut sans aucun doute regarder dans la direction de la charité. Absente, rien n'est
vivant; présente, elle informe tout. Mais la charité elle-même
doit être considérée en sa réalité ontologique: de ce point de
vue, selon l'expression de saint Thomas, elle est une « participation du Saint-Esprit ». Nous voici renvoyés, par conséquent,
à la vie spirituelle en son acception la plus haute de vie dans
l'Esprit-Saint. Si la rectitude de la vie éthique constitue le préalable de la vie dans l'Esprit, celle-ci, à son tour, porte la vie
éthique à sa plénitude.

Bien des commentateurs, en effet, se sont appuyés sur la
parole de saint Paul: « Celui qui s'unit au Seigneur n'est avec
lui qu'un seul esprit » (I Cor. 6, 17) pour rendre compte de la
transformation spirituelle. La formule, tirée d'un contexte peu
éclairant pour notre sujet, se trouve en fait explicitée dans
l'épître aux Romains: « En effet, ceux qui sont charnels désirent ce qui est charnel; ceux qui vivent selon l'esprit, ce qui
est spirituel. Car le désir de la chair, c'est la mort, tandis que
le désir de l'esprit, c'est la vie et la paix, puisque le désir de la
chair est ennemi de Dieu: il ne se soumet pas à la loi de Dieu,
il ne le peut même pas, et ceux qui sont dans la chair ne
peuvent plaire à Dieu. Vous, vous n'êtes pas dans la chair mais
dans l'esprit, puisque l'Esprit de Dieu habite en vous. Qui n'a

pas l'Esprit du Christ ne lui appartient pas; mais si le Christ est en vous, bien que le corps soit mort déjà en raison du péché, l'esprit est vie en raison de la justice. Et si l'Esprit de Celui qui a ressuscité Jésus d'entre les morts habite en vous, Celui qui a ressuscité le Christ Jésus d'entre les morts donnera aussi la vie à vos corps mortels par son Esprit qui habite en vous » (Rom. 8, 5-11). L'importance de ce passage résulte de son insistance sur les différents aspects de la présence de l'Esprit: la tendance fondamentale de l'existence, son désir, vise la vie éternelle; de cette visée de la vie éternelle, découle une obéissance à la loi de Dieu; alors se réalise l'appartenance au Christ dont l'effet, dans l'ordre ontologique, sera une résurrection dans la puissance de l'Esprit. Ainsi, toute l'existence se trouve-t-elle transformée.

Du point de vue plus spirituel qui nous regarde ici, l'élaboration de l'école thomiste sur les dons du Saint-Esprit peut nous aider à synthétiser les aspects de la doctrine traditionnelle de la transformation dans l'Esprit [43].

Le principe fondamental de l'explication thomiste est la notion de connaturalité. Dans l'ordre éthique, tout particulièrement, l'habitude pratique conduit à une connaturalisation de la conscience aux valeurs visées. L'exemple bien connu de la chasteté introduit parfaitement à cette notion dont l'application est très ample: « La rectitude du jugement vient soit de l'usage parfait de la raison, soit d'une certaine connaturalité aux choses dont on juge. C'est ainsi que celui qui a étudié la science morale juge exactement de la chasteté par l'enquête de la raison, mais celui qui a l'habitus de la chasteté juge des choses qui la concernent par une certaine connaturalité avec elles [44]. Traduisant cette pensée dans le langage de saint Jean de la Croix, on dira: « L'âme qui aime Dieu vit plus en l'autre vie qu'en celle-ci, parce que l'âme vit plus où elle aime qu'où elle anime » [45]. Comme l'âme ne peut vivre sans tendance profonde, la direction de son attachement définira le sens de sa transformation: spirituelle si elle recherche la vie éternelle dans l'Esprit, charnelle si elle incline vers les réalités charnelles.

---

[43] Cf. Jean de Saint Thomas, *Les Dons du Saint-Esprit*, trad. de R. Maritain, Juvisy, éd. du Cerf, 1930.

[44] *Ibid.*, p. 136.

[45] Jean de la Croix, *Cantique spirituel*, dans *Oeuvres spirituelles*, DDB, 1949, p. 756.

Or, l'Esprit-Saint est personnellement l'amour du Père et du Fils; vivre selon l'Esprit sera donc vivre dans la charité. Bien mise en lumière par saint Augustin, puis passée dans la tradition occidentale, la doctrine sur la procession du Saint-Esprit se trouve exprimée par saint Thomas avec sa concision coutumière: « L'Esprit-Saint est le lien du Père et du Fils en tant qu'il est Amour; en effet, puisque, d'une unique dilection, le Père aime soi et son Fils, et réciproquement, cela implique, dans l'Esprit-Saint en tant qu'Amour, un rapport du Père au Fils, et réciproquement, comme du sujet à l'objet de l'amour. Mais, du fait même que le Père et le Fils s'aiment mutuellement, il faut que cet Amour mutuel, qui est l'Esprit-Saint, procède de l'un et de l'autre » [46]. Saint Jean de la Croix reprend la même doctrine pour exposer l'importance de l'amour comme lieu et moyen de la transformation spirituelle: « Dieu ne Se communique pas proprement à l'âme par le vol de l'âme — qui est (comme nous avons dit) la connaissance qu'elle a de Dieu — mais par l'amour né de la connaissance: pour autant que comme l'amour est union du Père et du Fils, ainsi l'est-il de l'âme avec Dieu » [47].

Puisque Dieu est Amour en Lui-même (I Jn. 4, 8-16) et que toute son oeuvre procède de l'amour, il n'est pas étonnant que l'Esprit-Saint qui est Amour soit le principe de toute connaissance intérieure du Dessein de Dieu et de toute adaptation de l'agir au vouloir divin. En nous, ce sera l'amour qui, nous connaturalisant à l'Esprit, nous transformera spirituellement. Comme le dit Suarez, repris par Jean de Saint Thomas: « Comme l'amour transporte l'aimé dans l'aimant par une union particulière, le jugement du don de sagesse procède plus aisément à cause d'une certaine connaturalité que l'amour produit entre l'aimant et l'aimé. Selon que le dit saint Augustin (Liv. VIII *De la Trinité*): ' Plus vive est l'ardeur de votre amour pour Dieu, plus certaine et plus limpide est votre connaissance ». Celui qui aime considère en effet avec plus d'attention les choses qu'il aime et elles lui plaisent plus facilement. Ce que confirment aussi les paroles du Christ en saint Jean: « Si quelqu'un veut faire la volonté de Dieu, il saura si ma doctrine est de Dieu ' » [48]. Cette perspective profonde apparaît pourtant

---

[46] I. 37. 1 ad 3m.
[47] JEAN DE LA CROIX, *Cantique spirituel*, p. 771.
[48] JEAN DE SAINT THOMAS, *op. cit.*, p. 139.

à Jean de saint Thomas insuffisante: elle ne considère que la cause efficiente, un peu extrinsèque, et n'atteint pas la raison ultime de la transformation par amour: « L'amour, dit Jean de Saint Thomas, en tant qu'il attire à soi l'objet se l'unit et se l'inviscère par une certaine fruition, et comme par connaturalité avec lui, et l'expérimente ainsi d'une manière affective, selon le mot du ps. 33: *Goûtez et voyez*. Et ainsi l'amour lui-même devient cause objective de connaissance — *affectus transit in conditionem obiecti* — il crée du côté de l'objet aimé la condition au moyen de laquelle l'intellect se porte à celui-ci comme à une chose expérimentée et touchée » [49]. L'amour fait passer celui qui aime du côté de ce qui est aimé. Ici, du côté de Dieu et de son mystère d'amour.

En ce qui concerne la praxis, cette influence de l'amour affectera plus spécialement le jugement pratique soit en se référant aux sources divines de l'action, soit à ses conditions concrètes: nous voici renvoyés aux dons de sagesse et de conseil dont la description peut suffire à définir l'orientation fondamentale de l'agir spirituel.

Usant du langage technique de l'Ecole, les théologiens thomistes assignent au don de sagesse de juger par les causes suprêmes: « La raison formelle du don de sagesse est donc de procéder par les causes et les raisons divines (qui sont les causes les plus élevées), pour approfondir toute vérité, soit divine, soit créée. Le spirituel, en effet, juge toutes choses, selon saint Paul (I Cor. 2, 15)... d'une manière affective et mystique, par une certaine connaturalité et union intime aux choses divines » [50]. Le don de sagesse qui, comme tous les autres dons, procède de la charité, pénètre donc dans la sphère divine pour porter un jugement spirituel sur l'action.

Si nous nous arrêtons plutôt au contenu de ces raisons divines, nous l'appellerons, selon l'Ecriture, le Dessein de Dieu, et nous y découvrirons le double aspect de la sagesse divine qui doit orienter l'agir chrétien: la voie de la Croix, qui est celle de l'amour.

Du point de vue éthique, la voie de la Croix rejoint le paradoxe évangélique des béatitudes. Il s'agit d'accepter en profondeur de n'atteindre le suprême épanouissement que dans

---

[49] *Ibid.*, p. 140.
[50] Jean de Saint Thomas, *op. cit.*, pp. 137-138.

une vie éternelle, au-delà de la mort. Cependant la béatitude peut être anticipée; elle est déjà inaugurée, selon des intensités variables, dans la vie spirituelle. A une condition: que l'on anticipe aussi la démission ultime de la mort dans le renoncement à toute attache. C'est pourquoi le Seigneur invite à la pauvreté, à la douceur, à la miséricorde, à la pureté, à la paix. Tendu vers l'atteinte de la justice et de la sainteté, le chrétien doit opérer un détachement radical. Il ne s'agit pas seulement de s'en tenir à un usage mesuré des biens de toute sorte, mais de fixer son coeur là où sont les vrais biens, invisibles et éternels. De même que le Christ n'a vécu que pour la gloire du Père dans l'accomplissement de sa mission, ainsi le chrétien veut-il adhérer totalement au Christ, rejetant toute autre richesse (Ph. 3, 7-11). Alors s'opère en lui une transformation profonde: la vie du Christ s'épanouit pour lui conférer paix et joie.

Il est bien difficile, en dehors de l'expérience profonde, de faire accepter cette loi spirituelle qui situe la joie de l'union à Dieu comme de l'action, dans la participation à la Croix. Saint Jean de la Croix pourtant en donne le témoignage: « Mon ami, soyons en joie. C'est à savoir en la communication de la douceur d'amour, non seulement en celle que nous avons dans la conjonction et l'union ordinaires de nous deux, mais aussi en celle qui rejaillit de l'exercice d'aimer affectivement et actuellement — soit intérieurement avec la volonté par des actes affectifs, soit extérieurement, faisant des oeuvres concernant le service de l'Ami » [51]. Sur ce point on ne peut qu'exhorter: « Oh! si les hommes comprenaient bien qu'on ne peut arriver à l'épaisseur de la sagesse et des richesses de Dieu, si ce n'est en entrant dans l'épaisseur des souffrances en maintes manières — l'âme y mettant sa consolation et son désir — et que l'âme qui désire à bon escient la sagesse désire premièrement d'entrer dans l'épaisseur de la Croix qui est le chemin de la vie! » [52].

En suivant ainsi le Christ, on entre dans la joie qui naît de la vérité et de l'authenticité de vie. Le Christ, en effet, a choisi la Croix parce qu'en elle se manifeste l'amour véritable. Aimer, c'est aller vers l'autre; c'est sortir de soi-même et, à la limite, cette sortie de soi aboutit à l'exinanition, au désir

---

[51] Saint Jean de la Croix, *Le Cantique spirituel*, dans *Oeuvres*, p. 890.
[52] *Ibid.*, pp. 894-895.

de se sacrifier pour autrui [53]. Le sommet de la vie chrétienne, éthique et mystique, ne peut être que l'épanouissement de l'amour par participation au Mystère du Christ.

Descendant de ces hauteurs proprement divines, il faut bien arriver à la détermination concrète des moyens de l'action. Mais ce serait une erreur de croire que l'on ne retrouve alors nécessairement que des attitudes mesurées par le bon sens et la raison, l'inspiration de l'Esprit demeurant dans la sphère de l'idéal. Jamais inutile, le bon sens se trouve intégré en une prudence plus élevée inspirée par le don de conseil: « Par conséquent, si l'on admet dans les facultés spéculatives un mode d'opération affectif et mystique selon une connaissance et un jugement fondés dans un goût expérimental et intérieur de Dieu et dans une certaine connaturalité et inviscération aux choses divines, — les facultés pratiques correspondantes pourront être aussi perfectionnées mystiquement et affectivement, en raison de la même union à Dieu qui leur donnera une meilleure disposition, et les rendra plus parfaites dans le jugement prudentiel. Les moyens à employer seront envisagés alors non pas selon des raisons humaines, ou un mode humain même ordonné à la fin surnaturelle, mais selon la confiance en Dieu, assez puissant pour disposer tous les moyens, et vaincre toutes les difficultés [54]. Bien loin de ne se guider que sur des lumières naturelles, le spirituel dirige son action en fonction de l'Evangile dont le don de conseil suggère l'application selon le désir de l'Esprit. Valable pour toute conduite, un tel principe s'applique avec plus d'instance dans la vie apostolique toujours tentée de s'en remettre à des techniques psycho-sociologiques.

Il ne suffit pas cependant d'être éclairé; il faut agir résolument. Si le don de conseil nous a introduits dans la lumière évangélique pour une action dépassant les déterminations rationnelles, nous ne passerons à l'application concrète que par la force de Dieu. En d'autres termes, le don de conseil en appellera à l'espérance: « Et ainsi le don de conseil se fonde avant tout sur l'Espérance divine, parce qu'il dispose de beaucoup de moyens qui ne peuvent être mis en oeuvre que grâce au secours divin et à la toute-puissance de Dieu, sur laquelle surtout s'appuie l'Espérance. Cette Espérance est moins efficace quand elle n'est pas informée par la charité, mais dans le juste

---

[53] Sur ce point, voir Ch. A. BERNARD, *Le projet spirituel*, pp. 40-50.
[54] JEAN DE SAINT THOMAS, *Les Dons du Saint-Esprit*, p. 188-189.

qui a l'expérience de la bénignité de Dieu, et de la volonté
qu'il a de nous secourir, et de sa puissance, — dans le juste,
elle a toute son efficacité » [55]. L'homme vraiment spirituel agit
théologalement et les dons de l'Esprit-Saint l'aident à se placer
plus parfaitement dans la sphère théologale.

Qui agit selon la motion du Saint-Esprit ne se replie
pas nécessairement sur lui-même. Il pourrait arriver, en effet,
que la lumière spirituelle ne porte pas immédiatement sur
toutes les mesures concrètes, dont l'ensemble est trop complexe. D'où le recours à autrui et à la communauté: « Le Saint-
Esprit nous conduit à consulter les autres, à nous lever et à
entrer dans la cité, c'est-à-dire à ne pas demeurer dans notre
isolement et notre singularité, mais à prendre conseil de la
communauté. Il faut en effet considérer que le don de conseil
agit toujours par l'inspiration du Saint-Esprit, toutefois la
solution n'est pas toujours livrée immédiatement à chacun par
le Saint-Esprit, mais souvent par l'intermédiaire d'autres hommes, avec lesquels il veut que nous communiquions et confé-
rions au sujet de ce qui est à faire, comme Paul conféra de
l'Evangile avec ceux qui étaient les plus considérés, de peur
de courir ou d'avoir couru en vain (Gal. 2, 2). Et alors par le
don de conseil l'Esprit-Saint nous conduit à consulter les
autres, puis à accepter et accomplir ce qui a été bien exa-
miné » [56].

Sans doute pourrait-on craindre qu'en faisant appel à autrui,
on ne renonce à l'autonomie morale qui est bien le terme
subjectif du progrès éthique: « Le spirituel ne relève du jugement de personne » (I Cor. 2, 15). Mais il faut au contraire
estimer que le conseil de la communauté s'intègre dans la
voie d'intériorisation de l'éthique spirituelle et ne s'oppose pas
à l'exigence de vivre en conscience devant Dieu.

La véritable intériorité ne peut s'acquérir que dans l'ordre
de l'amour. Se sentir pleinement libre ne signifie pas qu'une
pure spontanéité ignore tous les conditionnements: qui pourrait
se vanter de ne subir aucun conditionnement du milieu, de
son histoire ou de son corps? Mais, lorsque les conditionnements sont reconnus et acceptés, ils rentrent dans la liberté
humaine tout entière.

Au fur et à mesure que le progrès spirituel permet de

---

[55] Jean de Saint Thomas, *Les Dons du Saint-Esprit*, p. 189.
[56] *Ibid.*, p. 199.

reconnaître que tout l'ordre objectif de la praxis se trouve enveloppé dans un mystère d'amour créateur, rédempteur et transformant, et que l'élan qui le soutient procède de l'amour, la conjonction se fait entre l'exigence éthique et la spontanéité intérieure. Tel est le terme auquel tout tendait: vivre dans une communion d'amour et accomplir alors une volonté de Dieu signifiée souvent extérieurement mais qui coïncide avec l'élan intérieur suscité par l'Esprit.

TROISIÈME PARTIE

IMAGE ET RESSEMBLANCE

Devenu vivant pour nous, le message de salut, conjoint à la loi d'amour, nous renvoie à son fondement: Dieu qui se révèle dans le Christ. Si, en effet, la pleine vie éthique suppose la transformation spirituelle de la conscience, elle a aussi besoin de s'appuyer sur un ordre ontologique qui fonde les valeurs qu'elle vise en même temps que la possibilité de les effectuer. La tradition chrétienne a reconnu cette possibilité de l'homme en le considérant comme l'image de Dieu [1]. Dès le commencement, « Elohim créa l'homme à son image, à l'image d'Elohim il le créa » (Gen. 1, 27). Comme Dieu, l'homme peut établir son domaine sur la Création même si les limites du commandement lui rappellent que sa liberté ne fait que réfléter la liberté créatrice.

A vrai dire, et bien que les textes postérieurs comme *la Sagesse* (Sag. 2, 23; cf. I Cor. 11, 7) parlent de l'homme « image de Dieu », pour demeurer d'accord avec l'ensemble de la Tradition, il eût été préférable de dire que l'homme est créé à l'image de Dieu et réserver au Christ le terme d'Image en un sens singulier: « Il est l'Image du Dieu invisible » (Col. 1, 15), « resplendissement de sa gloire et effigie de sa substance » (Heb. 1, 3). En sorte que, désormais, la vocation de l'homme est de se conformer au Christ établi dans la force de l'Esprit: « Le connaître, Lui, avec la puissance de sa résurrection et la communion à ses souffrances, lui devenir conforme dans sa mort, afin de parvenir si possible à ressusciter d'entre les morts » (Ph. 3, 10). Mais la conformité ontologique à son « corps de gloire » suppose une conformité éthique. Selon la pensée de Paul, si le chrétien veut se renouveler par une transformation spirituelle du jugement et revêtir l'Homme Nouveau qui a été créé selon Dieu, dans la justice et la sainteté de la vérité (cf. Eph. 4, 23-24), il doit devenir semblable au Christ qui est

---

[1] Sur le thème de l'image, cf. D. Sp. art. *Image et ressemblance*, VII, 1401-1472, qui renvoie pour la doctrine grecque à D. Sp. VI, 812-822.

l'Image de Dieu: « Oui, cherchez à imiter Dieu, comme des enfants bien-aimés, et suivez la loi de l'amour, à l'exemple du Christ qui vous a aimés et s'est livré pour nous » (Eph. 5,1-2).

Le mystère du Christ, Verbe incarné, pose le problème de l'image à un double niveau: en lui, en effet, s'unissent la forme de Dieu et la forme de Serviteur. Contre les Ariens qui avaient tenté de nier la divinité du Fils dans l'égalité au Père, l'Eglise a sanctionné une fois pour toutes la dignité infinie du Verbe, parfaite expression du Père. Et cette position constitue le fondement théologique de toute spiritualité centrée sur l'Incarnation du Verbe. La parole de Jésus en saint Jean est décisive: « Qui me voit, voit le Père » (Jn. 14,9). Qui contemple Jésus en sa forme de Serviteur parvient jusqu'au Père. De celui-ci, le Christ exprime la pensée et, pour ainsi dire, les moeurs; il est donc l'image du Père jusque dans la forme de Serviteur. Le Christ pardonne-t-il à la femme adultère? Il est l'image du Père pardonnant; rend-il la vue à un aveugle? C'est le Père qui répand la lumière; s'assoit-il, fatigué, sur la margelle du puits? Dieu lui-même a assumé la fatigue des hommes pour qu'à leur tour ils puissent se reposer en lui. Dans l'unité de la Personne, l'humanité du Christ n'est que l'expression, dans le temps de l'histoire, du Verbe éternel; par là, elle révèle le Père. Sans insister ici sur le rôle ontologique que joue l'humanité du Christ dans la transformation du monde et de l'humanité, arrêtons-nous seulement à l'aspect éthique de l'exemplarité du Christ.

Pour nous, le chemin part de l'image de Dieu reçue dès l'origine et aboutit à la conformité totale à laquelle nous destine la résurrection en passant par la ressemblance dans la conduite et dans les oeuvres. La conformité à l'humanité glorieuse du Christ est inaugurée, mais elle n'est atteinte qu'à travers l'acceptation préalable de la mort qui commence par détruire en nous la figure de la vie; elle est objet d'espérance. Par ailleurs, sa réalisation est liée à l'exercice de la vie de la grâce et notamment de la charité qui nous fait imiter Dieu (I Jn. 4, 8. 16). S'il est bon, par conséquent, de s'appuyer constamment sur la vision de foi qui décrit le terme éternel de notre vie, il est plus urgent de rechercher la ressemblance au Christ par une vie simultanément éthique et spirituelle. L'exigence de croissance dans le Christ commande l'accomplissement de notre destinée éternelle et s'impose à l'agir chrétien. Le P. Grou le remarquait déjà: « Il ne nous suffit pas d'être ses images (de Dieu) par notre nature spirituelle douée d'intelligence et de liberté, il faut encore que nous le soyons par notre volonté et par notre choix » [2].

Le principe pratique de l'imitation du Christ dans l'éthique chrétienne fut toujours reconnu; il remonte aux premiers temps du Christianisme; on pourrait même dire qu'il est l'axiome fondamental de la vie chrétienne: les évangélistes eussent-ils pensé à écrire ce que « Jésus a fait et enseigné » (Act. 1, 1) s'ils n'avaient été mûs par la conviction intime que ses paroles et ses gestes étaient lumière de vie? Et l'Eglise proposerait-elle la méditation assidue de l'événement sauveur si celui-ci ne devait retrouver vie en nos propres vies?

Mais il en va de l'imitation du Christ comme de tout ce qui touche à l'exercice de la liberté et à la rencontre inter-personnelle: la réflexion rejoint laborieusement l'expérience vécue. Il nous sera donc utile de préciser dès maintenant les difficultés suscitées par l'idée d'imitation du Christ; ainsi notre réflexion se fera-t-elle plus rigoureuse.

Dans une première approche, on énoncerait ainsi l'objection majeure: comment les actions de Jésus, tributaires d'une situation culturelle et historique particulière, exprimant un destin tout à fait singulier, peuvent-elles s'offrir à notre imitation? La vie éthique n'est-elle pas caractérisée, au contraire, par une capacité continue d'invention? Par une adaptation constante aux situations nouvelles?

L'objection peut se concrétiser. Selon les paroles d'un théologien moraliste: « On a eu l'occasion d'indiquer que le principe fondamental de l'imitation du Christ demeure stérile pour de nombreux domaines de la vie éthique, puisque aucune indication n'est proposée pour beaucoup de relations de la vie moderne, et, en particulier, pour les domaines de l'action sociale, politique et économique » [3]. Et en effet, malgré les efforts de certains pour exploiter le contexte socio-politique de la vie et de la mort de Jésus en fonction d'un enseignement de type révolutionnaire, il est clair que le Christ a donné à son existence un sens religieux et à sa mort une signification

---

[2] GROU, *Manuel des âmes intérieures*, Paris, Lecoffre Gabalda, 1921, p. 55.

[3] R. HOFMANN, *Moraltheologische Erkenntnis-und Methodenlehre. Handbuch der Moraltheologie.* München, Hueber, 1963, p. 251.

rédemptrice. Il a versé son sang en rémission des péchés
(Mt. 26, 28; Mc. 14, 24; Lc. 22, 20). Force est donc de ne pas
faire jouer de façon directe l'exemplarité du Christ dans le
domaine socio-politique.

En réalité, la difficulté va au-delà d'une simple carence
de l'exemplarisme. Nous avons montré dans un chapitre précédent [4] que la vie éthique chrétienne comprenait un nécessaire
moment d'autonomie. Ce moment s'appuie sur la disposition
divine qui a laissé l'homme au conseil de sa propre providence.
Bien loin, par conséquent, de vouloir réduire directement ce
moment humaniste, nous devons plutôt nous efforcer de concevoir une doctrine de l'imitation du Christ qui justifie l'autonomie des décisions humaines d'où découle le pluralisme, notamment dans le domaine des options socio-politiques. Non
pas, comme nous l'avons remarqué, que cette autonomie ne se
trouve enveloppée dans le Dessein de Dieu, mais elle doit
s'affirmer comme telle. C'est de cette façon seulement que
l'homme pourra faire face à ses responsabilités propres dans
l'ordre éthique.

Quoi qu'il en soit, il faut encore se demander si la difficulté de concevoir l'idée d'imitation ne participerait pas d'une
faiblesse de la réflexion sur l'exemplarisme du modèle en morale. Peut-être arrive-t-il à l'idée de modèle et d'imitation ce
qui arrive à tout concept lorsqu'il passe à l'infini de Dieu:
il doit subir une transformation dialectique de type analogique.
Et on ne peut arguer ici de ce que le Christ est homme pour
minimiser la nécessité d'un tel processus analogique. Le Christ,
en effet, ne se propose comme modèle absolu qu'en tant qu'il
est Personne divine et Image du Père. Bien plus, la transformation selon le Christ ne s'effectue que grâce à l'infinitude de
l'Esprit qui opère en nous et qui est précisément l'Esprit du
Christ. On ne parviendra donc à une juste notion de l'imitation
du Christ dans la vie chrétienne qu'à une double condition:
d'une part, préciser et approfondir la notion de modèle dans
la vie morale, d'autre part, situer l'exemplarité du modèle
divin dans son cadre proprement théologique. Une purification
et une élévation du concept seront nécessaires pour le faire
accéder à la sphère divine. En fait, nous allons d'abord situer
ce cadre théologique pour en venir ensuite à l'effectuation de
le fonction exemplaire du Christ dans la vie du chrétien.

---

[4] Cf. *supra*, c. 6, pp. 159-172.

CHAPITRE HUITIEME

IMITER DIEU

Un épisode de l'Evangile nous engage au dépassement de l'Image qu'est le Christ pour parvenir jusqu'au Père. Au jeune homme riche qui s'adresse à Jésus comme maître de sagesse: « Bon maître, que dois-je faire pour avoir en partage la vie éternelle? » (Mc. 10, 17), le Christ répond: « Pourquoi m'appelles-tu bon? Nul n'est bon que Dieu seul » (Mc. 10, 18). Réponse abrupte qui renvoie l'interlocuteur du Christ au Père, source de tout bien; Jésus ne veut pas que l'on s'arrête à son autorité morale, envisagée d'un point de vue purement humain. Certes, contre les Pharisiens, il saura la revendiquer pleinement, mais il la considère comme dérivée de celle du Père: « En vérité, en vérité, je vous le dis, le Fils ne peut faire de lui-même rien qu'il ne voie faire au Père: ce que fait celui-ci, le Fils le fait pareillement » (Jn. 5, 19). Ainsi, lorsqu'il propose son message moral, demande-t-il que l'on imite le Père des cieux: « Soyez parfaits, dira-t-il, comme votre Père céleste est parfait » (Mt. 5, 48). La requête que Philippe lui adresse ensuite se situe dans la même perspective et c'est pourquoi il l'accueille: « Seigneur, montre-nous le Père et cela nous suffit » (Jn. 14, 8); Jésus sait que tout regard spirituel doit parvenir jusqu'au Père, comme toute action bonne doit y trouver origine. Finalement, en énonçant le principe fondamental de toute foi chrétienne vivante: « Qui m'a vu, a vu le Père » (Jn. 14, 9), il affirme simultanément la précellence radicale du Père et sa propre dignité de Fils, parfaite Image et tout entier relatif à celui qui l'engendre éternellement.

S'il est une idée caractéristique du christianisme primitif, c'est bien celle de Dieu-Père. Sauf en quelques rares endroits, le Nouveau Testament entend toujours la parole « Dieu » comme désignant le Père. Essayons de pénétrer le sens profond de ce langage; cela nous aidera à mieux saisir la valeur de la notion d'imitation de Dieu.

Lorsque saint Jacques écrit: « Tout don excellent, toute donation parfaite vient d'en-haut et descend du Père des lumières, chez qui n'existe aucun changement, ni l'ombre d'une variation » (Jc. 1, 17), il donne au symbole de la lumière son sens le plus profond: la transcendance et la divinité; positivement: la source de toute vie, de toute pureté, de toute fécondité. Selon la religiosité hellénistique, la lumière émanée des astres incorruptibles symbolise l'être fontal, saint et situé au-delà de toute réalité caduque. L'idée la plus importante pour nous est celle de source; elle coïncide en fait avec celle de séparation et de sainteté ou, pour reprendre l'expression d'Otto, de « numineux »[1]; mais à l'idée d'une réalité cachée et séparée, elle ajoute celle d'une communication vivante. Dans l'ordre éthique, qui n'est d'ailleurs pas l'aspect premier du « numineux », le Père est lumière et sainteté originelles à qui toute sainteté se réfère (I P. 1, 13-21). Saint Jean, en appelant le Verbe la « vraie lumière » transfère sur le Christ toute la valeur contenue dans le symbole. Le Christ « lumière du monde » (Jn. 8, 12) revendique en fait pour lui d'être en continuité avec la source de toute sainteté et il la possède en plénitude.

Source de toute sainteté, le Père saint (Jn. 17, 11) en est aussi le consommateur. Le Christ va à lui à travers sa Pâque; nous allons à lui à travers le jugement: « Si vous appelez Père celui qui, sans acception de personne, juge chacun selon ses oeuvres, conduisez-vous avec crainte pendant le temps de votre exil » (I P. 1, 17). Comme le Christ demandait au Père de révéler en lui la gloire qu'il possédait dès le commencement, ainsi désirons-nous parvenir à la participation de la vie du Père dans la sainteté. L'exigence de sainteté dérive donc de l'élan vers la plénitude eschatologique, car nous savons que seuls hériteront de la gloire ceux qui auront été transfigurés par la lumière du Père.

Bien que nous insistions ici sur l'aspect éthique du mystère chrétien, nous mutilerions la réalité spirituelle si nous le séparions de l'aspect ontologique. La lumière du monde en est aussi la vie: « Comme le Père en effet ressuscite les morts et les rend à la vie, ainsi le Fils donne vie à qui il veut » (Jn. 5, 21). Image de Dieu en tant que lumière, le Fils le manifeste encore au-dehors en tant que vie; il l'exprime d'ailleurs sous quelque

---

[1] R. OTTO, *Le Sacré*, Paris, Payot, 1949, pp. 19-22.

aspect que l'on considère le Père: sainteté, amour, miséricorde ou justice. Selon une expression bien connue, l'impératif de l'éthique chrétienne se fonde sur un indicatif, une réalité préexistante communiquée du Père au Fils et à laquelle nous aussi participons par le baptême.

Pour tout homme, l'activité éthique consiste à donner à son existence un sens et à en faire un destin. Le chrétien sait que son destin est vocation de participer à la vie du Père. Venir du Père pour retourner au Père, telle était la voie du Christ, telle est aussi la nôtre. En dérive pour nous une situation originale: plus nous entrons dans le devenir éthique plus nous nous disposons au salut; et réciproquement, plus nous actuons notre salut dans l'union au Christ, plus nous renforçons notre exigence et notre capacité d'accomplir la volonté du Père.

Or, ce recours au Père, infini sous tous rapports, permet de faire droit à une exigence, profondément sentie de nos jours, de toute doctrine morale: celle de la créativité de la décision humaine. Ce qui, en effet, pourrait empêcher de concevoir cette créativité, serait l'idée que le chemin éthique est tout tracé à travers un réseau complet de déterminations qui définissent le paysage moral. Certes, nous l'avons dit, ces déterminations participent, elles aussi, à l'infinitude de l'Esprit. Mais il manquerait quelque chose à l'élan éthique si le champ de la praxis ne laissait aucune place à l'invention humaine. En concevant, au contraire, la source et la fin de la praxis comme dérivant de l'infinitude du Père, on déploie un espace plus large où pourront s'inscrire les efforts de l'humanité construisant sa destinée à l'intérieur du Dessein de Dieu.

Ce Dessein de Dieu s'origine à l'instant de la Création. L'idée de création, si nous n'y prenons garde, se ramène trop souvent à l'image d'un Démiurge introduisant l'ordre dans une nature, ordre qu'il s'agit de retrouver et de respecter. Il convient, au contraire, de donner à l'idée sa valeur radicale: tout l'ordre de l'être trouve origine en Dieu dont l'activité fondatrice ne cesse point. Se tourner vers Dieu suppose certes que l'on reconnaisse les structures créaturelles dans lesquelles l'homme trouve son véritable épanouissement; mais cela n'implique pas qu'il ne reste plus rien à inventer pour construire un monde plus humain à partir d'une ouverture sans cesse renouvelée vers l'avenir imprévisible. Le Dieu créateur a voulu cette ouverture et la maintient pour que l'homme collabore à son propre destin. Une telle vue suppose qu'on épure sans cesse l'idée d'un Dieu ordonnant le chaos et qu'on le situe à la source de tout: ce qu'on accorde alors à la créativité de l'homme n'est pas enlevé à Dieu; il est le prolongement de son action. La spontanéité féconde de l'homme demeure enveloppée dans l'acte créateur qui la fonde.

Peut-être éprouve-t-on plus de difficultés à concevoir que Dieu fonde l'acte même de la liberté. Toute réflexion sur la liberté humaine met en lumière tant de conditionnements qu'on semble la réduire à néant; et cependant elle s'affirme par son exercice même et définit l'existence humaine. Que dire alors des tentatives, sans cesse renouvelées au long de l'histoire de la pensée chrétienne, pour composer la liberté de l'homme avec celle toute-puissante de Dieu? Le mieux est sans doute, avec saint Paul, de s'en tenir à l'affirmation simultanée de l'une et l'autre réalités: « Travaillez avec crainte et tremblement à accomplir votre salut: aussi bien, Dieu est là qui opère en vous le vouloir et l'opération même » (Ph. 2, 12-13). Comment composent ensemble ces deux libertés? Impossible de donner une réponse qui ne soit pas le renvoi plus ou moins médiatisé à la double affirmation primordiale [2]. Finalement, ce qui nous fait défaut, c'est une idée assez haute de Dieu comme esprit créateur « superior summo meo, interior intimo meo ». La présence de Dieu au coeur de l'esprit fonde son être en même temps que sa liberté.

Si nous passons maintenant au domaine proprement éthique des valeurs, en quel sens précis Dieu peut-il en être dit le fondement?

En considérant le mouvement ascendant qui nous porte de la perception des valeurs — la vie, le beau, le vrai, le sacré, le bien — jusqu'à leur réalisation suprême, nous dirons que Dieu est cet accomplissement. Avec la tradition platonicienne, nous estimerons que toutes ces valeurs se fondent sur le Bien qui est l'Un, et avec saint Augustin, nous pourrons contempler l'essence des valeurs réalisée en Dieu. La fragmentation néces-

---

[2] Si on pose en premier lieu la volonté de Dieu, on distinguera dans ses motions un aspect absolu et un aspect conditionnel (brisable, disait Maritain); si on part de la liberté humaine, il faut la concevoir comme s'intégrant dans le Dessein de Dieu: Dieu opère ou permet; mais tout concourt à sa gloire.

saire de nos points de départ étant seule responsable de la diversité que nous semblons admettre en Dieu.

Mais nous pouvons craindre, avec M. Gobry [3], que cette perspective n'aboutisse finalement à un morcellement de la démarche éthique. Celle-ci se trouverait orientée, dès le principe, vers une pluralité de valeurs dont elle affirmerait ensuite l'unité en Dieu; or, elle se veut absolue et unifiée en tant qu'elle se propose d'édifier la personne morale en fonction du Bien qui intègre toute autre valeur. Si la personne veut s'unifier, il faut qu'elle recoure à une unique source et puisse contempler un unique modèle. Ce modèle serait-il fourni par les valeurs? Mais, remarque M. Gobry, « les valeurs ne peuvent être modèles pour trois raisons: manque d'unité, manque d'absoluité, manque de personnalité » [4]. Nous voici donc renvoyés à un Dieu personnel, Bien suprême, fondement et au-delà des valeurs particulières: « Les valeurs sont des absolus, sans être l'Absolu; elles sont spirituelles sans être des esprits; elles sont parfaites sans être pour l'agent humain des modèles de perfection. Que sont-elles? Les valeurs sont des médiations impersonnelles du Dieu personnel, grâce auxquelles nous pouvons accéder à la richesse inépuisable de son essence... Dieu est le Bien... cela veut dire: il est l'Absolu spirituel » [5].

Concevoir Dieu comme source des valeurs sans qu'il soit lui-même compris comme une valeur particulière, c'est précisément ce à quoi nous conduit l'expérience spirituelle. Elle constitue une approche du fondement de la moralité en conduisant à une perception de la relation à Dieu [6]. La proximité croissante de Dieu fait que le sens de Dieu qui en dérive sert d'idée régulatrice de la vie morale en donnant à la participation de la vie éternelle un poids de réalité toujours plus grand et à l'exigence de sainteté une capacité plus sûre de discernement pratique. Sans qu'il y ait proprement saisie de Dieu, il est perçu comme le foyer réel et hors de prise à partir duquel se déploient les forces éthiques que constituent les valeurs.

---

[3] I. GOBRY, *Le Modèle en Morale*, Paris, P.U.F., 1962, pp. 128 ss.

[4] I. GOBRY, *Le Modèle en Morale*, p. 129.

[5] *Ibid.*, nous ne faisons pas nôtre la critique que M. Gobry adresse à l'Augustinisme.

[6] Cf. Ch. A. BERNARD, *Vie spirituelle et connaissance théologique*, dans *Gregorianum* 51 (1970) 231-232.

§ 1 — Vivre selon Dieu

Du fait même que Dieu, sans être lui-même enserré dans une catégorie axiologique, est source de toute valeur, le rapport éthique au Père pose la question préalable du contenu de l'imitation: peut-on imiter Dieu, et en quoi?

Dans son étude sur l'imitation de Dieu, W. Michaëlis la considère avant tout comme située dans l'ordre de la foi et signifiant plutôt une obéissance que la reproduction d'un modèle. Et, certes, il faut bien admettre que la parole de Dieu se propose d'abord à la foi obéissante sans s'appuyer sur l'autojustification d'une manifestation préalable: Abraham est interpellé par Dieu, comme plus tard Moïse; ni l'un ni l'autre ne connaissent la Face de Dieu. Ainsi, lorsque des personnages de l'Ancienne Alliance sont présentés comme les ancêtres, toujours quelque peu exemplaires, ils le sont en fonction de leur attitude de foi qui sauvegarde la transcendance de Dieu.

Il convient cependant d'enrichir de déterminations plus précises cette attitude d'obéissance à la parole. L'admirable chapitre 11 de l'*Epître aux Hébreux* qui chante la foi des ancêtres dessine peu à peu un tableau nuancé de l'attitude de foi: avec Abraham, il faut partir vers l'inconnu, soutenu par l'espérance d'entrer dans la Ville (Heb. 11, 7-10); Moïse, lui, préfère aux trésors de l'Egypte l'opprobre du Christ; sa fermeté réconforte les faibles (Heb. 11, 26-27). Risquant d'être emportés dans la tourmente des persécutions et du rejet par la communauté judaïque, les Hébreux « enveloppés d'une si grande nuée de témoins » doivent rejeter le fardeau qui les assiège et courir avec constance l'épreuve qui leur est proposée (cf. Heb. 12, 1). L'exemple des ancêtres leur insuffle courage et constance.

On peut faire encore une remarque, plus importante pour notre propos: si la Parole de Dieu requiert l'obéissance inconditionnelle de la foi, sa transcendance n'élimine pas une croissante proximité et, partant, une capacité d'éveil à la fonction d'imitation.

En se révélant, Dieu instaure une Alliance qu'un dialogue continu fortifie. S'il est vrai que Jahvé ordonne à Abraham

---

[7] W. Michaelis, Art. μιμέομαι dans Kittel, *Theologisches Wörterbuch zum Neuen Testament*, IV, 661-678, en particulier 669-672.

de partir, il n'en attend pas moins qu'Abraham réponde dans la foi. Le dialogue s'engage. Il est si loyal de la part de Dieu que, lorsque celui-ci se prépare à détruire Sodome, il se sent comme tenu de révéler son dessein à Abraham: « Vais-je cacher à Abraham ce que je vais faire? » (Gen. 18, 17). Fort de ce premier pas de Dieu, Abraham se reconnaît un droit de parole et se permet de soupçonner sinon une injustice, du moins un manque de discrimination de la part de Jahvé: « Vas-tu vraiment supprimer le juste avec le pécheur? » (Gen. 18, 23). Un tel dialogue suppose que Dieu, comme nous dirions en termes modernes, doit être le support de la valeur de justice. S'il ne l'était pas, pourrait-il encore demander à l'homme de se conduire avec justice? Lorsque Sodome, finalement, sera détruite, la prière d'Abraham n'aura sans doute pas été matériellement exaucée; du moins lui aura-t-elle fait comprendre que Dieu a agi droitement.

Moïse ira encore plus loin dans sa revendication vis-à-vis de Dieu. Tirant pour ainsi dire les conséquences de l'Alliance, il demandera à Dieu de se faire connaître: « Si donc, dit-il à Jahvé, je jouis de ta faveur, daigne me révéler tes voies » (Ex. 33, 13), ou mieux encore: « Fais-moi, de grâce, voir ta gloire » (Ex. 33, 18). L'obéissance dans la foi se prolonge tout naturellement dans une certaine familiarité qui rapproche les personnes. Tel apparaît Dieu, tel aussi doit se manifester le croyant. Certes, celui-ci ne saurait dissiper la nuée ni traverser la flamme dévorante (Ex. 24, 16-17); Dieu est toujours le Transcendant, le Saint. Mais, de cette approche de la sainteté, naît pour le croyant l'exigence d'une purification: les préceptes du *Lévitique* en donneront la transcription dans un contexte cultuel.

Amorcé dès les première rencontres de l'homme avec Dieu, le processus qui conduit à la familiarité et à la connaissance, puis à la traduction dans la vie de ce sens de Dieu, se retrouvera en toute vie spirituelle. Le Christ avait appelé ses apôtres; ils l'avaient suivi sans parfaitement comprendre; mais, après un long compagnonnage, ils s'entendent dire: « Vous êtes mes amis si vous faîtes ce que je vous commande. Je ne vous appelle plus serviteurs, car le serviteur ignore ce que fait son maître; je vous appelle amis, car tout ce que j'ai appris de mon Père, je vous l'ai fait connaître » (Jn. 15, 14-15). Commencée dans l'obéissance de foi et l'exécution de la volonté du Père, la suivance de Jésus conduit à la connaissance du

Père et de son Dessein; elle invite à la participation à l'oeuvre de Dieu et, par conséquent, à une imitation de son mode d'agir.

Dans toute la tradition spirituelle, l'idée de l'imitation de Dieu suppose qu'on essaie de le connaître personnellement et en appelle à une approche contemplative. Sans nous étendre ici longuement sur cette idée, et sur les différences considérables entre la connaissance spéculative et la recherche de l'union par la foi et l'amour, nous pouvons rejoindre la tradition platonicienne et, avec l'un des meilleurs spécialistes, noter son double caractère de connaissance et de présence: « Qui dit contemplation dit vue immédiate d'un objet *présent*, saisi dans son existence même. Ce sentiment de présence, de contact avec l'être existant est le signe distinctif de la contemplation. Il fait apparaître l'objet selon un mode de connaissance qui dépasse l'intellection » [8]. Ce mode de connaissance qui suppose la présence dépasse évidemment la connaissance abstraite; il constitue une approche du divin. Or, ce divin contemplé, situé au-delà de l'essence saisissable par l'intelligence logicienne, apparaît comme la source transcendante et unifiante de toute valeur: « Le mouvement vers le divin aboutit normalement au Beau du *Banquet*, au Bien de la *République* à l'Un du *Philèbe*. Là est Dieu, d'abord et principalement. Puisque le monde des Formes, conçu sous l'aspect d'une pluralité d'intelligibles hiérarchisés, ne tient et l'intelligibilité et l'existence que de sa participation au Bien-Un, ce monde n'est divin que secondairement. En rigueur de terme, ce qui est Dieu strictement, c'est ce qui est le plus être, c'est donc le Principe unifiant » [9]. La persuasion fondamentale de toute doctrine contemplative est que cette approche du fondement ultime des valeurs non seulement requiert une purification spirituelle et éthique, mais produit une transformation intérieure qui, normalement, se manifeste à travers la conduite éthique. Qui approche la bonté et l'unité de Dieu devient meilleur et s'unifie.

La tradition chrétienne ne peut que renforcer et étendre cette valorisation de l'union contemplative. Si, en effet, la dialectique platonicienne s'appuie sur un élan de l'esprit apparenté au divin, la recherche chrétienne suppose une communication vitale de la part de Dieu et la présence active de l'Esprit

---

[8] Festugière, A.-J., *Contemplation et vie contemplative selon Platon*, Paris, Vrin, 1936, pp. 260-261.

[9] *Ibid.*, pp. 264-265.

au sein de la conscience. Dans son fondement même, la quête de Dieu procède d'une participation grâce à laquelle l'âme est déjà sanctifiée, ouverte aux valeurs de justice, de beauté, de bonté et d'unité, fécondée par l'amour. L'exercice contemplatif s'efforce de déployer ce contenu en faisant réagir la conscience spirituelle à la Révélation objective de Dieu dans l'Ecriture, elle-même parcourue et soutenue par la grâce de l'Esprit.

En s'unissant à Dieu par la connaissance et l'amour, l'âme ne se départ pas de son attitude foncière de foi obéissante. Car la présence de Dieu, au-delà de toute saisie particulière, la laisse disponible pour toute manifestation de la volonté divine et ouverte à l'infini du Père; le Fils lui-même se tenait disponible à la volonté du Père. Mais l'approche du principe de toute chose, et l'action continue qu'exerce Dieu dans l'âme produit une triple transformation: une illumination de l'intelligence, un attachement du coeur, une participation à la force agissante de Dieu. Comment décrire cette participation dynamique? De l'intérieur de l'expérience spirituelle, elle ne peut que rejoindre le message du Christ. Nous voici donc renvoyés à l'Ecriture pour reconnaître en quel sens l'imitation de Dieu se manifeste dans la vie éthique.

§ 2 — Sainteté et Amour

Une grande différence apparaît dès d'abord entre les attitudes spirituelles judéo-chrétiennes et hellénistiques. Pour les Grecs, dont Platon est le plus remarquable coryphée, l'imitation de Dieu se réfère en premier lieu à la situation ontologique. Dieu est l'au-delà de l'essence, incorruptible, immortel; étranger à la matière sensible qui est le siège des phénomènes inconsistants. L'attitude fondamentale sera donc celle de la séparation purificatrice: « Mettre le plus possible l'âme à part du corps et accoutumer celle-ci, étant elle-même par elle-même, à se recueillir, à se ramasser en partant de tous les points du corps, à vivre autant qu'elle peut aussi bien dans le présent actuel que dans la suite, isolée et par elle-même, délivrée de son corps comme si pour elle c'était des liens » [10]. Imiter Dieu sera donc rechercher avant tout à reproduire ses attributs

---

[10] Platon, *Phédon*, 67 c, trad. Robin, dans *Oeuvres complètes*, Bibliothèque de la Pléiade, I, 779.

ontologiques d'immatérialité, d'incorruptibilité, d'immortalité.
Et cela s'accompagnera d'une transformation éthique. En effet,
remarque Platon dans le *Timée*: « Celui-là qui s'est abandonné
aux appétits ou aux ambitions, et qui leur donne un grand
développement par l'effort, toutes les pensées nécessairement
sont en lui devenues mortelles; et, absolument à tous égards,
dans toute la mesure où il est possible de se rendre mortel,
il n'y manque tant soit peu, pour avoir tant accru cette partie
de son âme. Mais celui qui a mis son zèle à la connaissance
et aux pensées vraies, et qui a exercé principalement en lui
ces activités, il a des pensées immortelles et divines, chaque
fois qu'il a contact avec la vérité » [11]. L'exercice de la contemplation opère la transformation bienheureuse.

On retrouverait dans la tradition chrétienne un sens assez
semblable de la sainteté bienheureuse de Dieu et le désir d'y
participer en l'imitant. Mais la perspective est bien différente.
Pour elle aussi, en effet, la sainteté de Dieu signifie la transcendance ontologique et morale: « Dieu est lumière, et il n'y
a point en lui de ténèbres » (I Jn. 1, 5). Mais le chrétien se
situe devant Dieu comme pécheur incapable d'une approche
efficace si Dieu lui-même ne se penche vers lui et ne lui par-
donne son péché. Aucune parenté ontologique ne donne accès
immédiat à la sphère divine; celle-ci ne peut s'ouvrir que par
grâce, et le mérite ne survient que comme coopération à une
démarche prévenante de Dieu. En sorte que l'on pourrait dire
un peu paradoxalement, mais en toute vérité, que la sainteté
de Dieu ne se propose pas à l'imitation directe, mais suscite
un appel à la miséricorde et à la conversion. Selon la remarque
de Heitmann, le précepte du *Lévitique* repris par la *Première
épître de Pierre* (Lev. 19, 2; et I P. 1, 16) indique seulement:
« Soyez saints, car je suis saint, moi Jahvé, votre Dieu » et
prescrit des attitudes cultuelles dont la sainteté de Dieu est
le motif, non la forme exemplaire; sinon, le texte eût porté
« comme moi je suis saint » [12].

Dans un second moment, cependant, lorsque Dieu fait participer le chrétien à sa propre vie, l'incompatibilité d'une vie
sainte avec l'acceptation du désordre des passions apparaît
clairement. Sur ce point, malgré les réticences de Heitmann,

---

[11] PLATON, *Timée*, 90 b c, trad. Robin, *Ibid.*, II, 521.
[12] A. HEITMANN, *Imitatio Dei*, Roma, Herder, 1940, p. 3.

le texte de la *Première épître de Pierre* marque un progrès par rapport à celui du *Lévitique*: « Comme des enfants obéissants, ne vous conformez pas aux convoitises de jadis, du temps de votre ignorance. Mais, de même que celui qui vous a appelés est saint, devenez saints, vous aussi dans toute votre conduite » (I P. 1, 14-15). Ici, l'idée de sainteté connote celle de pacification des passions; en certains textes de saint Paul, elle est même conjointe à celle de pureté sexuelle (I Th. 4, 3-8; I Cor. 6, 15-20).

En saint Jean, par ailleurs, l'idée de contemplation transformante voit sa valeur réduite en raison de sa subordination à l'éthique de la charité fraternelle: « Celui qui prétend être dans la lumière tout en haïssant son frère est encore dans les ténèbres. Celui qui aime son frère demeure dans la lumière » (I Jn. 2, 9-10). Le désir de participer à la lumière de Dieu demeure légitime. Mais cette lumière est amour. Voilà le point central de toute imitation de Dieu: il faut imiter son amour. Autant le Nouveau Testament se garde d'insister sur l'idée de contemplation transformante; « Dieu, personne ne l'a jamais contemplé. Si nous nous aimons les uns les autres, Dieu demeure en nous » (I Jn. 4, 12), autant il affirme l'authenticité de vie de celui qui imite l'amour universel de Dieu. Alors qu'on admet communément qu'en toute approche cognitive de l'Au-delà de tout, prévaut la négativité, il apparaît que, dans l'imitation de l'amour de Dieu, une union véritable s'explicite positivement à la conscience.

Le commandement de l'amour universel, tel que le Christ lui-même le formule, constitue la norme fondamentale de la vie évangélique. Pour mieux le faire reconnaître, Jésus le présente paradoxalement comme amour des ennemis: puisque les Païens aussi aiment leurs amis, le disciple de l'Evangile se distinguera par l'ouverture totale de son amour. Même si l'on ne manque pas d'autres témoignages sur l'exigence de l'amour universel[13], l'accent si personnel et si pressant du Christ la renouvelle en profondeur. Suivons ici le texte de Luc, sans doute plus proche de la prédication du Christ (Luc 6, 27-36).

---

[13] Chez les Rabbins, mais aussi les Stoïciens. Cf. A. SCHULZ, *Nachfolgen und nachahmen, op. cit.*, pp. 227-228. Sur l'importance de ce texte évangélique dans l'Eglise primitive, voir les citations de Clément, Justin, Epiphane etc... dans BENOIT-BOISMARD, *Synopse des quatre évangiles*, Paris, éd. du Cerf, 1966, pp. 50-51.

Cet amour doit inclure l'affection, l'action, les paroles et la prière elle-même: « Aimez vos ennemis, faîtes du bien à ceux qui vous haïssent, bénissez ceux qui vous maudissent, priez pour ceux qui vous calomnient » (Luc 6, 27). Attitude d'amour et de bienveillance qui ne connaît pas de limites; loin de fermer son coeur devant la méchanceté, l'injustice ou l'arbitraire, il faut donner sans attendre de retour.

Plus pressante encore que son contenu, apparaît la motivation du commandement de l'amour universel. Aussi bien en Matthieu qu'en Luc, il s'agit de « devenir les fils du Père » (Mt. 5, 45) ou « les fils du Très-Haut » (Luc 6, 35). Cette récompense ne sera pleinement possédée que dans le Royaume à venir et elle implique sans aucun doute une ressemblance: « Entre les fils et le Père, il y a ressemblance » [14]. Mais on ne saurait exclure que dès maintenant, la ressemblance soit assurée du fait même que le Père « fait lever le soleil sur méchants et bons et fait pleuvoir sur justes et injustes » (Mt. 5, 45; Luc 6, 35). Schulz remarque, en effet, que Stoïcisme et Judaïsme hellénistique [15] ont argué de la bienveillance sans discrimination de Dieu pour inviter les hommes à aimer tous leurs frères. Et, d'une façon plus générale encore, on peut estimer avec le Rabbinisme que la situation présente anticipe la future: « Le livre des Jubilés dit précisément dans une description du temps eschatologique: ' Et leurs âmes me suivent, moi et tous mes commandements, et ils accomplissent mes commandements; je serai alors leur Père et eux, mes enfants. Et tous, ils ont le nom d'enfants du Dieu Vivant, et tous les anges et esprits savent, oui, ils savent alors qu'ils sont mes enfants et que moi, je suis leur Père en vérité et en justice et que je les aime '. D'autre part les rabbins fondent souvent l'obligation morale des Israélites sur la filiation divine actuelle; par exemple R. Jehuda (autour de 150 après J.-C.): ' Si vous vous conduisez en enfants, vous êtes appelés enfants; sinon, vous n'êtes pas appelés enfants » [16]. Il faut dès à présent manifester ce que nous serons afin, dit saint Matthieu « que

---

[14] R. SCHNACKENBURG, *Le message moral du Nouveau Testament*, p. 146. C. SPICQ, dans sa *Théologie morale du Nouveau Testament*, Coll. Etudes bibliques. Paris, Lecoffre Gabalda, II, 688-706, a bien développé le thème de l'imitation de Dieu et de sa bienveillance en particulier.

[15] A. SCHULZ, *Nachfolgen und nachahmen, op. cit.*, p. 228.

[16] R. SCHNACKENBURG, *Ibid.*, pp. 146-147.

brille votre lumière devant les hommes pour qu'ils voient vos bonnes oeuvres et rendent gloire à votre Père qui est dans les cieux » (Mt. 5, 16).

Sur un point plus précis encore, nous pouvons imiter la bienveillance universelle de Dieu: dans la remise des offenses. A vrai dire, le texte évangélique indique une causalité réciproque. Quand nous prions, nous disons: « Remets-nous nos dettes comme nous aussi nous avons remis à nos débiteurs » (Mt. 6, 12). Le pardon de Dieu dépend de notre propre pardon. Par ailleurs, selon la parole de saint Paul: « Montrez-vous au contraire bons et compatissants les uns pour les autres, vous pardonnant mutuellement, comme Dieu vous a pardonné dans le Christ » (Eph. 4, 32). Puisqu'il est hors de doute que le pardon de Dieu précède toute action de l'homme, il faut comprendre notre propre pardon des offenses comme une imitation de celui de Dieu et comme la manifestation de ses fruits: le débiteur impitoyable n'avait-il pas radicalement méconnu la Miséricorde divine (Mt. 18, 23-34)? Pour lui, la promesse du pardon définitif ne s'accomplira pas: n'ayant pas voulu exercer la miséricorde, il ne lui sera pas fait miséricorde, mais la justice divine le saisira [17].

Le pardon des offenses, lui aussi, ouvre l'agir aux dimensions infinies. Outre que ce pardon ne saurait être limité dans sa fréquence (Mt. 18, 21-22), il embrasse en fait toute notre vie. Comme le remarque Schürmann, nos dettes envers Dieu dérivent de notre situation d'esclaves et de fils qui se doivent entièrement à leur Seigneur et Père: « Notre dette devant Dieu provient de ce que nous restons toujours en deçà de ses exigences. Nous ne sommes pas seulement coupables aux yeux de Jésus par nos transgressions de la Loi, mais aussi et avant tout par nos omissions. Le légalisme du Judaïsme tardif est dépassé, car il s'agit désormais d'accomplir toute la volonté de Dieu et il n'est aucune loi, si détaillée et exigeante soit-elle, qui puisse adéquatement l'exprimer » [18]. Si donc nous sommes toujours redevables envers Dieu d'insuffisances dans l'amour, nous ressentons aussi nécessairement les manques d'amour de nos frères. Dans cet échange réciproque, s'inscrit la dette de l'amour total et inaccessible. Comme le dira saint Paul,

---

[17] Sur ce point, cf. H. Schuermann, *La prière du Seigneur*, Paris, éd. de l'Orante, 1965, pp. 86-88.
[18] *Ibid.*, p. 76.

« n'ayez de dettes envers personne sinon celle de l'amour
mutuel. Car celui qui aime autrui a de ce fait accompli la
loi » (Rom. 13, 8). Mais qui aime parfaitement autrui?

Comprenons bien la portée éthique d'une telle affirmation.
En élargissant le regard aux dimensions de l'humanité, tout
en maintenant l'urgence de la réconciliation avec le prochain,
le Christ nous invite à l'authenticité de la charité et nous fait,
par là, accéder à la véritable universalité. Le P. Labarrière a
bien montré comment la singularité même de la personne
s'accomplissait dans la communion à l'humanité à travers des
cercles de plus en plus étendus [19]. Mettant en garde contre le
danger de s'évader en des lointains illusoires, il écrit: « Il
nous faut en ce domaine nous garder de l'abstraction qui
nous menace, tant l'inconséquence nous est commune, qui
nous fait protester d'un universel amour dans l'instant même
où nous écrasons sans remords ceux qui sont proches de
nous! » Le problème concret sera de vivre la relation à autrui
aux différents niveaux d'engagement. Son authenticité se véri-
fiera dans la mesure où l'insertion loyale dans un groupe se
conjuguera avec l'ouverture à des groupes plus vastes.

L'infinitude désirée et obtenue, dans le ressourcement de
la praxis à l'amour du Père de tous, se réfléchit à nouveau
dans le rapport à l'ensemble de l'humanité. Pour nous, l'admirable est que cette conjonction s'est effectuée une fois pour
toutes dans le Christ. Homme parfait, il rassemble en lui toute
l'humanité; par sa vie et sa mort, il ratifie pleinement cette
mission de rassembleur que le Père lui a confiée: « (Caïphe)
prophétisa que Jésus devait mourir pour la nation, — et non
seulement pour la nation, mais encore pour rassembler dans
l'unité les enfants de Dieu dispersés » (Jn. 11, 51-52). Il nous
faut donc nous référer constamment à cette doctrine du Corps
mystique du Christ: « Un trait nouveau apparaît en cette dernière expression: notre commune dépendance à l'égard du
Christ, qui est le principe et le sceau de notre unité, nous
constitue en état de dépendance mutuelle *les uns par rapport
aux autres;* en effet, devenus un seul être avec le Christ, nous
sommes à la fois la partie et le tout, si bien que chacun de
nous doit regarder son frère comme le Christ en personne,

---

[19] P. J. Labarrière, *L'existence réconciliée.* Coll. Christus n. 26, Paris,
DDB, 1967, pp. 149-166. La citation se trouve p. 161.

s'efforçant en retour d'être pour lui aussi comme une révélation plénière du Seigneur en ce monde; c'est seulement dans cette universalité concrète que chacun peut trouver la plénitude de son existence comme personne »[20].

§ 3 — UN SEUL DIEU ET PÈRE

L'amour fraternel constitue sans aucun doute l'essence de l'éthique chrétienne et se fonde sur l'économie de la manifestation divine dans le Christ: l'amour descend d'en-haut; il est lumière.

Ainsi fut-il vécu par les saints. Mais il est remarquable que cette participation à la profusion de l'amour du Père fut perçue par certains d'entre eux comme participation au mystère de Dieu manifestant son énergie en toute oeuvre opérée au-dehors: la Création, l'Incarnation, la Rédemption, la Récapitulation de l'Univers dans le Christ. Saint Ignace de Loyola, et plus près de nous un Teilhard de Chardin, ont expérimenté et proclamé cette participation. Dans cette même ligne, on pourrait situer aussi la doctrine d'un Angelus Silesius qui, d'une manière extrêmement originale, a insisté sur le fait qu'une fois décidée par Dieu la manifestation de soi au-dehors, l'Univers et nous-mêmes appartenons définitivement au Dessein de Dieu qui ne fait qu'un avec sa volonté et son amour. Tous mettent en relief cet aspect de participation à l'oeuvre divine. Ils rejoignent alors l'idée primitive de l'image de Dieu: l'homme coopère à la Création qui se poursuit et à la Rédemption en voie d'accomplissement. L'idée de coopération à l'oeuvre divine enrichit celle d'image en même temps qu'elle conduit à l'idée de ressemblance, car qui coopère avec Dieu se transforme en lui; il participe à son amour efficace.

Saint Ignace a perçu Dieu comme infinie et suprême bienveillance féconde[21]. C'est de cette bienveillance éternelle que procède tout bien: « Regarder, demande-t-il dans les *Exercices spirituels,* comment tous les biens et tous les dons descendent d'en haut; comme ma puissance limitée, de la puissance sou-

---

[20] LABARRIÈRE, *Ibid.,* p. 151.
[21] « Infinita y suma bondad »; « infinita y eterna bondad »; « soverana y suma bondad »; qui est la bienveillance féconde de la très-haute et très sainte Trinité. Cf. IGNACE DE LOYOLA, *Lettres,* dans *Obras completas,* Madrid, BAC, 1963, pp. 651-652.

veraine et infinie d'en haut; et aussi la justice, la bonté, la tendresse, la miséricorde, etc.; comme du soleil descendent les rayons, de la source, les eaux etc. » [22]. Et c'est aussi à cette bonté créatrice que doit se référer toute action droitement ordonnée à la volonté de Dieu: « L'amour qui me meut et me fait choisir tel objet doit descendre d'en haut, de l'amour de Dieu. De la sorte, celui qui choisit doit d'abord sentir en lui-même que l'amour plus ou moins grand porté à l'objet de son choix est uniquement pour son Créateur et Seigneur » [23]. On peut dire que l'ensemble des *Exercices spirituels* se propose de mettre le retraitant dans les meilleures dispositions pour qu'il puisse percevoir, accepter et appliquer ce qu'il aura reconnu comme volonté d'amour de Dieu. Ainsi deviendra-t-il le coopérateur de Dieu: « Demander à Dieu notre Seigneur qu'il veuille mouvoir ma volonté et me mettre dans l'âme ce que je dois faire par rapport à l'objet proposé, qui soit davantage à sa louange et à sa gloire » [24].

Considérer l'homme comme le coopérateur de Dieu revient, pour saint Ignace, à voir en lui un instrument de l'action divine. Non, certes, que cet instrument ne soit pas vivant! Au contraire, il participe toujours plus profondément à l'énergie vitale de Dieu. Mais, au regard de l'accomplissement d'un Dessein éternel de salut dont l'amplitude et le mode échappent à sa compréhension, l'homme se considère comme celui qui occupe une modeste place dans la construction en devenir. S'adressant, dans la dernière partie des *Constitutions*, au jésuite qui a vraiment assumé sa vocation, saint Ignace range toute détermination personnelle, spirituelle, éthique ou de l'ordre naturel, sous l'idée d'instrumentalité: « Pour maintenir et développer non seulement le corps, c'est-à-dire l'extérieur de la Compagnie, mais aussi son esprit, et pour réaliser son but, qui est d'aider les âmes à atteindre leur fin suprême et surnaturelle, les moyens qui unissent l'instrument à Dieu et le disposent à bien se laisser conduire par la main divine, sont plus efficaces que ceux qui le disposent à l'égard des hommes » [25]. Et il ajoute, complétant ainsi sa vision unifiante de

---

[22] *Exercices spirituels*, n. 237.
[23] *Ibid.*, n. 184.
[24] *Ibid.*, n. 180.
[25] Ignace de Loyola, *Constitutions de la Compagnie de Jésus*, X, 2, n. 813. Coll. Christus, Paris, DDB, 1967, p. 263.

l'Univers: « A partir de ce fondement, les moyens naturels qui disposent l'instrument de Dieu notre Seigneur à l'égard du prochain, seront universellement une aide pour le maintien et le développement du corps entier; à une condition toutefois, qui est que nous les acquérions et les exercions pour le seul service divin, non pour mettre en eux notre confiance, mais pour coopérer à la grâce divine, suivant l'ordre de la souveraine Providence de Dieu notre Seigneur, qui veut être glorifiée avec ce qu'il donne comme Créateur, qui est la nature, et avec ce qu'il donne comme auteur de la grâce, qui est le surnaturel » [26]. En acceptant d'être instrument dans les mains de Dieu, l'homme puise à sa richesse; il participe à « la source de lumière et de tout amour bien ordonné » [27]. Il s'accomplit alors selon sa vocation particulière.

La conscience d'atteindre à la source de tout bien et de participer à l'oeuvre de Dieu produit en nous ce que saint Ignace appelle la consolation. Selon les paroles du P. Hugo Rahner qui a consacré une remarquable étude à la vision théologique ignatienne de la participation descendante: « La hauteur de l'essence divine est aussi le lieu de repos de l'homme spirituel car là seulement et de cette manière il trouve les consolations grâce auxquelles toute action, tout choix et toute décision se laisse déchiffrer et percevoir dans sa valeur de volonté divine toujours nouvelle et singulière pour l'homme. Consolation signifie en son sens suprême, pour saint Ignace, la sécurité dans l'élévation, l'ouverture constante à l'immédiateté spirituelle de la perception de l'amour de Dieu. A cette théologie du mouvement de haut en bas, on doit rapporter une autre des paroles audacieuses qu'Ignace, maintenant sur soi par ailleurs un silence d'airain, a communiquée à des frères. ... La voici rapportée par Ribadeneira: ' Je l'ai entendu dire, moi et de nombreux autres, qu'à son jugement, il ne pouvait vivre sans consolation, c'est-à-dire sans percevoir quelque chose qui n'était et ne pouvait être sien, mais qui dépendait totalement de Dieu ' » [28]. Saint Ignace percevait mystiquement la communication divine.

La pensée de saint Ignace était trop centrée sur la parti-

[26] *Ibid.*, X, 3, n. 814, p. 254.
[27] *Lettres*, dans *Obras completas*, Madrid, BAC, p. 869.
[28] H. RAHNER, *Ignatius von Loyola als Mensch und Theologe*, Freiburg-Basel-Wien, Herder, 1964, pp. 217-218.

cipation active à la Rédemption du Christ et au service de
l'Eglise pour prolonger son mouvement vers le développement
historique du monde. Une telle perspective, cependant, était
déjà ébauchée en sa conscience et orientait son action. Beaucoup de ceux qui l'étudièrent furent frappés de son attention
aux réalités culturelles et politiques: c'est qu'elles s'intégraient
dans sa vision du monde. Rien d'étonnant, dès lors, à ce que
ses disciples se soient laissé porter par ce courant. Nous le
retrouvons tout au long de l'histoire de la Compagnie de Jésus.

Avec le P. Teilhard de Chardin, s'élargit considérablement
la vision ignatienne. Seule rendait possible cette extension la
perspective scientifique de l'évolution de la Création qui s'enrichit, s'unifie et se centre. Nous n'avons pas ici à reprendre
la spiritualité riche, complexe, mais nuancée aussi, du P. Teilhard [29]; il suffit de noter ses assises théologiques. Simple et
fondamentale, apparaît d'abord la foi en la Providence divine,
une Providence dont l'amplitude spatiale et temporelle ne saurait connaître de limite; c'est en elle que tout le destin de
l'humanité se joue jusqu'à la consommation glorieuse. Au centre de ce Dessein providentiel, le Christ en son mystère d'a-
mour. Certes, pour tout penseur, il est difficile d'exprimer la
relation du monde au Christ, et à plus forte raison si l'on
conçoit un univers en croissance. Par des approches successives, et non sans reprises, le P. Teilhard a vu le Christ réca-
pitulateur comme centre et comme consommation, point Oméga
vers qui tout tend. Il l'a contemplé dans le mystère de son
Coeur [30]. D'où un troisième aspect qui nous importe davantage. La communion au Christ s'épanouit en transformation:
« La propre substance de la créature doit, sous l'emprise divine,
devenir élément constitutif de l'Univers régénéré. *Plus qu'une
simple Union, c'est une Transformation qui veut s'opérer* ».
« Nous ne pouvons pas être à Lui, pleinement, *en restant* ce
que nous sommes. Il nous faut subir des changements qui
détruisent provisoirement des associations très précieuses, si
nous voulons être définitivement unis à Lui » [31]. Une telle notion
de transformation n'aurait pu s'imposer à Teilhard avec une

---

[29] Cf. sur ce point, P. SCHELLENBAUM, *Le Christ dans l'énergétique
teilhardienne*. Coll. Cogitatio fidei, Paris, éd. du Cerf, 1971.

[30] *Ibid.*, pp. 185-200.

[31] *Ibid.*, pp. 190-191. Les textes sont des citations du P. Teilhard qui
a lui-même souligné les expressions.

force constante si elle n'avait correspondu à une expérience. Sur ce point, celle d'un Teilhard s'apparente à celle d'un saint Ignace.

Conclusion: centralité du Christ

Invinciblement, la réflexion spirituelle chrétienne retrouve le Christ comme son centre. Mais il est bon pourtant, précisément pour qui veut contempler le mystère du Christ en toutes ses dimensions, de se situer dans le Dessein sauveur du Père. Cette catégorie biblique s'allie bien avec celle, héllénique, de Providence. Dieu, en effet, ne peut accomplir son Dessein de salut que parce qu'il domine l'écoulement du temps et dispose soit l'ordre du développement de la nature soit celui de l'histoire des hommes édifiée à travers de libres décisions. La contemplation du Père donne à l'histoire sa dimension infinie.

La vie spirituelle, bien qu'elle s'appuie sur une telle vision de foi, est rappelée à des objectifs plus simples et plus concrets. Si l'homme spirituel veut entrer authentiquement dans le mystère du salut pour se l'approprier et y collaborer, il faut qu'il se mette en mesure de le percevoir authentiquement, et de l'actuer en soi et dans le monde. A quoi servirait-il en effet de vouloir étendre le Royaume de Dieu dans le monde si on ne le connaissait et ne l'instaurait d'abord en soi? Il n'en va pas de la mission apostolique comme d'une action politique ou sociale, que l'on détache assez facilement des conditions du sujet. Dans l'ordre spirituel, l'authenticité apostolique n'est atteinte qu'à travers un effort constant de transformation personnelle. Qui veut coopérer à la Rédemption et à la récapitulation de toutes choses dans le Christ, doit s'efforcer d'accueillir le message évangélique et de le faire passer en sa propre vie. La communauté chrétienne n'a fixé ce message par écrit que parce qu'elle était convaincue de la nécessité de s'y référer authentiquement.

Nous voici ramenés à la contemplation du Christ évangélique, à son imitation. La tradition a situé cette contemplation opérante principalement dans la méditation de l'Ecriture et la vie liturgique. Pour lui donner plus d'intensité, se sont développées au long des siècles des méthodes de contemplation et d'exercices spirituels. En abordant maintenant la question de l'assimilation du chrétien au Christ, nous allons essayer de rendre raison du processus spirituel qui, au moyen de la méditation de l'Ecriture et de la participation sacramentelle au mystère du Christ conduit à reproduire en soi la vie du Christ.

CHAPITRE NEUVIEME

LA CONFORMATION AU CHRIST

Le thème de l'imitation de Dieu, qui donne à la vie morale sa dimension proprement religieuse, est lié pour le chrétien à l'imitation du Christ, messager de la Bonne Nouvelle. Est-ce là en restreindre la portée? Nous l'avons déjà remarqué, toute la foi chrétienne s'appuie sur l'idée que le Christ est la parfaite Image du Père; il est le Fils possédant la plénitude et la communiquant désormais aux enfants adoptifs au moyen de son humanité glorieuse et spirituelle. Nous nous posons donc maintenant le problème du mode de passage de l'adhésion vivante au Christ à la participation de la plénitude du Père. Et plus précisément, selon les limites que nous nous sommes tracées, nous recherchons les conditions éthiques nécessaires à l'atteinte de ce but suprême: comment actuer le message du Christ et imiter Jésus pour répondre à notre vocation spirituelle et obtenir la vie éternelle?

Tout en apportant un message de salut basé sur le commandement nouveau de l'amour universel, le Christ se présente aussi comme le modèle de la vie éthique. Lui-même ne craint pas de se déclarer le garant de la Loi nouvelle et enjoint à certains hommes de le suivre: saint Jean, dans son évangile (Jn. 1, 35-51), a décrit ces premiers appels à se mettre à la suite de Jésus. Qui le suivait s'engageait à participer à sa mission, à vivre avec lui, à vivre comme lui.

R. Thysman, dans une étude sur l'imitation du Christ en éthique [1], insiste sur la dissociation des deux thèmes littéraires de la suivance et de l'imitation du Christ. Quoi qu'il en soit au plan rédactionnel, il est certain, comme il le note lui-même, que le passage de l'une à l'autre notion était inévitable: « Sans

---

[1] R. THYSMAN, *L'éthique de l'imitation du Christ dans le Nouveau Testament. Situation, notations et variations du thème*, dans *Ephemerides Theologicae Lovanienses*, **42** (1966) 138-175.

que cela fût bien explicite, dans les écoles rabbiniques déjà, l'enseignement de la Torah n'était pas purement théorique: la vie commune avec le maître servait à faire passer dans les mœurs du ' talmîd ' la manière qu'avait le rabbi de pratiquer la Loi et son interprétation. Or, Jésus est bien plus qu'un rabbi. Il est le Messie de Dieu et ses disciples le reconnaissent comme tel; il est donc vraisemblable que certains de ses actes, comme ses paroles, aient eu pour ses disciples valeur normative. Jésus vit le premier son enseignement éthique » [2]. Une influence si complète ne pouvait disparaître avec la vie terrestre de Jésus. A partir du moment, en effet, où le Christ monte au Ciel, il agit dans la puissance de son humanité glorifiée et passée hors du sensible. L'adhésion de foi à sa personne implique assentiment au message et imitation de son comportement rapporté avec tant de soin. Bien plus, la vie chrétienne n'étant rien d'autre qu'une participation à la vie du Christ, Tête de son Corps mystique, il vaut bien mieux admettre que le thème de l'imitation du Christ fut toujours perçu comme un axiome pratique nécessaire: se conduit chrétiennement qui imite le Christ. C'est d'ailleurs ce que nous trouvons dans l'étude de R. Thysman lorsqu'il replace la vie morale dans l'ensemble de la condition chrétienne et associe l'idée de vie éthique à celle d'image de Dieu.

Ce thème de l'image est éminemment paulinien et se retrouve par ailleurs dans la Première épître de Pierre: « Ce rapide survol des textes néotestamentaires nous aura tout de même permis de constater la continuité du lien qui unit l'éthique de l'imitation à la doctrine du salut concret de l'homme dans le Christ. Que ce salut soit envisagé surtout comme le don eschatologique de la filiation, ou plutôt comme une conformation baptismale à la mort et à la résurrection du Christ ou comme une nouvelle création à l'image du Christ, image de Dieu, ou encore comme une filiation déjà réelle bien qu'inachevée, c'est dans ce contexte du don de Dieu que le Nouveau Testament présente l'éthique de l'imitation » [3].

Dans cette perspective s'ouvre la possibilité d'une éthique proprement chrétienne basée sur l'idée d'imitation du Christ. Une telle étude inclut les données théologiques que la citation

---

[2] R. Thysman, *art. cit.*, pp. 155-156.
[3] R. Thysman, *art. cit.*, pp. 167-168.

précédente a énumérées. D'excellents développements en ont
été proposés [4]. Nous nous bornerons ici à mettre en lumière
l'aspect dynamique d'une telle morale. L'imitation du Christ,
en effet, ne saurait être un mimétisme, radicalement impossible
en raison de la différence des situations historiques et de la
singularité des personnes. Elle se fonde en réalité sur une
conformation intérieure mise en oeuvre aussi bien par la vie
sacramentelle que par l'activité spirituelle de purification et de
contemplation. Jamais achevée, la vie spirituelle approfondit,
selon des modalités propres, la communion au Christ et la
porte vers la pleine transformation personnelle [5].

§ 1 — L'IDEE DE MODELE EN MORALE

En se centrant sur le Christ, l'imitation acquiert une dimension nouvelle: elle rejoint la vie concrète en même temps
qu'elle définit une attitude religieuse. Dieu, en effet, comme
modèle infini fonde toute valeur; mais ce fondement reste
lui-même hors d'atteinte et ne peut entrer dans une catégorie.
Que faire concrètement pour vivre l'universalité de l'amour
et l'appel à la sainteté? Le Christ apparaît, incarnant l'amour
du Père et le faisant connaître. Désormais, nous savons comment aimer: comme le Christ nous a aimés; et nous savons
comment honorer le Père: « Qui n'honore pas le Fils n'honore
pas le Père qui l'a envoyé. En vérité, en vérité je vous le dis,

---

[4] Cf. p. 46 n. 1. Outre TILLMANN, partant de l'idée d'imitation du
Christ, on peut citer JUERGENSMEIER, *Der mystische Leib Christi als Grund-
prinzip der Aszetik*, 4ᵉ éd. Paderborn 1934. HAERING, dans *Gesetz Christi*,
se situe tout à fait dans cette ligne.

[5] Il n'échappe à personne combien, dans cette question, il est difficile de trouver un vocabulaire homogène et acceptable par tous. Le
mot « imitation », en français, a un sens très large; nous devons l'entendre ici non d'un « mimétisme » des actions ou d'une « copie » des attitudes, mais d'une influence du modèle tenant compte de la situation objective et de la vocation personnelle; en ce sens, nous avons admis que
nous pouvons imiter Dieu, et nous parlons d'imitation du Christ. L'idée
de « sequela Christi » (en Allemand « Nachfolge ») que nous pouvons
traduire par « suivance du Christ » ajoute à l'idée d'imitation éthique
celle d'un partage des conditions de vie comme pour les disciples ou
la vie consacrée; on ne saurait donc parler de « suivance de Dieu ».
Mais la vie chrétienne atteint le niveau affectif et ontologique: nous
devons devenir conformes au Christ dans les sentiments et par le renouvellement de notre être; pour indiquer le processus actif et durable de
cette transformation, nous employons le mot de « conformation ».
Sur la question de l'imitation, cf. art. *Imitation du Christ*, dans *D. Sp.*
VII, 1536-1601.

celui qui écoute ma parole et croit à celui m'a envoyé a la vie
éternelle et il n'est pas soumis au jugement » (Jn. 5, 23-24). En
s'incarnant, le Fils, Image parfaite du Père, concrétise l'amour
de Dieu et des hommes. Il devient modèle absolu.

L'absoluité du modèle qu'est le Christ ne saurait être acceptée en dehors de la foi. C'est seulement pour le croyant que
le Christ devient le modèle de l'adoration en esprit et en vérité
comme il l'est du plus grand amour possible. Il peut l'être car
il est « saint, innocent, immaculé » (Héb. 7, 26), en sorte qu'il
est pure transparence de valeur. Mais cette constatation impose
une réflexion particulière sur l'idée de modèle qui joue un
rôle considérable dans la vie morale. Puisque, selon le principe
général, la grâce respecte les structures naturelles, la réflexion
chrétienne doit s'appuyer sur l'idée de modèle pour rendre
raison des recommandations expresses d'imiter le Christ, contenues dans l'Ecriture. Cette idée, il nous faut donc la préciser.
De plus, nous devrons nous demander si le fait de l'Incarnation
du Fils de Dieu devenu modèle n'introduit pas des éléments
propres en cette notion qu'elle fait passer à une dimension
infinie. L'efficacité du Christ comme modèle ne se confine pas
à l'exemplarisme éthique du héros et du saint. Pour la foi, elle
est d'un ordre tout à fait à part.

Nous sommes redevables à Scheler d'avoir approfondi l'idée
de modèle dans la vie éthique en mettant en valeur son caractère personnaliste [6]. Et, bien qu'il ait élaboré son idée de
modèle sur un mode *a priori*, il est clair qu'il avait surtout en
vue l'idée d'imitation du Christ et des saints: de plus, sa
doctrine suppose l'existence réelle d'un souverain Bien personnel [7]. Rien d'étonnant par conséquent si la doctrine schelérienne, exprimée dans *le Formalisme en éthique*, s'accorde
facilement avec notre perspective.

En réhabilitant l'idée de modèle personnel, Scheler recherchait avant tout un dépassement de la moralité fondée sur une
norme abstraite. On peut penser qu'il négligeait alors quelque
peu le lien dialectique assurant le passage du concret à l'uni-

[6] M. SCHELER, *Le Formalisme en éthique et l'éthique matériale des valeurs*. Trad. M. de Gandillar, Paris, Gallimard, 1955, pp. 571-594; *Le saint, le génie, le héros*. Trad. E. Marmy. Fribourg, Egloff, 1944. Et aussi, I. GOBRY, *Le Modèle en morale*, Paris, P.U.F., 1962; P. ADNÈS, art. *Imitation du Christ*, dans D.Sp. VII, 1587-1597.

[7] Cf. M. DUPUY, *La Philosophie de Max Scheler*, Paris, P.U.F., 1959, t. II, p. 571 et 575.

versel: les modèles ne peuvent-ils être bons ou mauvais? Il faut bien en juger alors selon une norme qui complète l'idée de modèle. Quoi qu'il en soit, l'important est de considérer que le modèle se fonde sur une personne se présentant comme support de valeurs appelant à un devoir-être [8]. Pour l'ordre de la foi, la sainteté absolue du Christ exclut toute déviation possible; en lui se réalise le sens plénier du modèle qui « est la valeur incarnée dans une personne, une figure qui flotte sans cesse devant l'âme de l'individu ou du groupe, si bien que cette âme prend peu à peu ses traits et se transforme en elle, que son être, sa vie, ses actes, consciemment ou non, se règlent sur elle, et que cette âme ... s'approuve ... ou se blâme selon qu'elle est en accord ou en désaccord avec cette image » [9].

La grande différence entre la norme et le modèle dans l'ordre de l'efficience est que la première concerne un simple *faire* alors que le second vise immédiatement un *être*: « Quiconque prend un modèle tend à ressembler ou à *devenir* semblable à son modèle, et, ce faisant, vit-par-expérience-vécue, cette exigence-de-devoir-être » [10]. Les actions prescrites par le Christ dans son message évangélique ne sauraient donc se dissocier de la personne du messager. Il faut même dire que les prescriptions du message n'acquièrent toute leur valeur transformante que dans la mesure où elles apparaissent comme le monnayage des valeurs de sainteté et d'amour incarnées dans le Christ. Le renoncement aux biens, par exemple, ne prend sa signification que dans la relation au Royaume de Dieu auquel le croyant veut participer. On ne se désencombre que pour être davantage.

Différent de la norme par son mode d'efficience, le modèle s'en éloigne aussi par le mode selon lequel il est appréhendé. La norme s'impose à la raison; le modèle, étant une personne, fait appel à un autre type de connaissance. Selon les paroles de Scheler, les actes qui incitent à l'imitation se fondent sur

---

[8] « Le modèle est, en ce qui concerne ses constituants, une structure axiologique appartenant à la forme unitaire de l'unité-de-la-personne, une qualité-de-valeur-déterminée (Sowertigkeit) et structurée, appartenant à la forme-de-la-personne; en ce qui concerne l'exemplarité de ses constituants, le modèle est l'unité d'une exigence de devoir-être fondé sur ces constituants » (M. Scheler, *Le Formalisme*, p. 577).

[9] M. Scheler, *Le saint, le génie, le héros*, p. 53-54, cité par Dupuy, *op. cit.*, p. 558.

[10] M. Scheler, *Le Formalisme en éthique*, p. 572.

« des actes de connaissance-axiologique » (ici connaissance d'autrui), tels que la perception affective, la préférence, l'amour,
la haine »[11]. Certes, il faut, plus que Scheler, reconnaître qu'il
existe un danger d'agir en fonction d'une pulsion affective en
fait désordonnée; et c'est pourquoi les saints ont insisté sur
l'importance d'une vérification raisonnable. Mais on ne saurait
négliger pour autant le dynamisme des motions spirituelles.
Nous retrouvons ici la nécessité d'une purification constante
qui rende l'âme plus docile aux attraits de l'Esprit ainsi que
l'exigence d'un discernement des esprits qui permette de juger
les motions actuelles.

L'expérience spirituelle nous montre que la connaturalité
produite par la transformation de grâce renforce et purifie
sans cesse l'élan vers la sainteté. Alors se vérifie la remarque
de Scheler: « Lorsque nous tendons vers quelque chose et que
nous voulons cette chose, nous ' suivons ' la personne que nous
aimons »[12]. Dans la mesure où la personne du Christ exerce
un attrait plus puissant, elle provoque à l'imitation. Témoigne-
raient en ce sens un saint François d'Assise ou un P. de
Foucauld; mais aussi tant d'autres saints.

Si nous comprenons bien que l'imitation vise d'abord un
plus-être en se référant à un modèle personnel, nous sommes
en mesure de répondre à la difficulté fondamentale que pose
l'idée d'imitation: comment évite-t-on de copier une attitude
extérieure et demeure-t-on fidèle à sa propre vocation pour
construire sa personnalité? La réponse de Scheler est importante: « Nous apprenons ainsi à vouloir et à agir, *à la manière*
dont l'être-modèle veut et agit, non à vouloir et à faire ce qu'il
veut et ce qu'il fait (comme c'est le cas dans la contagion et
l'imitation et aussi, selon une autre modalité, dans l'obéissance).
Comme on l'a vu plus haut, par ' état-d'esprit ', il ne faut pas
entendre seulement le vouloir, mais aussi toute connaissance-
des-valeurs d'ordre éthique, y compris la préférence, l'amour
et la haine, qui sont à la base de tout vouloir et de tout choix. ...
Une conversion-d'état-d'esprit de cet ordre, qu'il ne faut pas
confondre avec une simple modification d'état-d'esprit (Gesinnungsänderung), ne peut résulter d'abord elle-même que d'une

---

[11] *Ibid.*, p. 576.
[12] M. Scheler, *Ibid.*, p. 577. Sur l'imitation du Christ dans la tradition spirituelle, cf. E. Ledeur, art. *Imitation du Christ*, D. Sp. VII,
1562-1587.

conversion de l'orientation-d'amour, et elle ne se réalise que dans un co-aimer avec l'amour de l'exemplaire du modèle »[13]. Il semble que de telles expressions décrivent parfaitement le processus de transformation dans le Christ. On s'attaque d'abord à une conversion de l'esprit, à un renouvellement du jugement; ce n'est qu'ensuite que se découvre l'action particulière à opérer dans le monde: « Il vous faut abandonner votre premier genre de vie et dépouiller le vieil homme, qui va se corrompant au fil des convoitises décevantes, pour vous renouveler par une transformation spirituelle de votre jugement et revêtir l'Homme Nouveau, qui a été créé selon Dieu, dans la justice et la sainteté de la vérité. Dès lors plus de mensonge etc ... » (Eph. 5, 22-25). L'intériorité de la décision morale et l'autonomie de la conscience sont ainsi respectées.

On pourrait même dire que l'objection courante élevée contre l'idée d'imitation du Christ, à savoir que le Christ a agi dans des conditions historiques particulières qui ne peuvent se répéter, se retourne contre elle-même. Elle vaudrait, en effet, s'il s'agissait de reproduire un comportement extérieur; mais dès lors que la conformation au Christ atteint avant tout une manière d'être, la distance historique entre le modèle et l'imitateur réserve à celui-ci une plus grande liberté et lui permet de sauvegarder sa propre singularité. Une fois la valeur perçue efficacement, son effectuation devient l'objet d'un jugement personnel et autonome. Selon un commentateur de Scheler, « c'est à la faveur de la liberté d'application que laisse subsister cette identité d'esprit, voire de méthode, que peut être satisfaite l'exigence adressée à chacun de devenir ce qu'il est, de discerner et d'assumer la tâche qui lui est réservée et que nul ne peut remplir à sa place. Bien compris, le principe du ' modèle ' ne contraint aucunement la personne au sacrifice de son individualité essentielle, ni à l'abandon de son autonomie »[14]. Le chrétien aussi revendique une telle autonomie dans son rapport au Christ.

---

[13] *Ibid.*, pp. 579-580.
[14] M. Dupuy, *La Philosophie de Max Scheler*, II, 569. Cet auteur remarque aussi avec Scheler que l'autonomie n'est pas un solipsisme; elle s'acquiert dans l'insertion sociale et historique: « L'autorité, la tradition et la soumission-au-modèle peuvent lui (à l'individu) servir autant qu'on voudra de médiations dans son cheminement vers le discernement des valeurs elles-mêmes et des relations qu'elles ont entre elles » (M. Scheler, *Le Formalisme*, p. 501, cité en Dupuy, p. 570).

Si nous cherchons à préciser comment, de fait, s'exerce l'autonomie de la conscience lorsqu'elle prend le Christ comme modèle, le mieux est d'essayer de décrire le déroulement d'un exercice de contemplation évangélique. Saint Ignace, dans ses *Exercices spirituels* nous en fournit des exemples. Bornons-nous à celui, extrêmement typique, de la contemplation de la Nativité du Christ. Comment un tel événement peut-il être exemplaire d'attitudes éthiques?

Il convient tout d'abord de considérer « l'histoire », c'est-à-dire l'événement de la Nativité inséré dans le Dessein de salut disposé par Dieu [15]. Y participent des personnes comme Notre Dame et Joseph, ou même César qui a ordonné le recensement. L'événement est exactement situé dans la particularité du temps et de l'espace (n. 112). Mais il est clair que, même si nous nous efforçons de nous rendre présents à la scène par-delà le temps et l'espace (n. 114), nous ne demeurons pas au stade de la manifestation visible. La démarche décisive de la contemplation est de l'ordre intérieur: « Demander ce que je veux. Ici, demander une connaissance intérieure du Seigneur qui, pour moi, s'est fait homme, afin de mieux l'aimer et le suivre (n. 104 repris au n. 113). Il y aura possibilité d'une authentique « imitation » si le retraitant a obtenu par grâce de pénétrer dans le mystère du Christ, s'il en a saisi par conséquent le contenu spirituel et le sens par rapport à l'histoire du salut. Alors l'amour du Christ augmentera; et, grâce à cet amour, le retraitant découvrira comment il doit « suivre » le Christ. Pour découvrir ce mode de suivance et d'imitation, il se mettra en présence de la diversité des aspects de l'événement: des personnes, des paroles, des actions. Un enseignement spirituel se découvrira dans le rapport dialectique qui s'instaure entre la particularité de la scène, sa signification universelle par rapport à la valeur de pauvreté, et la singularité de la personne qui contemple. L'imitation authentique du Christ suppose ces divers éléments [16].

Pour bien saisir ce processus d'assimilation et de confor-

---

[15] IGNACE DE LOYOLA, *Exercices spirituels*, nn. 110-117; trad. Courel. Coll. *Christus*, Paris, DDB, 1960.

[16] On notera l'étroite parenté de cette description avec la doctrine schelérienne: «Scheler parle d'une ' attitude de dévouement ' envers la personne-modèle, elle est l'objet d'une visée intentionnelle d'amour » (M. DUPUY, *op. cit.*, p. 566).

mation dans l'ordre spirituel, il faut tenir compte de la condition concrète du chrétien. Notons simplement que l'exercice contemplatif s'effectue dans un milieu de grâce. Le Christ, en effet, qui se propose comme modèle, est le même qui agit par la communication de sa grâce. A la relation intentionnelle de connaissance et d'amour, est donc présupposée une relation ontologique basée sur la communication de vie et une insertion au Christ actuée par les sacrements. Nous reviendrons quelque peu sur la présence de l'Esprit. Il fallait cependant s'y référer pour éviter tout danger de réduction du spirituel au psychologique, encore que le spirituel suppose les structures psychologiques et éthiques [17].

La démarche essentielle dans l'ordre de la transformation demeure celle de la réaction personnelle devant l'événement du Christ. A la limite, l'inspiration aimante devrait conduire au discernement de l'attitude qu'aurait prise le Christ dans les circonstances où chacun se trouve. Cette règle, appliquée par le P. de Foucauld, caractérise le principe d'imitation [18]. Mais, outre que, souvent, l'union au Christ n'est pas parfaitement dégagée des pulsions désordonnées et des préjugés, elle n'éveille que rarement la capacité d'inventer de nouvelles attitudes. Viennent alors au secours du spirituel les saints qui ont réussi cette imitation du Christ. Ils ont incarné le message dans des temps successifs et des conditions sociologiques diverses. A leur tour, ils se présentent comme des modèles, subordonnés il est vrai, mais se rapprochant davantage des conditions concrètes de qui veut, à son tour, suivre le Christ. Dans la mesure, par conséquent, où l'on discerne chez un saint une proximité plus grande aux exigences ascétiques, aux conditions sociologiques et à la mission que l'on doit remplir dans le monde, on peut recourir à son exemple. Un tel recours ne saurait offusquer l'exemplarité concrète et universelle du Christ, puisqu'il en est une dérivation. Disons avec plus d'exactitude que, dans les saints, c'est le Christ total qui donne l'inspiration: soit par la Tête, soit par les membres les plus éminents [19].

---

[17] Sur ces structures morales et psychologiques, cf. I. GOBRY, *Le Modèle en Morale*, pp. 243-314: la révélation du modèle, l'admiration pour le modèle; l'adhésion au modèle.

[18] Cf. *D. Sp.* art. *Imitation du Christ*, VII, 1584-1587.

[19] Sur ce point, cf. I. GOBRY, *Le Modèle en Morale*, pp. 207-238.

Un cas privilégié de cette imitation des saints demeure celui du père qui a engendré des fils spirituels à la vie évangélique. Paul en est le chef de file. Comme le remarque en effet le P. Spicq, ce n'est pas seulement parce que Paul est imitateur du Christ qu'il se propose à l'imitation de ses chrétiens (I Cor. 10, 32-11, 1), mais en tant que père de la communauté: « Ce n'est pas pour vous confondre que j'écris cela, c'est pour vous reprendre comme mes enfants bien-aimés. Auriez-vous en effet des milliers de pédagogues dans le Christ, que vous n'avez pas plusieurs pères; car c'est moi qui, par l'Evangile, vous ai engendrés dans le Christ-Jésus. Je vous en conjure, montrez-vous mes imitateurs » (I Cor. 4, 14-16). L'imitation à laquelle se réfère Paul contient de nombreux aspects; l'application à lui-même du mot « typos » suggère qu'il s'agit moins d'une inspiration intérieure, pour laquelle on se réfère au Christ, que d'attitudes en même temps éthiques, cultuelles et disciplinaires. Paul continue à « former » ses enfants. De même, dans l'histoire de l'Eglise, sont apparus des maîtres spirituels qui, vivant authentiquement et profondément l'Evangile du Christ dans des conditions sociologiques déterminées, ont défini un « type » de spiritualité, une certaine manière d'assurer la suivance et l'imitation du Christ [20].

§ 2 — Le contenu de la conformation

La doctrine de saint Paul, corroborée par la tradition spirituelle, montre clairement que la conformation au Christ est complexe: imitation éthique, participation sacramentelle, coopération à sa mission, ou même, selon Bérulle, assimilation aux « états » du Christ comme son Sacerdoce ou son Incarnation. Mais la réflexion théologique peine à discerner entre ces différents éléments une articulation logique. Quant à l'expérience spirituelle, elle présente des perceptions différentes de cet unique mystère de vie [21] et elle induirait plutôt à privilégier un aspect au détriment des autres. Essayons ici, recueillant le fruit de notre étude, de donner une clé d'interprétation.

---

[20] Sur saint Paul, cf. C. Spicq, *Théologie morale du Nouveau Testament*, II, 720-730; et *D. Sp.* art. *Imitation du Christ*, VII, 1548-1555.

[21] La structure de la connaissance spirituelle est analogue à celle de la perception psychologique saisissant des « formes ». Cf. Ch. A. Bernard, *Le projet spirituel*, Rome, éd. grég. 1970, 176-191.

La conformation éthique

Si nous commençons par le plus manifeste, nous considérerons le Christ comme modèle éthique. Selon une parole de
saint Augustin: « Toute sa vie terrestre a été, pour l'homme
qu'il a daigné assumer, un enseignement moral — *disciplina mo-
rum* » [22]. La tradition chrétienne concorde sur ce point et mul-
tiplie les points de vue sous lesquels on peut contempler le
Christ: pauvre, patient, chaste, miséricordieux, « doux et humble
de cœur » etc ...

Cette multiplicité même pose des questions. Ce Jésus qui,
comme un agneau qu'on mène à la boucherie, n'a pas ouvert
la bouche, est aussi celui qui a chassé les vendeurs du Temple
ou vertement tancé Pierre: quel comportement imiter? D'autre
part, si nous imitons nécessairement l'amour du Christ, en
quoi cela se distingue-t-il de l'imitation de l'amour du Père?

La réponse à la première question ramène à l'analyse que
nous avons proposée: imiter le Christ ne signifie jamais décal-
quer un comportement, mais suppose une pénétration dans le
sens spirituel de l'action. Il convient donc avant tout de se
mettre en harmonie intérieure avec le Christ pour ensuite
trouver la juste réaction. Et il est clair que si la sainteté du
Christ donnait à toutes ses actions une signification parfaite,
nous ne pouvons que demeurer extrêmement prudents lorsque
nos attitudes peuvent favoriser en nous des réactions d'agressivité et de sensualité: qui pourrait se promettre de ne pas
dévier dans son action, bien au-delà d'un risque inévitable?
La lucidité sur soi est gage d'authenticité.

Si nous nous en tenons maintenant à l'attitude fondamentale d'amour bienveillant, nous devons remarquer qu'en tant
que Verbe de Dieu, « lumière née de la lumière », le Christ se
propose à l'imitation conjointement au Père. Comme le Père,
il est sagesse, pure transparence, fécondité de vie, amour qui
se répand. A ce niveau, aucune différence n'est perceptible.

Mais le mystère de l'Incarnation a pour fin de révéler
l'amour du Père. Pour nous, le Christ concrétise le véritable
amour qui est amour se donnant dans le service humble.

Saint Jean a insisté sur le commandement nouveau:

---

22 S. AUGUSTIN, *De vera religione*, XVI, 32, cité par I. GOBRY, *op. cit.*,
p. 198.

« Aimez-vous les uns les autres comme moi je vous ai aimés »
(Jn. 15, 12) et cet amour du Christ était le reflet de l'amour
du Père: « Comme le Père m'a aimé, moi je vous ai aimés »
(Jn. 15, 9). L'aspect le plus remarquable de cet amour est de
se livrer totalement: « Personne n'a un plus grand amour que
de donner sa vie pour ceux qu'il aime » (Jn. 15, 13). Le Christ
a donné sa vie totalement non seulement en ce sens qu'il l'a
offerte sur la Croix une fois pour toutes, mais aussi parce qu'il
n'a existé que pour nous. Tout entier passé dans sa mission,
qui était accomplissement de la volonté d'amour sauveur du
Père, il a vécu non pour soi, mais pour les hommes. Il a aimé
les pauvres, les malades, les faibles, les pécheurs; il leur a
annoncé la Bonne Nouvelle. Et cet amour s'est étendu à chacun
d'entre nous: « Le Christ, dit saint Paul, m'a aimé et s'est
livré pour moi » (Gal. 2, 20). Bénéficiaire du salut, chacun doit
à son tour donner sa vie pour les autres: non pas jouir des
choses pour soi, mais passer de plus en plus totalement vers
les autres.

Cette volonté de donation rejoint le coeur du mystère du
Serviteur de Jahvé: « Lui, de condition divine, ne retint pas
jalousement le rang qui l'égalait à Dieu. Mais il s'anéantit
lui-même, prenant condition d'esclave et devenant semblable
aux hommes » (Ph. 2, 6-7). L'amour est sorti de soi; il s'est
abaissé. Ainsi l'amour qui est en Dieu, qui est Dieu, nous
invite-t-il à sortir de nous-mêmes, à nous vider de toute suffisance, à nous séparer de nos biens, à aller vers les autres.
Tel est l'amour concret que nous avons décrit comme principe
infini de communion. Toute vie chrétienne en doit être la
manifestation.

De l'imitation du service par amour, la suivance du Christ
dans la vie consacrée constitue un aspect privilégié. A la suite
des Apôtres qui avaient tout laissé pour se mettre à l'école du
Christ et coopérer à sa mission, celui qui se consacre veut
reproduire, jusque dans son mode de vie extérieur, sa volonté
de don total. Non seulement il se propose une imitation sans
réserve du Christ par la recherche d'une pleine vie évangélique, mais il veut mobiliser toutes ses forces pour atteindre
un tel but. En vivant sa donation totale en fonction des voeux
de pauvreté, chasteté et obéissance, il se déclare et se rend
pleinement disponible au service de Dieu et à la manifestation
de l'amour universel. Par là, il devient un signe dans et pour

l'Eglise. On voit donc en quel sens la vie consacrée apparaît privilégiée dans l'ordre de l'imitation du Christ: non qu'elle lui confère un autre contenu éthique — chacun doit s'appliquer la parole de Paul: « Pour moi, vivre, c'est le Christ » — mais elle en constitue une modalité propre: la relation interpersonnelle nouée avec le Christ et sanctionnée par l'Eglise se définit selon une certaine structure de vie, un « type » de vie au sens paulinien, caractérisé par un triple renoncement signifiant et opérant une disponibilité totale.

Conformation religieuse.

Si sensibilisés que nous soyons au sens éthique du mystère du Christ, il convient cependant de ne pas oublier de le mettre en relation avec une autre dimension de ce mystère: la dimension proprement religieuse grâce à laquelle l'imitation dépasse la référence au maître de morale et devient participation à la condition du Verbe incarné.

Il ne saurait être question de décrire tous les traits de cette participation. Il suffira de mettre en relief l'un ou l'autre aspect vécu davantage par les spirituels. Ainsi, en débouchant au plan plus profond de la conformation intérieure, s'élargira la perspective de l'imitation du Christ.

L'Ecole française, en particulier, a insisté sur la conformité aux états du Christ. Et ce qui frappe, à la lecture de Bérulle par exemple, est l'amplitude de cette spiritualité qui s'appuie sur la participation au mystère du Verbe incarné. Pour lui, les différents mystères de la vie du Christ possédaient une vertu spirituelle qui demeure éternellement et peut devenir le principe d'une transformation du chrétien. Citons de lui un passage peu connu et très riche: « Il faut peser la perpétuité de ces mystères en une certaine sorte: car ils sont passés en certaines circonstances et ils durent et sont présents et perpétuels en certaine autre manière. Ils sont passés quant à l'exécution, mais ils sont présents quant à leur vertu et leur vertu ne passe jamais, ni l'amour ne passera jamais avec lequel ils ont été accomplis... Cela nous oblige à traiter les choses et mystères de Jésus non comme choses passées et éteintes, mais comme choses vives et présentes, et même éternelles, dont nous avons aussi à recueillir un fruit

présent et éternel »²³. Si nous savons y reconnaître l'amour
dont ils procédaient, recueillir le rayonnement de leur « vertu »
et nous en approprier le mérite, les mystères deviennent vi-
vants pour nous et l'application spirituelle que nous en faisons
nous transforme dans le Christ.

De l'actuation en nous des mystères du Christ, la participation liturgique demeure le moyen par excellence. Cela ne
saurait nous étonner: la doctrine classique de notre participation au sacerdoce du Christ nous assure que nous entrons
en contact vivifiant avec ces mystères: « Par le bain du baptême, en effet, les chrétiens deviennent à titre commun membres
dans le Corps du Christ-prêtre et par le ' caractère ' qui est en
quelque sorte gravé dans leur âme, ils sont délégués au culte
divin: ils ont donc part eux aussi au sacerdoce du Christ
lui-même »²⁴. En participant à la liturgie de la Parole et à la
liturgie eucharistique, les chrétiens contemplent les mystères;
mieux encore, ils s'en incorporent la force vivifiante par le
contact qu'ils établissent avec le Christ ressuscité.

Car le Christ ressuscité peut être considéré comme un
instrument de l'action divine sur l'humanité. C'était déjà la
doctrine de saint Thomas. Reprenons-la avec les termes de
Bérulle qui s'en inspire directement: « Si nous regardons son
humanité, elle est encore vie et source de vie, en une certaine
manière propre à elle, émanée et dépendante du mystère de
l'Incarnation, qui unit les deux natures divine et humaine en
unité de personne, et rend cette nature vivante et vivifiante,
par l'esprit de la divinité qui repose et réside en elle comme
vie primitive; qui la rend vie, et source de vie, en une manière
subalterne et dérivée d'elle. Et saint Thomas veut que non
seulement cette nature, mais la passion qui n'est qu'un accident
de cette nature, pour parler selon l'Ecole, soit non seulement
cause méritoire, mais même cause effective de vie »²⁵. Toute
conformation intérieure, par conséquent, dérive d'une action
du Christ et cette action peut se particulariser selon la diversité de ses mystères et l'application que nous en faisons à
nous-mêmes par la contemplation et la participation liturgique.

----

²³ Bérulle, *Oeuvres de piété* dans *Oeuvres complètes*, éd. Montsoult,
t. I, pp. 1052-1053 cité dans Guillen, « *Etat* » *chez le Cardinal de Bérulle*,
thèse de l'Université Grégorienne, p. 332-333.
²⁴ Pie XII, Enc. *Mediator Dei*, dans Dumeige, *La foi catholique*, n. 914,
p. 486.
²⁵ Bérulle, *Opuscules de piété*, XXX, cité dans Guillen, *op. cit.*,
p. 340.

Comment, dans ces conditions, pourrait-il être question d'établir, de ces états du Christ et des dispositions intérieures qui y correspondent, un tableau exhaustif? Il vaut beaucoup mieux considérer que chacun, selon sa vocation personnelle et l'attrait actuel de la grâce est porté à reproduire tel ou tel état intérieur, se conformant ainsi au Christ glorieux. C'est pourquoi Bérulle recommande à l'un de ses dirigés de se maintenir disponible à l'action transformante du Christ: « Donnez-vous tout à l'esprit de Jésus, et à cet esprit de Jésus, opérant et comme imprimant lui-même dans ses âmes une image vive et parfaite de ses états et de ses conditions sur la terre. Il y est inconnu, abaissé, et humilié; il y est captif, pâtissant et dépendant, et il sait bien par l'efficace de son esprit, opérer en nous un état de vie humiliée et inconnue à nous-mêmes, de vie souffrante et assujettie, de vie captive et dépendante, et ainsi honorer ses états dans les états où il lui plaît de nous réduire, et s'honorer lui-même dedans nous-mêmes. Ouvrez votre âme à ses opérations et l'abandonnez toute à ses intentions, et jugeant vos propres actions trop peu de chose pour l'honorer, exposez-vous à la puissance et efficace de son esprit, afin qu'il daigne vous disposer à l'honorer par ses influences et opérations ... (car) il lui plaît imprimer dans les âmes ses états et ses effets, ses mystères et ses souffrances, et un jour il lui plaira imprimer en nous ses grandeurs et sa gloire » [26].

Il s'agit donc de reproduire en sa vie la forme du Serviteur maintenant glorifié. Non pas seulement son comportement sans défaut, mais la forme intérieure dont procédaient les paroles et les actions. En d'autres termes, la vie terrestre du Serviteur ne faisait que concrétiser l'amour qui se donne. Multiples en sont les aspects: ils dépendent aussi bien des états successifs de la croissance humaine que des diverses circonstances de sa vie non moins que de l'état fondamental de Verbe incarné se manifestant dans les dispositions intérieures d'humilité et de dépouillement. Bérulle insiste tout particulièrement sur les fonctions sacerdotales d'adoration, d'offrande et de consécration personnelle.

Le Christ, en se consacrant soi-même et à travers soi, l'humanité entière, centre de l'Univers, parvient à son état glorieux.

---

[26] BÉRULLE, *Oeuvres de piété*, LXXVIII, cité dans GUILLEN, *op. cit.*, p. 362.

Désormais il demeure le foyer d'où rayonne toute énergie spirituelle. Par son union au Christ, le chrétien entre à son tour
dans ce rayonnement et devient foyer secondaire de rassemblement et de transformation.

La conformation au Christ dérive donc de la participation
au mystère pascal. Les deux moments de mort et de résurrection coexistent toujours. A la conscience spirituelle, cependant,
ils ne se présentent pas constamment avec la même intensité.
Tantôt prédomine l'abaissement et la kénose du Serviteur;
tantôt sa glorification et sa vivifiante présence. On reconnaîtra
à cette ambivalence l'authenticité de la conformation au Christ:
« Le connaître, Lui, avec la puissance de sa résurrection et
la communion à ses souffrances, lui devenir conforme dans
la mort, afin de parvenir si possible à ressusciter d'entre les
morts » (Ph. 3, 10-11).

La participation à la mission

Si l'attitude contemplative privilégie la participation aux
états du Christ, les spiritualités apostoliques accentuent l'aspect
de prolongement de sa mission. La vocation personnelle, outre
la figure de sainteté qu'elle implique, rejoint la dynamique
spirituelle de la récapitulation de toutes choses dans le Christ;
chacun cherche à quelle place et comment, concrètement, il
doit y coopérer; il répond à l'appel du Christ que saint Ignace
présente au centre de ses *Exercices spirituels*.

Ce faisant, il communique de nouveau à la forme du Serviteur sous son aspect dynamique; il fait siens les sentiments
et les activités du Christ.

Participant à la mission apostolique, le chrétien devient,
selon les paroles de Paul, le « coopérateur de Dieu ». Il en est
l'instrument. Mais le Christ lui-même montre que l'apostolat
constitue une collaboration fondée sur une communication de
connaissance et de vie: « Je ne vous appelle plus esclaves car
l'esclave ignore ce que fait son maître; je vous appelle amis,
car tout ce que j'ai appris de mon Père, je vous l'ai fait
connaître » (Jn. 15, 15). L'apôtre prolonge donc consciemment
l'action salvatrice du Serviteur de Jahvé dont la mission était
universelle (Is. 49, 8).

Une telle activité apostolique s'insère dans la vie ecclésiale.
Paul a eu conscience de la complémentarité dynamique du

Christ et de l'Eglise, de la Tête et du Corps. En un passage remarquable, il écrit: « En ce moment, je trouve ma joie dans les souffrances que j'endure pour vous et je complète en ma chair ce qui manque aux épreuves du Christ pour son Corps qui est l'Eglise » (Col. 1, 24). Il s'agit bien ici d'une participation à la vie rédemptrice du Christ en fonction de l'apostolat. Le mystère va au-delà par conséquent d'une répercussion du message qu'il s'agit cependant de proclamer au monde entier; il regarde une conformation intérieure à l'activité et à la conscience rédemptrice du Christ vécue en tant que membre actif de la communauté ecclésiale. Le Christ, ajoute saint Paul, « agit en moi avec puissance » (Col. 1, 29). Une circulation d'énergie spirituelle s'établit entre le Christ, l'apôtre et la communauté qu'il faut construire. Une même richesse se communique.

Diverses sont les instances de la mission apostolique. La plus pleine est la mission évangélisatrice appuyée sur l'activité sacerdotale. Dans ce cas, en effet, à la diffusion du message s'ajoute la communication de vie assurée par l'activité sacramentelle. Le sacrement étant un acte du Christ opéré au moyen du prêtre qui en est l'instrument privilégié, produit la participation à la vie du Christ; celle-ci s'épanouit en conformation spirituelle. Instrument vivant, le prêtre est invité à s'identifier au Souverain Prêtre agissant en lui et à se configurer toujours plus radicalement au sacerdoce du Christ. Par ailleurs, en continuité avec cette ligne sacerdotale, on pourrait considérer avec saint Paul (cf. Rom. 1, 9; 15, 15-16; Ph. 2, 17; II Tim. 4, 6) que l'annonce du message appartient au domaine cultuel. De toute façon, elle porte le messager à se pénétrer toujours plus pleinement du sens de Dieu et de son Dessein sauveur, à orienter sa vie selon les valeurs évangéliques qu'il annonce, à s'unir au Christ glorieux. Quant aux autres modes de la vie chrétienne, ils participent tous de quelque manière à l'évangélisation. Entendons par ce mot toute action qui tend à incarner davantage les valeurs évangéliques dans les différents milieux sociaux: familial, professionnel, politique. Une même exigence se fait jour: on participe à la mission salvatrice et récapitulatrice du Christ en se conformant à lui. Alors s'accomplit la vocation personnelle.

§ 3 — Presence de l'Esprit

A tous les niveaux où s'effectue la conformation au Christ, nous pouvons déceler la présence active de l'Esprit. Bien plus, seule cette présence opérante rend compte de la possibilité de la conformation spirituelle, celle qui, non contente de respecter la personnalité, la suscite et la perfectionne. Pour cela, est requise une intériorité absolue, propre à l'Esprit-Saint.

Partons de la détermination la plus extérieure. Depuis le commencement, quand le souffle de Dieu planait sur les eaux, jusqu'à la consommation finale où l'Esprit de sainteté agit avec puissance pour la résurrection (cf. Rom. 1, 4), l'Esprit dispose tout en vue de l'accomplissement. Il a suscité les prophètes et, finalement, s'est reposé sur Jésus pour être communiqué à l'Eglise. Tout ce qui est don de Dieu nous parvient par son Esprit qui est intérieur à tout. La doctrine de saint Paul est décisive: « Ce dont nous parlons au contraire, c'est d'une sagesse de Dieu mystérieuse, demeurée cachée, celle que dès avant les siècles Dieu a par avance destinée pour notre gloire. Car c'est à nous que Dieu l'a révélé par son Esprit; l'Esprit en effet scrute tout, jusqu'aux profondeurs divines. Qui donc chez les hommes connaît les secrets de l'homme, sinon l'esprit de l'homme qui est en lui? De même nul ne connaît les secrets de Dieu, sinon l'Esprit de Dieu » (I Cor. 2, 7. 10-12). La connaissance que possède l'Esprit suppose qu'il intervient dans l'acte même de la création et de la communication dont la source première est le Père.

En recherchant par conséquent comment il peut concourir à la réalisation du Dessein de Dieu, le chrétien s'efforce de discerner la motion de l'Esprit pour en inspirer son action. Tel est le sens profond de l'idée de charisme personnel, point de jonction de la vocation personnelle et de la mission dans l'Eglise: « Il y a, certes, diversité de dons spirituels, mais c'est le même Esprit; diversité de ministères, mais c'est le même Seigneur; diversité d'opérations, mais c'est le même Dieu qui opère tout en tous. A chacun la manifestation de l'Esprit est donnée en vue du bien commun. A l'un, c'est une parole de sagesse qui est donnée par l'Esprit; à tel autre une parole de science, selon ce même Esprit; à un autre la foi, dans ce même Esprit; à tel autre, le don de guérir, dans cet unique Esprit; à tel autre la puissance d'opérer des miracles; à tel autre la prophétie; à tel autre le discernement des esprits; à un autre les diversités de langues, à tel autre le don de les interpréter. Mais tout cela, c'est le seul et même Esprit qui l'opère, distribuant ses dons à chacun en particulier, comme il l'entend » (I Cor. 12, 4-11). En se référant constamment au Christ d'où il tire l'impulsion apostolique et la forme spirituelle qui y correspond, le chrétien se place sous la mouvance de l'Esprit.

Concrètement, la recherche de la vocation et de la mission s'effectuera dans une confrontation avec le Message de salut. Et, là encore, l'Esprit est présent.

Pour saisir cette vérité théologique, il faut donner à l'idée centrale d'inspiration de l'Ecriture toute son extension et toute sa profondeur. L'inspiration se réfère à l'action de l'Esprit tout au long du déroulement des alliances. C'est parce que l'Esprit suscitait les événements salvifiques et les rapportait au moyen de la parole prophétique que l'Ecriture en conserve et en manifeste la substance spirituelle: au sens hébreu, la parole avant de signifier le mot qui résonne, se réfère à la réalité qui vient de Dieu. En se faisant garant du recueil et de la transmission du message, l'Esprit continue son action créatrice et salvatrice. Le message est donc coextensif à l'histoire du salut. De plus, il demeure vivant. Car l'assistance de l'Esprit ne s'est pas bornée à garantir l'authenticité des récits et de la doctrine, elle opère dans l'Eglise et dans le chrétien pour que la parole suscite l'adhésion de foi et d'amour. La parole sans efficacité spirituelle refléterait-elle plus qu'une idéologie édifiée par une sagesse humaine?

Le dépassement de l'idéologie trouve un autre fondement dans la conscience spirituelle du croyant. Celui-ci n'exerce pas seulement son intelligence et sa volonté sur un donné scripturaire dont il veut inspirer son action; il vit d'une vie divine grâce au contact constant qu'il établit avec Dieu par la médiation des sacrements. Communiquant ainsi à l'humanité vivifiante du Christ, il en reçoit lumière et force qui le rendent capable d'accéder à la substance spirituelle. Par là, il s'insère toujours plus profondément dans l'organisme ecclésial dont l'Esprit-Saint vivifie l'activité liturgique et sacramentelle. Finalement, c'est encore d'une manière plus immédiate que l'Esprit-Saint établit un contact avec la conscience spirituelle du croyant: à travers une succession d'inspirations et de motions, un mystérieux contact interpersonnel suscite un échange. Il appartiendra au discernement des esprits d'interpréter le sens de ces motions spirituelles pour qu'apparaisse la volonté de l'Esprit.

En ce sens, la conscience spirituelle ne saurait se vouloir complètement isolée puisque si, d'une part, elle est l'objet d'une attention directe de l'Esprit, elle doit se référer d'autre part à une Révélation objective et à une communion ecclésiale.

Peut-on s'étonner qu'une situation aussi complexe soit souvent soumise à des tentatives de simplification? Les uns ne voudraient retenir que l'action intime de l'Esprit; les autres réduiraient la foi à une conviction de type philosophique ou à une influence sociologique. En réalité, la perception spirituelle se trouve au point de rencontre d'un milieu objectif simultanément ecclésial et scripturaire et d'une conscience sans cesse vivifiée de l'intérieur. Il faut voir dans l'Eglise et dans l'Ecriture deux aspects du mystère fondamental de l'Incarnation; ils en sont des prolongements et, comme tels, participent aux mêmes aléas d'une insertion dans le monde de l'histoire. Mais, tout comme l'Esprit est présent en plénitude dans l'humanité du Christ, il est efficacement présent dans l'Ecriture et dans l'Eglise. Un et indivisible, son infinitude ne souffre pas des limites humaines et temporelles.

Au terme du processus spirituel, la décision éthique se réfère plus continûment au désir de l'Esprit connu à travers la méditation de l'Ecriture et l'interprétation des signes du temps. Elle n'ignore pas la Loi qui sert de pédagogue pour aider l'homme spirituel à discerner l'exigence de sainteté divine; mais elle s'appuie maintenant sur l'Esprit pour en suivre les motions. En celles-ci, se retrouvent les déterminations de la Loi qui sont le monnayage de la charité. Elle les accepte, mais va bien au-delà, vers le service de Dieu dans l'Eglise pour le monde.

La recherche attentive de l'accomplissement des désirs de l'Esprit conduit l'âme à une transformation profonde. Si l'on voulait préciser dans une expression l'état final de l'âme transformée, on pourrait recourir à celle de saint Ignace dans ses *Constitutions*: l'âme agit par l'onction de l'Esprit. C'est ainsi qu'il oriente ses étudiants vers l'action vraiment spirituelle: « D'une façon générale, il faut être instruit de la façon dont doit se conduire un sujet de la Compagnie, qui, dans des endroits si divers, est en relation avec des gens si différents, en prévoyant les difficultés qui peuvent se rencontrer et les avantages que l'on peut saisir pour un plus grand service divin, et en utilisant des moyens variés. Cela ne peut nous être enseigné que par l'onction du Saint Esprit et par la prudence que Dieu notre Seigneur communique à ceux qui ont confiance en sa divine Majesté; mais on peut au moins ouvrir la voie par quelques conseils qui aident et disposent à ce que doit produire la grâce divine » [27]. On notera ici l'insistance de saint Ignace sur le fait que seule l'onction de l'Esprit est maîtresse d'action.

Tous les auteurs spirituels sont d'accord pour affirmer que la prière contemplative assidue accompagne habituellement cet état spirituel. Nous connaissons la raison profonde de cette relation réciproque: la conduite spirituelle naît dans la confrontation entre les motions intérieures et le message du salut. Il faut donc appliquer l'esprit et le coeur au contenu du message pour purifier et orienter les véritables motions spirituelles comme aussi à en découvrir de nouvelles. Celles-ci naissent de la communion à Dieu; elles en sont la plus sûre manifestation.

---

[27] IGNACE DE LOYOLA, *Constitutions de la Compagnie de Jésus*, IV, 8, 8. Trad. Courel, Paris, DDB, 1967, p. 134.

CONCLUSION GENERALE

En confrontant l'engagement moral du chrétien avec la dynamique de sa vie spirituelle, nous avons vu apparaître des couples de tension: le premier regarde la relation si originale entre le message et le messager: le messager, en effet, ne se contente pas de publier son message; il lui imprime une énergie spirituelle et, grâce à la communication d'une vie proprement divine, il établit les conditions ontologiques de son application par le croyant. Le second couple de tension s'appuie davantage sur la structure du sujet moral lui-même: celui-ci non seulement jouit d'une certaine autonomie pour déterminer l'ordre de son action, mais il se situe dans un ordre surnaturel. Sa conduite rationnelle autonome apparaît surtout dans son activité socio-politique.

Face à cette situation du sujet éthique, on ne saurait se contenter de définir un équilibre entre les pôles de tension. Si un tel équilibre est encore concevable en ce qui concerne l'autonomie rationnelle et l'élan spirituel, il ne saurait trouver place entre la considération du message et l'adhésion au messager. Toutes deux croissent du même pas et dépendent précisément du progrès spirituel dont la vie chrétienne porte l'exigence et que rend consciente la décision spirituelle.

Nous allons donc essayer, en conclusion, de dessiner les composantes de la vie éthique chrétienne. Si les structures en sont plus clairement apparues dans la seconde partie de notre étude, il sera plus utile, en terminant, d'en dégager plutôt la dynamique profonde. En fait, et ce résultat est assez remarquable, la dynamique de la vie morale se dessine en fonction de la croissance de la vie théologale et rejoint la vie même de Dieu qui se déploie dans le mystère trinitaire.

La vie théologale.

La vie morale chrétienne se situe bien évidemment dans l'ordre de la foi. Celle-ci se définit d'abord par une conception propre de la situation objective de l'homme dans le monde et l'histoire. Déjà, du fait de la création de ce monde par un Dieu personnel et libre, l'homme reconnaît sa condition créaturelle et se trouve amené non seulement à rechercher les structures objectives de sa praxis en un monde qu'il reçoit, mais aussi à s'établir avec Dieu dans une relation personnelle: la sphère du sacré se propose à l'horizon de son activité éthique. De plus, Dieu agit dans le monde en nouant des alliances historiques avec l'humanité pour les résumer toutes en l'Incarnation de son Fils. Dès lors, toute la vie pratique s'inscrit dans une histoire sainte. Le problème éthique fondamental ne sera plus tellement, comme dans les doctrines morales anciennes, de découvrir les attitudes qui permettent la meilleure insertion dans le monde naturel et social, mais de rechercher en outre comment chacun peut participer selon sa vocation personnelle à l'accomplissement de l'histoire de l'humanité dans le Dessein de Dieu.

A l'effort pour l'effectuation des valeurs, s'ajoute donc une conversion vers Dieu, et plus précisément, vers le Christ. Car le Christ ne vient pas uniquement proposer un système de valeurs, en continuité d'ailleurs avec la Loi ancienne; il se présente lui-même comme centre de tout. Il est la manifestation de l'amour du Père, valeur suprême à laquelle toutes se rapportent; il est le centre de l'histoire en même temps qu'il en est le principe et la fin; il est celui qui communique la force et la lumière pour progresser dans l'accomplissement éthique. On ne peut vivre la morale chrétienne sans une référence vitale constante au Christ vivant en qui toute Révélation et toute communication trouvent achèvement.

Etant centre vivant, le Christ fait fonction de modèle absolu. Scheler a insisté sur le fait que la vie morale a besoin d'un modèle pour orienter la réalisation personnelle dans la recherche et l'effectuation du Bien. Il rejoignait ainsi et codifiait philosophiquement la persuasion fondamentale de la praxis chrétienne qui ne conçoit pas la vie morale sans la référence explicite au Christ. Toute la tradition spirituelle met en oeuvre cette conviction intime. Les saints ne sont parvenus à l'héroïsme des vertus qu'en s'appuyant continuellement sur l'union au Christ au moyen de la prière contemplative et de la participation sacramentelle. En elles, ils puisaient à la source même de l'amour, leur effort ne s'orientait pas tellement vers une reproduction impossible d'attitudes concrètes vécues par le Christ, mais plutôt vers une union toujours plus profonde à l'esprit du Verbe incarné. Avec saint Paul, ils découvrent que la charité est la plénitude de la Loi; avec saint Pierre, ils mettent leurs pas dans les pas du Christ pour manifester à leur tour l'amour qui se donne au service des frères.

En permettant au Christ de renouveler en eux son mystère d'amour rédempteur, ils deviennent capables d'accomplir authentiquement la mission personnelle que Dieu a assignée à chacun et, simultanément, de dessiner la figure de sainteté voulue par Dieu. Il ne saurait donc y avoir une quelconque opposition entre la recherche de la réalisation personnelle, qui est l'horizon de la vie éthique, l'effectuation des valeurs qui en est le moyen, et l'imitation du Christ qui en constitue le milieu spirituel. « Il nous a élus en lui, dès avant la création du monde, pour être saints et immaculés en sa présence dans l'amour, déterminant d'avance que nous serions pour Lui des fils adoptifs par Jésus-Christ » (Eph. 1, 4-5). L'effort éthique tendu vers l'acquisition des vertus se déploie en deux directions complémentaires: d'une part, il forme les dispositions de sainteté du sujet, d'autre part il lui permet d'agir plus consciemment et plus efficacement dans le monde. Par leur caractère spirituel, ces attitudes vertueuses s'accompagnent d'une certaine perception de Dieu qu'elles supposent et qu'elles contribuent à renforcer.

Ce recours continu au fondement religieux de la vie éthique, dont l'imitation du Christ est le rappel constant, sauvegarde-t-il pleinement, cependant, l'exercice autonome de la conscience morale? A cette instance légitime de la pensée moderne, l'étude que nous avons faite permet de répondre de manière satisfaisante.

Lorsque nous disons que le Christ récapitule tout le Mystère, nous incluons en l'idée de récapitulation tout l'ordre naturel et le développement historique. Certes, on ne saurait dire sans plus que le monde de l'histoire se confond avec l'avénement du Royaume, mais, d'une manière qu'il est impossible de cerner avec exactitude, il s'y intègre. On ne saurait juxtaposer le dynamisme d'une histoire qui se construit au Royaume qui vient: leur relation doit être organique. En fait, les principes mêmes de cette histoire se réfèrent à l'acte créateur et Dieu leur donne existence actuelle dans une création

continuée; l'homme vient de Dieu comme le monde qu'il transforme. De plus, à travers l'action de l'Esprit et la coopération
de l'Eglise, le Christ agit dans le monde pour l'orienter vers
sa fin. Lorsque tout sera consommé, il remettra le Royaume
à son Père, récapitulant en lui toute chose.

S'il y avait parfaite homogénéité entre la fin et les processus de l'histoire, il serait sans doute possible de déduire une
politique théologique. Mais la discontinuité permet à l'homme
de retrouver son autonomie. C'est lui qui doit rechercher à
quelles conditions réaliser le développement de l'humanité sous
son aspect matériel, social et culturel. Il est alors renvoyé à
ses propres options. La considération de la fin lui donne élan
et assurance; l'espérance qu'il vit ne réduit pas son autonomie
ni sa créativité.

Pour le chrétien, l'autonomie est d'autant mieux assurée
que le Christ, en sa vie terrestre, n'a pas voulu prendre part
directement aux processus sociaux et politiques. Il s'est présenté comme le Rédempteur et le fondateur d'un Royaume qui
n'est pas de ce monde. Il n'est donc pas modèle immédiat
d'un comportement socio-politique. Son influence est d'un autre
ordre. Elle consiste essentiellement à jeter dans le monde le
principe de toute vie éthique: l'amour universel à promouvoir.
En déclarant que les hommes s'identifient en quelque sorte à
lui-même, le Christ allume un feu qui ne s'éteindra pas.

C'est en cet aspect précis de l'amour universel qu'il faut
voir le centre de tout l'effort éthique chrétien. C'est en tant
que l'Amour divin se manifeste et se donne sous la figure du
Serviteur qu'il devient la cause exemplaire de toute notre praxis.

Comme cet amour inspirait tous les actes de la vie du
Christ, ainsi doit-il tendre à informer tout l'agir. Qui pourrait
limiter ce dynamisme? Partant d'une conversion radicale qui
tourne l'homme vers Dieu en le détournant de ses pulsions
sensuelles et égoïstes, l'amour devient lumière pour l'action
et s'achève dans une communion qui se veut toujours plus
intime. Le signe de cette communion parfaite sera la conformation aux sentiments du Christ qui l'ont poussé à l'humiliation et au don de la vie, non moins qu'une participation toujours plus intime et souvent plus consciente à ses divers états;
finalement, la communion devient le moteur de la coopération
à l'oeuvre du Christ. En concevant la charité comme la forme
de toutes les vertus, on traduit en un langage scolastique ce

primat absolu de l'amour dans la formation du sujet moral
et comme norme de son action.

La vie trinitaire.

Informant toutes les vertus, la charité constitue le milieu
premier de la vie éthique surnaturelle. Or, la charité « a été
répandue dans nos coeurs par l'Esprit-Saint qui nous a été
donné » (Rom. 5, 5); ou encore, selon une expression de saint
Thomas, elle est une participation de l'Esprit-Saint en personne. Dire, par conséquent, que la charité est le principe vital
de l'activité éthique, c'est dire équivalemment que le Saint-
Esprit en est l'inspirateur: « Tous ceux qu'anime l'Esprit de
Dieu sont fils de Dieu » (Rom. 8, 14). La vie morale chrétienne
est une vie dans l'Esprit, non seulement en ce sens qu'elle
s'oppose à la vie charnelle du monde de péché, mais positivement parce que l'Esprit agit en nous, plus intérieur à nous-
mêmes que nous. Si on voulait, à la manière de Bergson,
caractériser la vie authentique par la profondeur de son élan,
le chrétien verrait dans cette présence de l'Esprit un mode
de réalisation du moi profond. Là encore, une structure naturelle se trouve assumée dans l'ordre surnaturel; et le progrès
qui va de la conversion au choix rationnel pour s'achever
dans l'adhésion aux valeurs se vérifie dans les grands projets
éthiques.

L'Esprit dessine en nous la figure intérieure tout comme
il rend vivante pour l'Eglise la Révélation du Christ; on ne
saurait séparer sa fonction d'adaptation subjective de la fonction exemplaire du Verbe incarné. Disons donc que l'Esprit
effectue la conformation au Christ ou, en d'autres termes,
qu'il actue notre adoption filiale dans le Christ: « Vous avez
reçu, dit saint Paul, un esprit de fils adoptis qui nous fait
nous écrier: Abba! Père! L'Esprit en personne se joint à
notre esprit pour attester que nous sommes enfants de Dieu »
(Rom. 8, 15-16).

Une telle position revient à souligner que l'éthique chrétienne se fonde sur l'adoption divine, dans la ressemblance
et la conformation au Fils unique. Il suffit de déployer toutes
les richesses de cette réalité pour faire ressortir la grandeur
et la singularité de la vie morale du chrétien. Tout le comportement extérieur dérive de l'exigence de vivre en véritable

fils: « Vous donc, les élus de Dieu, ses saints et ses bien-aimés, revêtez des sentiments de tendre compassion, de bienveillance, d'humilité, de douceur, de patience » (Col. 3, 12); n'est-ce pas ainsi que s'est comporté le Christ « doux et humble de coeur »? Ce comportement filial s'appuie en fait sur une réalité onto-logique: celle conférée par le baptême qui a transformé notre être en le faisant participer au mystère pascal. En actuant son baptême, le chrétien est conduit à son accomplissement total: « Vous, vous n'êtes pas dans la chair mais dans l'esprit, puisque l'Esprit de Dieu habite en vous. Qui n'a pas l'Esprit du Christ ne lui appartient pas; mais si le Christ est en vous, bien que le corps soit déjà mort en raison du péché, l'esprit est vie en raison de la justice. Et si l'Esprit de Celui qui a ressuscité Jésus d'entre les morts habite en vous, Celui qui a ressuscité le Christ Jésus d'entre les morts donnera aussi la vie à vos corps mortels par son Esprit qui habite en vous » (Rom. 8, 9-11). Or, cette résurrection des corps ne saurait bien se concevoir sans la transfiguration du monde solidaire de l'humanité: la suite du texte de l'épître aux Romains qui vient d'être cité insiste sur la solidarité de toute la Création avec l'humanité assujettie à la vanité pour être transformée à son tour dans la gloire (cf. Rom. 8, 18-25).

Transposée dans l'ordre des motivations, cette vision des choses éclate en diverses directions. On peut en effet, dans un premier moment, considérer l'accomplissement personnel dans la vie éternelle et la résurrection. Mais le regard devient plus désintéressé lorsque l'intention principale de la vie morale rejoint celle de vivre l'exigence du don de l'adoption: vouloir vivre en enfant de Dieu parce que tel est le bon plaisir du Père est le fruit normal d'une profonde familiarité avec Dieu par le Christ dans l'Esprit. On peut encore se tenir de préfé-rence au plan de la réalisation objective du Dessein de salut et vivre l'espérance totale de l'humanité cheminant dans l'his-toire. Toutes ces perspectives sont légitimes; en fait, elles se contiennent l'une l'autre. On attachera plus d'importance à celle-ci ou à celle-là selon que le mouvement de la vie spirituelle portera davantage l'accent sur la conversion et le détachement, sur la communion au Père ou sur la coopération active à l'ac-complissement du Royaume. Une saine diversité permet à la vie spirituelle de garder sa souplesse et de s'adapter aux situa-tions personnelles ou sociologiques.

Il convient de noter finalement que le Christ lui-même n'est arrivé à la pleine réalisation de soi et de sa mission dans la Résurrection qu'en accomplissant la volonté du Père. L'hymne du Serviteur le rappelle: il s'est fait obéissant jusqu'à la mort, et c'est pourquoi Dieu lui a donné le Nom qui est au-dessus de tout nom. En sa forme de Serviteur, le Christ vit donc l'amour parfait du Père et des hommes, devenant ainsi modèle de soumission aux valeurs.

On pourrait multiplier ces valeurs en considérant la bienveillance du Père, sa justice, sa sainteté, sa vie, son amour, sa majesté... Mais il est plus conforme à l'esprit de la prédication de Jésus de les ramener à deux qui d'ailleurs s'impliquent: sainteté et amour. « Père saint, dit Jésus, le monde ne t'a pas connu » (Jn. 17, 11. 25). La révélation que Jésus apporte au monde est donc celle de la sainteté absolue de Dieu. Et cette sainteté, qui est plénitude fontale, se communique dans l'amour: « Je leur ai révélé ton nom et le leur révélerai, pour que l'amour dont tu m'as aimé soit en eux et moi en eux » (Jn. 17, 26). Jean ne fait que résumer tout l'enseignement de Jésus sur le Père lorsqu'il écrit: « Nous avons reconnu l'amour que Dieu a pour nous, et nous y avons cru. Dieu est Amour: celui qui demeure dans l'amour demeure en Dieu et Dieu demeure en lui » (I Jn. 4, 16).

En tant que Fils, dans sa double forme de Dieu et de Serviteur, Jésus avait tout reçu du Père. Son cheminement sur la terre fut une révélation continue de sa dépendance radicale du Père. Sa conscience filiale était tout entière tournée vers la reconnaissance aimante de cette communication ontologique. En tant aussi que nous sommes créatures adoptées par le Père, notre destin nous demande de suivre le même chemin. Pour nous aussi, il s'agit de reconnaître que le Père est la source de tout. Cette reconnaissance se transforme en dynamisme spirituel et éthique lorsque, après avoir adhéré pleinement à notre situation devant Dieu, nous prolongeons le mouvement de descente de Dieu vers le monde en allant à notre tour vers nos frères. Telle est l'obligation fondamentale de notre vie éthique; tel est aussi l'élan foncier qui nous emporte. Cet élan s'enracine dans notre être d'esprits incarnés. A la mesure de notre engagement spirituel, il se renouvelle au contact de l'Esprit-Saint qui est personnellement l'amour du Père et du Fils.

le 15 mai 1972

INDEX DES THEMES PRINCIPAUX

INDEX DES NOMS PROPRES

TABLE DES MATIERES

Deuxième partie

LE DEPLOIEMENT DE L'AGIR

Troisième partie

IMAGE ET RESSEMBLANCE